幸福向誰招手

林火旺 著

三民書局

推薦序

　　如果有人向你招手，你會如何反應呢？如果有「幸福」向你招手，你會不會很驚喜的回應呢？本書名為「幸福向誰招手」，就好像「幸福」正在尋找他的好朋友，想要與他們好好敘敘舊。你會是幸福所尋找的人嗎？

　　人人都在追求幸福人生，但是卻很少人願意好好思考什麼才是真正的幸福？日復一日、時光飛逝，在忙碌的工作與生活中為了處理、應付眼前急迫的事，早已忘記自己在追求什麼，在缺乏自我反省的趕路歲月中，幸福感離許多人越來越遠。如今，若這「幸福」之友出現在我們眼前，向我們親切「招手」，相信很多人都會雀躍回應的。

　　人的境界可以不斷提升，別人的經驗、知識與智慧，可以成為充實自我與提升境界最快、最有效的方法。這本《幸福向誰招手》是林火旺教授凝聚三十多年教學經驗的智慧結晶，其中包含著東、西方哲學家的思想與智慧，且有我們生活經驗中的新聞案例、社會事件或歷史故事，透過鮮活生動的事例來闡發其中的義理。哲學家們一些對於「幸福」的精深思考，林教授有條理的整理鋪陳、正反辯證，將學術上的高深道理轉化到我們現實的生活或大家的共同經驗加以呈現。真理是放諸四海皆準的，人同此心，心同此理；火旺教授寫這本書的用意是將心比心，希望哲學家的智慧能對更多人產生醍醐灌頂的效果，真可謂用心良苦。

　　人文學者的內涵與功力就像醇酒，隨著年齡增長，對於知識的融會貫通也就日益深化、精緻，就像陳年老酒一般，越陳越香。林教授已進入孔子所謂「從心所欲，不踰矩」之年，仍然孜孜不倦地投身於寫作，希望能將他在哲學上所吸收獲得的智慧分享給社會大

眾，其情感人，精神可佩。

　　這本書以 18 個單元呈現，展現了哲學與人生的關係，人生所追求的不外是幸福，讀者們可以在這本書中看到西方的哲學家們像柏拉圖、蘇格拉底、亞里斯多德、伊比鳩魯他們對於幸福有什麼看法，東方儒家孔子、孟子對於惻隱之心、仁者愛人有什麼主張，從多元的觀點歸結出：品德與幸福有密切的關係，沒有品德就沒有幸福，而「愛」又是品德中的關鍵概念。

　　這本書深入淺出，文字表達口語化，讓一般沒有受過哲學專業訓練的人也可以讀懂。其中內容是從多方面進行辯證思考；如書中持品德幸福觀的論述之後，隨即提出法律、命運、情境主義對品德的挑戰，要如何恰當的回應，並展現出品德的力量。作為火旺教授在臺大哲學系的老同事，一直覺得他是很有使命感與實踐力的人，持之以恆關注社會大眾的人生幸福，這種熱忱之火就像他的名字，越燒越旺。有機會向大家推薦這本書，是我的榮幸。

　　最後，用他的話說：「幸福來自品德，品德的核心是關懷他人，而關懷也是愛的重要成分。」別忘了「幸福」正在向有品德的人招手！

李賢中
民國 112 年 4 月 4 日

幸福，是人生的必修課

　　剛入大學就讀時，我滿懷欣喜之情，想要徜徉其中，盡情揮灑。未料，方才躋身大學殿堂，即有同為新鮮人的社團同學向我提問：人生有何意義？在他的思維裡，活著沒有任何意義，僅僅是肉身的維繫而已。當時的我，驚訝無比，畢竟他考上的是所謂「最高學府」的「第一志願」，竟然感到人生乏味。

　　人生意義何在？誠乃不易回覆的大哉問。許多人以一生之力「求解」，尚且不能給自己滿意的答案，何況是一個剛脫離制式教育的大學生。即使如此，這位同齡者的「無解」，著實給了我一記重擊，除了警覺於大千世界的多元多樣之外，更益發體悟生命意義的探索是每個人都無可迴避的課題。

　　人生到底有沒有意義？人活著究竟為了什麼？正是《幸福向誰招手》這本著作開宗明義就提出的大哉問。浸淫哲學教育數十年，並以布道家精神進行社會實踐的林火旺教授，不以難解的哲學術語作答，不用八股的道德教條回應，而是透過日常生活的語言、具體實在的案例，在本書中為讀者進行深入淺出、旁徵博引的討論與辨證。

　　本書架構井然、層次分明，在林教授的巧妙安排下，像剝洋蔥一般，淋漓盡致地解析人的幸福之道。閱畢之後，相信每個人都可以透過以下問題的反思，建立自己的「幸福哲學」：幸福是什麼？人如何獲得幸福？個人幸福與大眾幸福的關係為何？對於上述三個環環相扣的提問，林教授在本書中並非直接給出答案，相對地，他試圖引領我們出入百家、上下古今，反覆進行辨證，扣問幸福真諦。

　　幸福必須自己創造，人生何去何從的答案當然也要自己探求。林教授在本書中強調因為人具有理性，使我們追求的幸福不會只停留在生物性、物質性的層次，進而希望自己能夠活得有價值、有尊

嚴、有意義。希臘哲學家蘇格拉底曾言：「幸福的祕密並不在於尋求更多的資源，而是在進步中享受快樂。」誠然，財富與聲名無法帶給我們真正的幸福，要當痛苦的蘇格拉底，還是一隻快樂的豬？看完本書，相信大家會有自己的答案。

　　林教授是我的學長，是我從大學時期即不時請益，常相切磋的益友。儘管有時意見並不相同，看法未必一致，但深深佩服他言其所信、行其所言的風範，即使處身於政治叢林亦不改其志，不變其節。毫無疑問，火旺兄雖非政壇呼風喚雨的哲學家皇帝，卻是民間誨人不倦的生活哲學家。

　　希望將研究所得分享給社會大眾的火旺兄，曾在另本書中懇切表述，希望每一個受生命折磨的人都能從他的分享中找到出路。此種宗教家精神可謂一以貫之，彰顯於火旺兄每本著作之中，與其說本書是「哲學之論」，不如說是不折不扣的「生命之書」，因為全書所探討著正是生命何以存在的奧祕，以及生命何以須要發光發熱的緣由。

　　幸福，是人生的必修課程。本書乃火旺兄以他具體的生命歷程深入求索、反覆實踐的見證。祈願每一個閱讀本書的讀者，都能找到讓自己發光發熱的法門。

胡元輝

公共電視董事長

推薦序

1969 年 9 月我入學臺大法律系，教導數理邏輯與語言邏輯的劉福增教授曾和我走在椰林大道上，有感而發的說：「臺大的校舍一棟一棟的蓋，臺大的精神在哪裡？」的確，大學是「社會的良心」，究竟臺大的精神何在？這正是向來倫理學或道德哲學所關注的範疇。

1970 年代初期，我擔任臺大法學院學生代表會主席，在釣魚臺學運的激盪下，我們為了反對戒嚴體制下的專制政體，乃揭櫫爭自由、保民主、護人權的理念，並付諸行動而接連舉辦了「言論自由在臺大」、「民主生活在臺大」、「一個小市民的心聲」等座談會與「中央民意代表應否全面改選」辯論會，並出版《臺大法言》引領臺大校園內沉寂已久的師生突破保守的思潮。此期間，心手相連、奮不顧身的親密戰友，有哲學系的錢永祥、王曉波和陳鼓應老師等核心人物。

在第一、二次政黨輪替之際，為促進政治改革與端正社會風氣，我們這群人經常和南方朔、火旺等人餐敘論政、批判時局。直到今天，我依然是個「無黨無派」的自由人。我結交朋友，看重的不是黨派，而是正派。火旺就是一個正派、值得交往的朋友。

火旺曾參加大專聯考甲組而考上臺大數學系，卻於翌年重考乙組而如願進入臺大哲學系。在一次聚會裡，偶然聽到火旺提及：「我告訴我的小孩，一定不能亂丟紙屑，看到紙屑一定要撿起來。」這句話讓我銘記在心，也很慶幸火旺不是一位困在象牙塔裡的學者，而是踐行道德規範的性情中人。

又隔了幾年相見，火旺正忙於帶領一群臺大哲學研究所的碩士、博士班學生，為高中生和中小學老師傳授品德教育，讓他們理解「品德」是通往幸福人生的道路。我則在臺大法律研究所教授「善念與

法理兼具的商道」。或許因為火旺和我都認知「道德」和「善念」的重要性，我倆雖然不常相見，但總心靈相通！

康德說過：「道德不是讓我們如何幸福的理論，而是讓我們如何配得幸福的原理。」火旺已經出版了一本《道德：幸福的必要條件》，試圖引導讀者邁向一個幸福的人生。哲學的目的在於探考生命的意義、提升全體社會人群的智慧，我很感佩火旺是個實踐的苦行僧。

日前火旺請我為他的新書《幸福向誰招手》寫序。雖不敢當，卻也覺得義不容辭。新書的重點有三：哲學是什麼？道德是什麼？幸福是什麼？在本書中，火旺也以淺顯易懂的筆調、常人皆能理解的實例，闡述透過「道德」而達到幸福的精髓！

不少人以為「哲學」深奧難懂，其實哲學是研究基本問題的學科。要探討人生，有必要先從哲學切入，才能進行徹底且深入的思考。目前道德哲學已成為當代西方學界相當重視和研究的領域。在臺灣的大學尚未普遍以之作為核心通識課程的當下，火旺的新作顯然具有振聾啟聵的作用。

幸福，源自每個人的「心」，我心嚮往幸福，才可能幸福。猶記數年前我帶 3 歲的孫子去宜蘭旅遊，看到美好的事件或風景，就情不自禁地向他說：「我好幸福喔！」孫子像鸚鵡般跟著說：「我好幸福喔！」第二天早晨，他一起床就張開眼睛看著我，逗趣的說：「我好幸福啊！」原來，「幸福」是可以學習的。

我衷心祝福閱讀《幸福向誰招手》的讀者們，因為受到本書的啟示，而重視哲學、崇尚道德，找到人生的幸福！

陳玲玉

國際通商法律事務所執行合夥律師

序

　　這本書是繼《道德——幸福的必要條件》（寶瓶出版社，2006年）、《為生命找道理》（天下雜誌，2010年；傳愛家族，2018年增訂版）之後，第三本通俗的哲學書。對思索幸福人生而言，這本書的內容更完整，所以字數也最多。

　　哲學性書籍即使是以通俗的方式撰寫，仍然需要用力思考，所以本書對於比較難理解的觀點，盡可能以實例來補充說明，力求淺顯易懂，但不可能完全如願。有些人常常開玩笑說：「所謂哲學就是讀不懂，越讀越不懂的東西才叫哲學」，但事實並非如此，如果因為我的表達能力不足，使讀者誤以為上述的玩笑話是真的，責任全部在我。

　　事實上，哲學討論的內容不論多麼艱澀難懂，原則上應該可以用普通語言重述，使一般具有理性思考能力的人理解，因為哲學是用最合乎邏輯的論證方式處理問題；因此，如果正常理性人不易理解的哲學論證，不是論述者自己的思路不清，就是因為對該議題理解不夠透徹，所以無法深入淺出。所以保持原思想家的論證精髓，卻用一般人能理解的方式重述或引申，這是我努力想要達成的目標。

　　「幸福」是任何人都渴求的美好人生，但是卻不容易實現。這當然有外在的因素：戰爭、瘟疫、乾旱、雨澇、饑荒；然而一般人比較想不到的是，哲學思辨在民間並不普及，也是幸福容易迷失的一個理由。弔詭的是，一般人對哲學望而卻步，認為哲學太過抽象而令人難以理解，但是對「幸福是什麼？」卻認為是一個相對容易的問題；而哲學家的想法正好相反，他們精於哲學思辨，卻認為「幸福」是一件不容易理解的事，因此他們之間對「幸福是什麼？」，答案互異，爭議不斷。

本書不是一本有關倫理學理論的書，但是擷取許多倫理學家思考「幸福」的成果，搭配生活事例，希望讓讀者發現，「幸福」這個看似簡明易懂的詞，一般人對它是曲解多於理解；更重要的是讓讀者透過我的分享，也能受惠於哲學家的智慧，為自己找到一條合適的幸福之路。

我從臺大哲學系退休五年，雖然還在兼課、關懷政治良性發展的心依舊熾熱，但是撰寫學術論文的壓力完全解除，所以行有餘力可以為民間做點事。這十年來，我把哲學殿堂高遠的理念和理想草根化，根據地是「新生代基金會」，感謝濤哥和豔秋夫婦，把他們一手催生的基金會交給我。當然如果不是好友伯實和成允在經濟上力挺，我也不敢接下這項年年需要募款的工作。不幸的是，2017 年初，成允驟逝，我不只失去一位相契相知的好友，基金會的運作也受到些微的打擊；所幸我還有一生熱心公益的好友文明和漢芬夫婦，才勉力維持。朋友一直是我最大的資產，建綱是我多年的好友，有情有義，對我更是一路相挺，點滴在心。

這本書的出版要感謝許多人，錦華一直是我的精神後盾，而賢華則是最有力的推手；當然，「新生代基金會」所有的董事和工作同仁，對我更是全心的信任。從 2012 年起，就有一群臺大哲學研究所的碩博士班學生，與我一起投入高中生和中小學老師的品德教育，我們透過小組討論、哲學思辨的方式，讓沒有受過哲學專業訓練的人理解品德與幸福人生的關係。這十年來跨出校園、走入民間耕耘的心靈收穫，應該是我撰寫這本書的原始動力。

最後要感謝三民書局願意出版冷門的書籍，真是功德無量！

臺大哲學系退休教授　林火旺　2022 年 8 月 30 日

1 哲學與人生

　　從出生到死亡，是每一個人必然經歷的過程；而且生命是無可取代的，沒有人可以替別人活，每一個人的一生必須自己親自走過。以現在的平均壽命，活到七、八十歲應該是正常的，這中間應該如何經營？吃飽飯等死？還是活出意義和價值？應該沒有人會選擇前者，每一個人都希望自己活得有意義、有價值，但問題是：如何經營人生才能活出價值？

一、智慧的火花

　　從人類的歷史來看，大多數人一生稀鬆平常，但是每個時代總有一些人活得轟轟烈烈；過去人類生存的經驗，已經累積了不少智慧的火花，可以提供給後人參考。所以探討生命的道理，並不是哲學家的專利，不只古人留下來的處世格言唾手可得，書店裡書架上各式各樣的「心靈雞湯」更是琳瑯滿目；即使在日常生活中，我們的手機接到的簡訊，也經常出現一些充滿人生智慧的醒世箴言。不久前，我就接到一位朋友傳來的一則簡訊，上面寫著：

　　人們總是把幸福解讀為「有」，有車、有房、有錢、有權；但幸福其實是「無」，無憂、無慮、無病、無災。有，多半是做給別人看的；無，才是你自己的。

確實，有車、有房、有錢、有權的人表面上相當風光，會讓人羨慕，所以是給別人看的。但是外在條件令人羨慕的人，不一定令人尊敬；這種例子俯拾即是。臺塑的王永慶和長榮的張榮發，兩人都是白手起家，一生辛勤，創造了無數的財富，但是他們死後，下一代爭奪遺產，對簿公堂。這些後代每一個人分到的財產，已經一輩子也用不完，卻為了得到更多而親人反目，所以他們的「有」會令人羨慕，但是他們的作為可能成為茶餘飯後冷嘲熱諷的題材。所以從「無」的角度談幸福，相當另類，也具有啟發性。

但是如果我們進一步分析就會發現，這則簡訊只告訴我們「幸福」存在的狀態，並沒有告訴我們人應該如何過活才能獲得幸福。無憂無慮的人生，應該是所有人夢寐以求的，但問題是：人應該如何經營人生才能過得無憂無慮？無病無災當然也是好事，但是如何才能無病無災？

此外，如果再仔細思考一下，「無憂無慮」與「無病無災」在性質上是不同的。如果一個人的人生態度對了，也許可以過一個無憂無慮的生活，所以無憂無慮的人生似乎是可以達到的生活境界。但是無病無災並非如此，雖然我們都想要擁有一個無病無災的人生，但這並不是主動追求就可以得到的。

先談無病，一個人要免於生病，除了聽從醫生或專家的指示：生活作息正常、注重飲食健康、定期運動之外，還要有好運氣，因為一個長期養成健康習慣的人，一不小心病菌也會找上門。就以2019年以來全球人類飽受折磨的「新冠肺炎」來說，即使認真防疫也不能保證不會被病毒感染，除非一個人整天都不出門，而且也絕不接觸任何人。但是一個與世隔離的人生，可能比坐牢還可怕。所

以「無病」，除了個人努力之外，運氣也很重要。

再談無災，我們常常聽到：禍從天降、飛來橫禍，2021 年 5 月 5 日凌晨三時許，一名酒醉駕車的年輕人，把一位正在過馬路的陳姓婦人撞死，事後發現這名婦人是資深媒體人黃暐瀚的母親。如果陳姓婦人晚五分鐘抵達那個致命的交叉路口，她就可以逃過一劫；或者如果那名年輕人晚十分鐘回家，也許不會造成這場悲劇。分秒之差釀成重大傷害的事件，在人類社會的各個角落天天上演，再怎麼小心的人，也不能保證「無災」。

事實上不只是人為的災難無法操之在我，天災更是不在人類所能掌控的範圍。什麼時候會有地震？地震會發生在什麼地方？規模多大？颱風、龍捲風對生命財產都會造成重大的損害，但是誰知道這些天災會不會降臨自己身上？所以一個人想要「無災」，大概只能祈禱！

再舉一般人耳熟能詳的勸世語：「忍一時無憂自在，讓三分何等清閒」，或「忍一時風平浪靜，退一步海闊天空」，這些語句充滿了生活智慧，「忍讓」確實是一個美德，有些人常常因為一時的衝動而鑄成大錯，抱憾終身。但問題是我們對所有的事情都要忍讓嗎？即使是面對極為不公、不義、不合理的事也忍嗎？這樣和姑息養奸有什麼不同？因此，即使「忍讓」是一個美德，但是何時該忍、何時不該？這些警世金句並沒有告訴我們實際的做法。

從以上的分析就可以發現，日常生活中經常接觸到的一些人生道理，通常是片面、零散、浮面、不具體、甚至是籠統的；也許任何一個人生閱歷豐富的人，都可以談出一番生命的道理，但是這些道理可能自相矛盾，也可能經不起深層的反思和批判。事實上探討

人生，只有從哲學的角度切入，才能進行系統性、全面性、徹底、深入的思考；因此在進入主題之前，先介紹一下哲學。

二、哲學是什麼？

在我們的社會，中學沒有哲學課；到了大學階段，有哲學科系的大學也寥寥無幾。所以一般人對「哲學」是陌生的，更糟糕的是，相當多人即使承認自己不知道哲學是什麼，卻常常以輕視的口氣說：「讀哲學有什麼用！」更常聽到一些門外漢把哲學誤解為算命、卜卦。法國高中生會考，哲學是必考的科目；臺大哲學系一位老師表示，他在英國讀書時，人家問他研究的是什麼，他回答「哲學」時，英國人是以尊敬的眼光看他；但是在臺灣，如果你告訴別人你讀的科系是哲學，別人一定顯示出驚訝，但是那個驚訝不是崇拜、羨慕或尊敬，而是「為什麼？」、「怎麼會？」、「你瘋了嗎？」

哲學的英文詞語是 philosophy，拉丁文是 philosophia，源於古希臘語，意思是「愛智慧」（philos 是「愛」，而 sophia 則是「智慧」的意思），所以哲學也可以稱為「愛智之學」，哲學探討的目的是追求真理，而哲學研究的對象，則可以包括宇宙、人生中幾乎所有的問題。

如果以現在的學術分類，任何一門學科都有一些根本問題，所以多少都會和哲學扯上關係。因此在哲學的研究領域中，除了傳統上的形上學、知識論、倫理學和邏輯四大領域外，涉及政治有政治哲學、法律有法律哲學、社會有社會哲學、歷史有歷史哲學、科學有科學哲學、藝術有藝術哲學、宗教有宗教哲學，還有其他實用性的議題，譬如專業倫理學，涉及各種職業的倫理問題：新聞倫理、

醫學倫理、工程倫理、企業倫理，以及應用倫理學涉及：墮胎、安樂死合法化、死刑存廢等，都屬於哲學研究的領域。因此歐美國家大學授予的最高學位稱為「哲學博士」(Ph. D.)，就是這個道理。

對哲學下定義是一件困難的事，只能粗略地說：哲學是以系統性、批判性的方法，檢驗和探討宇宙和人生中最根本的問題。這個說法需要進一步說明。

批判性

所謂批判性思考就是運用人類特有的理性、邏輯推理和論證方式，來處理面對的問題；哲學探討的精神是對任何問題都抱持著「打破砂鍋問到底」的態度，除非得到令人滿意的「理由」，否則不輕易相信任何主張。但是要特別強調的是，哲學式的提問不是為懷疑而懷疑，更不是亂問，而是對有疑義之處提出合「理」的質疑；換句話說，哲學思考重視理性思辨，所以一切「講道理」。因此透過合乎邏輯的方式對觀點或主張進行推理、論證，就是典型的哲學論述。

哲學家也常採用「思考實驗」(thought experiment) 的方式，假想各種可能的情境，藉以檢驗某些主張或做法是否站得住腳。「將心比心」就是最簡單、常用的思考實驗。譬如：年輕人在公車上不讓座，勸他讓座的方式可能是：「如果你年邁、體力衰弱的父親上車，你不希望座位上的年輕人讓座嗎？」又譬如：幼稚園老師不當體罰幼童被發現，一般人責問他的方式是：「如果這是你自己的孩子，你會這樣對待他嗎？」

哲學家更常做的是，利用人類的推理能力，想像一些超出實際生活、虛構的情節，來建構自己的論點。一個很有名的例子就是美

國哲學家羅次克 (Robert Nozick, 1938–2002) 所提出來的 「經驗機器」。他這個思考實驗要測試的是有人主張「快樂是人類唯一有價值的東西」。如果這個主張成立，表示人們唯一在乎的是獲得快樂的經驗，而且越多越好。為了反駁這樣的主張，羅次克要你思考這樣的情境：想像有一部機器，它可以提供各式各樣的快樂經驗，但是你和這部機器的連接方式是，實際上你是漂浮在一個大水槽中，電極連接到你的大腦，你想要的任何快樂經驗，這部機器都可以提供。如果你擔心這樣做會錯失某些快樂經驗，你可以從收集來的大量經驗中挑選你未來兩年想要的經驗；兩年後，你有十分鐘或十個小時離開水槽，去選擇下一個兩年你想要享有的經驗。所以只要你和機器連接，不論你要吃大餐的快感，或住豪宅的享受，或左擁右抱、飄飄欲仙的感覺，一應俱全；而且當你在水槽中的時候，你完全不知道自己是在水槽中，你會認為這一切是實際發生，你的快樂經驗和真實一模一樣。

接下來羅次克問一個問題：你會選擇和這樣的機器連接嗎？如果答案是否定的，則可以證明：我們在乎的，不只是經驗到越多的快樂。羅次克指出，至少有三個原因我們不想過這樣的生活：⑴我們想要做某些事情，而不只是擁有做這些事情的經驗；⑵我們想要成為某一種人，而漂浮在水槽中的人只是不確定的小水滴，並不是我們想要成為的那種人；⑶和快樂機器連接的人只生活在人造的世界裡，這樣的世界不如人類所能創造的深刻或重要。

羅次克的觀點簡單地說就是：對人而言，用什麼方式獲得快樂經驗，比獲得快樂經驗可能更有意義。舉例來說，小明得到父親死後的五千萬元的遺產，小華則透過自身的努力累積了五千萬的財富，

後者顯然比前者有價值，而且更值得別人尊敬。所以用這樣的思考實驗，似乎可以證明：比較好的人生，不只是得到什麼，而且還包括如何得到。

超出人類實際生活的思考，可以開創我們的想像力，許多創新都是因為想像力造成的，牛頓經過蘋果樹下被掉下來的蘋果打到頭，一般人可能自認倒霉就此打住；但是牛頓卻問：「為什麼？」因此而發現地心引力。過去我們認為不可能的事情，現在變得稀鬆平常，以前靠騎馬萬里傳書要花上幾個月，現在搭飛機不需要一天；三十年前誰會相信一隻手機就可以搞定生活大小事？只要是邏輯上可能的，都可以成為我們探究的新思路。事實上思路開闊的人，在生活中常常可以發現人生的道路無限寬廣，一條走不通，一定還有別的路。

系統性

在日常生活中，我們常常聽到一般人使用「哲學」這個詞，譬如：我的穿衣哲學是綠色上衣絕對不搭配藍色的裙子；或我上電視絕對不穿牛仔褲。也有人會談到他的購物哲學是：不買二手貨；或只買名牌。也有人會說他的生活哲學是生病絕對不看西醫；或者早餐吃得飽、中餐吃得好、晚餐吃得少；或者不吃甜食等。這種用法並不是學術上使用的「哲學」，但是它與哲學之間卻有一些關聯性，也就是對事情具有一套系統性的態度或處理模式。

哲學研究就是針對事物進行系統性的理解，譬如：每一個人都希望自己的一生幸福美滿，但是幸福絕對不會「不小心」或「不知不覺」地降臨，所謂的「心靈雞湯」也許可以提供日常生活中特定

挫折或失敗的心靈慰藉，但是它是零星、片斷的，並沒有對「幸福是什麼？」、「人應該如何活才能達成幸福？」進行系統性的分析和思考。

記得在高中階段閱讀《中華文化基本教材》，我經常把一些具有啟發性的字句寫下來，譬如：「躬自厚而薄責於人，則遠怨矣」，孔子告誡我們，凡事要求自己多一點、要求別人少一點，就會遠離怨氣；雖然要完全達到這種境界是一生永無止境的修練，我自己到現在都還在努力，但是它對我這種個性剛烈、嫉惡如仇、批判性強的人確實是獲益良多。儘管如此，這句話只是告訴我們待人處世的一個面向，然而我們一生當中每一個階段：求學、戀愛、工作、家庭、退休、病老，都會碰到各種令人煩惱的情境和問題，只適合於特殊情境的心靈雞湯，很難用來解決這類更具普遍性的問題，它們必須對「整體一生」進行系統性的思考，才能提供比較完整、深入的答案，而這正是哲學的工作。

少年時代記下來的那些做人處事的金句良言，現在對我已經不重要了，因為透過哲學訓練，我已經構築一套屬於我自己的人生觀，古人的某些智慧已經融入其中。雖然作為「人」，不論生長在哪一個時代，都會面臨一些共通問題：生老病死，但是由於每一個時代、環境、甚至個人也有其特殊性，所以每一個人面對的問題也不可能和他人完全一樣；更何況人最終都必須靠自己活，因此對生命整體進行系統性思考，並以此規劃人生，比較可能找到通往幸福的路。

上述「生活哲學」雖然呈現行為者在某方面的言行舉止具有一致性和系統性，但是它們並沒有觸及根本的問題，因為我們可以繼續追問：為什麼不買二手貨？為什麼上電視不穿牛仔褲？只有對於

宇宙、人生最根本的問題進行系統性的理解或回答，才屬於哲學領域探討的問題。

根本問題

　　至於什麼是最根本的問題呢？哲學上的根本問題常常是一般人不會質疑、習以為常、認為理所當然的問題。經常聽到有人說：「哲學就是把簡單的事情變得複雜」，這句話抓到一些要點，但是事實是：有些事情本來並不簡單，只是人們以為很簡單。哲學上所謂的根本問題，常常就是一般人認為很簡單的問題。在哲學課堂上會提出這樣的問題：天空是藍色的嗎？小草是綠色的嗎？老師手上的粉筆是白色的嗎？這種看似小孩子的問題，怎麼會出現在哲學課上？對任何一位心智正常的成年人，答案不是很明顯嗎？

　　對一般人而言，這些問題不但簡單，而且似乎沒有意義，因為任何一個正常人都可以立刻回答：天空當然是藍色的、小草當然是綠色的、老師手上的粉筆當然是白色的。然而，哲學家不是不知道一般人對這些問題的答案，哲學家真正想要探究的是，一般人認定的普通常識，背後的理由是不是充分？以小草為例，我們如何知道小草是綠色的？我們說小草是綠色的理由是什麼？這些理由夠嗎？

　　乍看之下，小草的顏色為什麼是綠色的，理由清楚明白：我們用眼睛看就知道了，任何人只要視力正常，都會同意小草的顏色是綠的。但是哲學家想要進一步探討的問題是：人類用眼睛看到的顏色，確實是小草真正的顏色嗎？譬如：在青蛙或螞蟻的眼中，小草也是綠色的嗎？可以想像的是，每一種動物的感官結構不盡相同，所以不同種類的動物能夠看到的東西、以及東西呈現給不同動物的

顏色應該也不會相同。說不定青蛙看到的小草是灰色的，螞蟻看到的卻是紅色的，我們憑什麼說小草的顏色真的是綠色的呢？如果小草呈現給人類和青蛙、螞蟻的顏色有所差別，只是這些動物的視覺器官結構和功能不同，我們有什麼理由認為人類看到的顏色就是小草的真正顏色？

　　小時候常聽大人說，如果某一家有人往生，晚上會聽到狗叫，這是不是證明真的有靈魂存在？人死後出竅的靈魂是狗看得到、而人看不到的東西？這也許只是一種迷信，但是確定的是：有些事物是人的感官無法捕捉的，而某些動物卻可以，譬如：貓頭鷹的瞳孔大，使光線容易進入眼睛，所以即使光線微弱貓頭鷹也可以看得見，這種結構並不是人所具有的，所以貓頭鷹在晚上可以看見東西，而人則不能。說不定某些動物可以看到紫外線，但人類的肉眼顯然沒有這樣的能力。

　　因此，每一種動物的感官結構不同，能夠被牠們感覺和知覺到的東西也不一樣。從這裡可以得到的合理答案是：我們不能說小草本身就是綠色的，只能說：小草從人類的眼睛裡，所呈現的顏色是綠色的。從上述的思考，我們可以得到更重要的結論：每一種動物在觀察這個世界時都是透過自身的知覺系統，由於不同動物的知覺系統構造不同，所以以視覺來說，每一種動物在某種意義上都是各自戴著自己的「有色眼鏡」在看這個世界。

　　如果再進一步分析，也許我們不必管青蛙或螞蟻看到的小草顏色，一方面我們無法知道牠們的視覺結果，另一方面則是牠們認為小草是什麼顏色和我們的生活沒有太大相關，只要正常視力的人都同意小草的顏色是綠色的，人類生活就可以運作。但問題並沒有這

麼簡單，即使所有人都同意小草是綠色的，我們仍然沒有辦法確定的是：小草出現在我視網膜中的顏色和出現在你視網膜中的顏色是完全一樣的，我們唯一知道的是：當你和我看到小草、而且被問到小草是什麼顏色時，我們的答案都是「綠色的」；然而，儘管我們使用的語言是一樣的，但是這個語言指涉的內容是否相同，我們似乎很難知道。說不定呈現在我的視網膜中的小草，光波是紅色的，在你視網膜裡的光波則是藍色的，因此我的「紅色」等於你的「藍色」，也等於一般人語言使用上的「綠色」。

所以從哲學思考的角度，即使「小草是綠色的」這樣的判斷，都不是如此理所當然。這是哲學上所謂「真實」(reality) 與「表象」(appearance) 的議題，也許我們永遠無法認清事物的真實，因為我們只能透過人類具有的知覺系統去理解這個世界，我們所能捕捉到的，永遠是我們的知覺系統有能力產生知覺經驗的東西；而且這些東西永遠都是經過我們的知覺系統篩選、加工。就像我們使用網線洞口大小不同的魚網撈魚，水是絕對撈不起來，而洞口大的魚網也無法留住小魚。理解這點，表示我們對這個世界的理解，其實只是人類感覺和知覺結構的一種「偏見」，世界的真實面貌是什麼，我們可能永遠無法知道。

哲學這種追根究柢的探索精神，也許可以提醒我們對「真理」保持謙卑，這不是說我們不能對自己所相信的東西懷有「確信感」，而是說如果我們真的熱愛真理，必須隨時準備被更有道理的觀點說服，而改變自己的想法。顯然哲學可以凸顯出人的有限性，因此對真理謙卑、對異見寬容，似乎是從哲學思辨中最直接可以推得的生活態度。

三、哲學與生活

　　哲學思辨是純粹理性的思考，但是卻可以將它應用到實際生活中。如果任何人都希望自己的人生幸福，應該如何生活才能活出幸福呢？這不是一個簡單的問題，生活要過得好不可能純粹靠運氣，點點滴滴都需要智慧。因此把哲學思辨應用到日常生活之中，可以使生活不再只是「過日子」：吃飯、睡覺、工作無聊地重複，它可以為人生找到意義和價值，添加生命的色彩。以吃飯為例，能夠吃到一頓豐盛的大餐也許是一件令人愉悅的事，但是對我而言，參加一場晚宴，食物可口並不是最重要的，「我不太在乎吃什麼，而是在乎和誰吃」這是我的吃飯哲學；也就是說，對我這樣的人（應該有不少人同意我的想法），即使是美酒佳餚，如果同桌一起吃飯的人不是「對」的人，反而最大的期待是宴會早點結束。希臘哲學家蘇格拉底 (Socrates, 469–399 B.C.) 說：「一個沒有經過反省的生命是不值得活的。」這句話隱含的意思是：一個人如果對自己的生活進行哲學式的反思，一定可以找到值得活的方式。

　　我們每一個人一生都會做出無數的決定，這些決定常常會影響自己以及親人、朋友的生活。許多決定不太重要，譬如：週末晚上要不要去看一場電影、去哪裡吃飯、或穿什麼衣服；但是有些決定則是極為重要，譬如：要不要和誰結婚、選擇什麼樣的行業、獻身於什麼樣的目標或理想。有些決定可能涉及生命安全，譬如：冒險攀登險峻的大山；擁有極大權力者的一念之間，甚至決定無數人的生死，譬如：俄國總統普丁在 2022 年 2 月，決定出兵攻打烏克蘭，造成多少生靈在戰火中折磨、死亡。

　　不太重要的決定對人生無足輕重，但重要的決定則攸關人生幸福，不得不慎重，什麼樣的決定才不會偏離幸福之路？這需要哲學智慧。當然，日常生活中許多人對於幸福是什麼、人生應該如何活，也可以侃侃而談，但是這些「普通常識」不只常常自相矛盾，更可能誤導。一個常見的觀點是，父母告誡子女好好讀書，因為這樣才能找到好工作，才能賺取足夠的金錢成家立業、養家糊口；但是實際人生中，並不是書讀得好、也不是錢賺得多人比較幸福，人生是否幸福不可能簡化成：賺多少錢。

　　青年男女談戀愛，遇到最通俗的觀點是：有房有車是必要條件，再加上幽默風趣、身體健康，這樣的人就值得和他過一生。真的是如此嗎？婚姻對一個人的一生是多麼重大的決定，只要結婚的對象符合這些條件，就是婚姻幸福的保證嗎？如果是，會產生兩個荒謬的結論：(1)世界上只有具有這些條件的人婚姻才可能幸福；而不具有這些條件的人一定不幸福。(2)婚姻幸福程度與一個人擁有的這些條件的程度成正比，因此也可以根據這個標準，把所有人列出一張幸福排行榜。但是這是荒謬的，因為每一個人都一定親身觀察或經驗過，有些夫妻結婚時幾乎一無所有，但是後來他們一起經營的生活，似乎相當幸福美滿；相反的，有些具有上述條件的人，最後是離婚收場或家庭不和諧。

　　由於缺乏哲學訓練，大多數人即使在進行重要的決定時，也很難進行深刻的思考。一般人不是跟著感覺走，就是追隨社會流行的價值觀，以大學聯考的志願排序為例，我常說：大學聯考的科系排行榜就是「金錢潛力排行榜」，法律系現在變成高中生的最愛，就是最好的證明。

　　哲學系一直是冷門科系，我從臺大哲學系畢業、在美國獲得哲學博士後，進入臺大哲學系任教，從學生到老師，哲學系的氣氛幾乎沒有什麼不同，不少考進哲學系的學生一進來就想轉系，哲學系的錄取成績比較低，選填哲學系的原因是「臺大」吸引他們，而不是「哲學系」；所以「哲學系」只是他們進入臺大其他熱門科系的一個跳板。但是有趣的是，法律系在我考大學的那個年代也是冷門科系。

　　我在哲學系一年級時，班上有一位好友，學業成績不佳卻想轉系，由於轉系必須成績好才轉得出去，怎麼辦？轉商學系沒希望（當時商學系是丁組的第一志願，分國貿、會計、工管、銀行四組，現在變成管理學院的四個系），轉經濟系沒把握，轉外文系英文又不好，最後他只好轉法律系，當時的法律系的入學成績在法學院只比社會系高，但是現在的法律系卻是第一志願，為什麼？難道是因為我們是民主國家，民主需要法治，所以這些擠破頭進入法律系的高中生都是胸懷經世濟民的大志？當然不是，而是因為法律系畢業比較容易賺錢。我那位同學後來轉進法律系，數十年後成為知名的律師。

　　但是一個人即使考上名校、熱門科系，就能保證幸福嗎？如果好學校、好科系就是美好人生的保證，根據這樣的邏輯，臺大學生比文化大學學生幸福、電機系的一定比哲學系的幸福，而這個結論顯然是荒謬的。也許選擇科系並不是那麼重大的決定，大學畢業後還是可以轉換跑道；但是婚姻、宗教信仰、生涯選擇絕對是重大的決定，可以不慎重嗎？如果這些決定有了偏差，可能一輩子都要付出代價。

　　因此，任何人想要擁有一個美好人生，哲學深思是必要的。我的意思不是每一個人都應該以哲學作為專業，而是每一個人都應該接受一點哲學訓練，因為只有學會進行深層思考的人，才比較可能掌握生命的意義和價值，為自己的人生主動進行長遠和整體性的規劃。

四、品德與幸福

　　兩千多年來，西方社會眾多哲學家在思索「幸福人生」的研究上累積了一定的成果，這些果實成為哲學系學生必修課程「倫理學」的主要內容。倫理學家在回答「人應該如何生活才能活出幸福」？這個問題時，答案都和品德密切相關，他們之間的差別在於：有些哲學家認為品德是幸福的必要條件，有些則認為品德是幸福的充分條件。

　　主張品德是幸福的充分條件的哲學家，以蘇格拉底為首，最重要的追隨者是斯多噶學派（Stoicism，西元前三世紀創立，西元第二世紀後式微）；這個陣營主張，一個人只要過品德的生活，就足以保證人生幸福。另一個陣營則是以亞里斯多德 (Aristotle, 384–322 B.C.) 為首，在當代倫理學界有相當多的支持者，他們認為，一個缺乏品德的人一定不可能幸福；然而一個人即使擁有良好的品德並不足以保證一生幸福，因為品德只是幸福的必要條件，幸福人生還需要一些外在善，譬如：財富、地位、健康、好運氣；所謂「外在善」就是那些不完全掌控在自己手中的美好東西。相對於外在善，品德則是內在善，因為一個人是否具有品德完全操之在己，品德是個人的一種內在修練。簡而言之：品德不能保證幸福，但沒有品德一定不

幸福。

　　這兩派對於品德和幸福的觀點，一般人似乎不容易接受，但是哲學家所得到的結論，背後一定有理由，我們後面會介紹一些他們的論證。

　　如果我們在街頭隨機訪談，問一個人：「品德重不重要？」，答案應該是肯定的；但是如果問題是：「幸福人生需要什麼？」，應該很少人會提到「品德」。絕大多數人提出的答案，一定類似亞里斯多德在兩千多年前所謂的錯誤答案：把幸福視為快樂、財富或榮耀。換句話說，即使多數人覺得品德是重要的，但很少人理解它和幸福的緊密關係。應該沒有人會否認，有錢、有名並不能保證幸福，但是為什麼幾千年來人類一再犯同樣的錯誤：大多數人幾乎都在爭名逐利中消磨一生？答案很簡單：因為對於人生，很少人進行哲學式的深思。

　　當然，也有人會反駁說，品德既不是幸福的充分條件，也不是必要條件，因為有些人賺取不義之財卻逍遙法外，這是世界上實際發生的事，這些人一生享受財富帶來的快樂和愉悅；他們的財富雖然是透過不道德的手段獲得，但是他們似乎活得很好，所以品德不是幸福的必要條件，其理至明。至於品德是幸福的充分條件，更是令多數人難以置信的主張，因為一個有品德的人如果慘遭橫禍，怎麼可能幸福？

　　對於這些世俗的想法與哲學觀點之間的差異，後面會進一步的分析，最後會證明：哲學家的論點理由充足。至於品德是幸福的充分條件還是必要條件？當代較多的倫理學者傾向於支持亞里斯多德，因為亞里斯多德的主張比較接近一般人的道德直覺，然而從蘇格拉

底和斯多噶學派的論點，我們也可以學到許多啟示。因此我在此暫時的結論是：品德是幸福的必要條件。所謂「暫時的」是指：原則上這派的想法比較合乎一般人的常理，但是我們想要汲取另一派的智慧，以減少「運氣」對幸福的影響、增加人在追求幸福時的主動性。

　　無論如何，針對本書書名《幸福向誰招手》所提出來的疑問，初步簡單的回答是：幸福向有品德的人招手。至於哲學深思如何與有意義、有價值或幸福人生產生連結，接下來我們將一步一步的推論。

2 真理的殉道者——蘇格拉底

蘇格拉底、孔子、釋迦牟尼和耶穌，德國哲學家雅士培 (Karl Jaspers, 1883–1969) 稱他們為四大聖人。蘇格拉底是眾所周知第一位殉道的哲學家，他為了忠實於自己所相信的真理，寧願選擇死亡也不願意偷生；而且他面對死亡時從容自若、坦然無懼，他不是神智失常，反而是後人公認的智者，而且是一個幸福的人。俗話說「好死不如歹活」，為什麼蘇格拉底能夠視死如歸？他在面對生死抉擇時心裡想的是什麼？為什麼他的一生稱得上幸福？這一切似乎超出常人的想法，所以蘇格拉底的故事是思索人生一個不錯的起點。

一、蘇格拉底這個人

一般人只要稍微涉獵一點人文類的書籍，即使不是研究哲學，大概都聽過「蘇格拉底」這個名字。西元前 469 年左右，蘇格拉底出生在希臘的雅典，他死的時候是西元前 399 年，享年大約 70 歲。他的父親是一名石匠，母親是一位接生婆，他一生都在雅典，曾經當過兵，也在政府單位工作過。蘇格拉底是一個簡樸的人，而且雖然他不是很窮，但是他的朋友和學生似乎都比他富有。雅典在當時是希臘的一個城邦，相較於其他城邦，雅典的文化和藝術最為發達，是地中海的文化中心。雖然以當時的標準，雅典算是一個忙碌繁榮的城市，但是人口只有 13 萬，所以城邦中的人彼此幾乎直接或間接認識。

　　蘇格拉底童年時研究科學理論，但是他很快就發現，最重要而且最令人困惑的問題是：人類存在的處境。他探索這個問題的做法是：走進雅典的公共場所和會議地點，引誘雅典人討論「人應該如何過活」？這類的問題，這些問題涉及幸福人生，以及與幸福人生密切相關的道德問題。他與他人對話的方法，一般稱為產婆法或催生法，通常他自己不會先提出對問題的看法，而是刺激、引導對話者說出他們的觀點，然後從對方提出的想法中繼續追問，迫使與談者必須把討論的問題定義清楚，或進一步思考。

　　蘇格拉底才思敏捷、聰明、堅持，他會用技巧去問一些令人困窘的問題，逼迫與他對話的人對日常生活中習以為常的看法，必須進行深一層的思考，由於與他對話、辯論的人當中，有些是重要的政治人物及知名的學者，所以他們的對談格外引人注目。尤其更有趣的是，那些平日自信滿滿、自以為是的人，通常和蘇格拉底對談的結果不是承認自己錯誤或前後不一，就是啞口無言，因此更吸引很多年輕人追隨他，觀看他如何凸顯這些名人雅士的錯誤；這些學生樂於看到他們的老師把達官顯要駁倒，這也成了蘇格拉底後來被判處死刑的罪名之一——汙染青年人的心靈。

　　這些圍繞在蘇格拉底身邊的年輕人，成為一群信徒和永遠的聽眾，在這些追隨者中，最有名的是柏拉圖 (Plato, 427–347 B.C.)，事實上蘇格拉底一生沒有留下任何文字，我們現今所知道的蘇格拉底，相當多來自柏拉圖的記載。蘇格拉底有時候在和他的追隨者交談時，也用同樣的方法質問追隨者，迫使那些年輕人必須認真反省自己的生活。由於蘇格拉底的風格犀利，得理不饒人，所以他在雅典是一個不太受歡迎的人。

二、主張是否正確與多少人相信無關

大多數人經常把習以為常的想法當成真理，但是一個被大多數人接受的想法就是正確的嗎？蘇格拉底經常挑戰這些幾乎沒有人懷疑的想法，他認為一個主張是否正確，必須接受理性的檢驗，沒有經過質疑的主張，再多人相信，也不一定是正確的，所以他拒絕接受沒有經過理性檢驗的主張。一個長期被社會上多數人或身分地位較高的人認同的想法，並不能保證想法的正確性；換句話說，人數的多寡或持有者的社會地位，並不是一個主張是否正確的保證。

蘇格拉底經常透過舉例的方式，將一般人普遍相信的觀點駁倒。就以財富為例，社會上多數人認為，獲得財富就是一件好事，蘇格拉底立刻會問說：「如果以不正當方式獲得財富是一件好事嗎？」對談者可能會回答：「可是如果不被別人知道自己獲得財富的方法是不正當的，這難道不是一件好事嗎？」蘇格拉底會進一步問：「不被人知道？永遠不被人知道？包括自己的朋友、親人？這可能嗎？」最後對話者被迫必須修正自己的原先的看法。

幾乎任何人都很難承受被別人批評，尤其當社會上多數人反對自己、批評自己時。蘇格拉底能夠忍受長期不受歡迎，就是因為他對追求真理的堅定信念使然。他認為，即使我們的想法不受歡迎，我們要擔憂的並不是有多少人反對我們，而是他們反對的理由是什麼？這樣的理由是否充分？我們的注意力應該從「不受歡迎」移開，而關注我們不受歡迎背後的理由，唯有反對者的思考方式是可靠的，我們才應該重視他們的反對意見。所以一個觀點的正確與否，不是情緒性的問題，關鍵在於有幾分道理。

　　總之，蘇格拉底重視的是理性的聲音，只有透過理性的推理和論證，才能接近真理，一個主張不論多麼流行、多少人相信，如果沒有經過理性的檢驗，仍然可能是錯的。十六世紀波蘭數學家、天文學家哥白尼 (Nicolaus Copernicus, 1473–1543) 主張太陽是宇宙中心，那個時代的其他人都是地球中心說，認為地球是不動的，但是現在證明只有哥白尼才是對的；在這件事情上，顯然整個時代的人都錯了。因此從蘇格拉底堅持的理念，我們應該學到的是：某某名人怎麼說、或大多數人認為如何，並不能保證這些說法就是正確或可靠的。

三、避免死亡不難，避免做錯事才難

　　蘇格拉底的街頭論辯，讓太多雅典城裡的社會賢達感到難堪，於是有三個雅典人：詩人米雷圖斯 (Meletus)、政治人物安尼圖斯 (Anytus)、以及演說家賴康 (Lycon) 一狀告到法院，他們告發他的罪名是：褻瀆雅典的神明和汙染青年人的心靈。對於這項莫須有的指控，柏拉圖在他的《申辯篇》(Apology) 中，詳細記載蘇格拉底在法庭上為自己所做的言詞辯論。由 500 名公民組成的陪審團在第一次聽完蘇格拉底的答辯後，經由一番討論，最後進行投票，其中 220 人認為他無罪，280 人判定他有罪。第一次判決後，法官決定再一次聽取蘇格拉底的自我辯護，最後要求陪審團做第二次判決，也是最後一次，結果這次有 360 人投票判他死刑。這種情況很符合民主政治經常出現的現象：「西瓜偎大邊」，可見一般人民其實很容易隨波逐流，常常把多數等同於真理。

　　蘇格拉底的好辯性格雖然有點令人討厭，如果用現代社會的標

準，一個人既沒有殺人綁票、也沒有強盜勒索，只是因為喜歡辯論，即使是伶牙俐齒、得理不饒人會令人難堪，但這是什麼罪？就算在言論自由還沒有成為基本人權的古代，雅典人也知道對這樣的人判處死刑似乎太過了；所以他們希望蘇格拉底最好是自我放逐，只要不回雅典就好了。因此官方其實是有點睜一隻眼、閉一隻眼，任由他的朋友、學生安排他逃亡。

可是固執的蘇格拉底卻和這些協助他逃亡的朋友辯論，這場辯論記載在柏拉圖的《克里多篇》(Crito)，蘇格拉底的論點是：他不應該逃亡，因為他不能破壞國家法律，這樣會傷害社會、也會連累朋友和親人遭人批評或責難，而且做一個守法的公民對社會太重要了。此外，他不想逃亡的另一個原因可能是即使他逃到別處，該地的政府也知道他被判刑，對他一定會懷有敵意，這樣過活值得嗎？所以他認為逃避法律的制裁是錯誤的行為，他寧願選擇死亡，也不願意做錯事；或許也可以說，他寧願光榮的死，也不願意羞辱的活。

在當時狀況下，蘇格拉底如果想要求生似乎不難，但是他最後選擇的是做對的事。他在法庭上為自己辯護時就是這樣說的：「避免死亡不難，避免做錯事才難。」面對法官、陪審團，他在法庭上侃侃而談，想要說服大家不要關心物質上的富有，而是關心精神上的富裕，他說：「財富不會帶來善，而善卻會帶來財富和其他的福報。」

事實上從物質層面來看，實際人生中行善不一定會得到善報；好人不一定有好報，所以做好事的人物質上不一定富有；但是在精神層面上，充滿善意的人比較容易得到別人的肯定、尊敬；相反的，喜歡佔人家便宜的人，大家會對他多少存有戒心。我們經常聽到「吃

虧就是佔便宜」，一般人只要能區分物質上富有和精神上富有，就可以體會這個道理。喜歡佔別人便宜的人，也許短期可以得一些好處，但是一旦他的為人被識破，應該很少人敢再相信他，所以長期來看，反而對他不利；相對的，忠厚老實人雖然比較容易在有形上造成損失，但是由於這種人比較值得信賴，所以他的品格所產生的無形收穫，長期反而可能帶來財富和尊敬，這就是蘇格拉底「善會帶來財富和其他福報」的道理。

　　一個人一生要避免做錯事，真的是很難的一件事，因為人心雖然有善良的一面，但是也有短視近利、貪婪自私的一面；更何況花花世界有太多的誘惑和考驗。尤其「私」是最為頑強的趨力，人的私心一旦浮現就很容易犯錯，大概沒有人會否認，私心應該是人類社會多數罪惡的主要來源，要避免因為私心而做錯事，對每一個人都是一件很困難的心靈工程。大概沒有一個人可以在臨終前說：「我一輩子從來沒有做過錯事。」所謂「人非聖賢，孰能無過」就是這個道理，因此蘇格拉底才說，「做錯事的腳程比死亡來得快」，表示一個人還沒死以前一定會做錯事。

　　儘管我們一生不可能不做錯事，但是蘇格拉底告訴我們的是：應該盡量避免，因為如果人要活得幸福，做錯事就是幸福的最大障礙，也就是說，做的錯事越少，人生會越接近幸福。

　　蘇格拉底等於用一生的經驗和自己的生命，訴說生命存在的道理：他認為行善才是通往幸福的正確道路，往後的倫理學研究者對幸福和道德的關係到底有多麼密切，雖然存在不少爭議，但是絕大多數的倫理學者不否認蘇格拉底的想法：行善才是正路。但是這樣的想法，在物欲橫流、經濟掛帥的現代社會，如果不是空谷跫音，

就是淪為口號、教條。也許在公開場合，大多數人都會說道德和品格很重要，但是他們實際生活中追求的，不是名、就是利。為什麼社會上這麼多人的價值觀、每天汲汲營營的事，和蘇格拉底及倫理學者深信的道理背道而馳？值得思考的是：如果蘇格拉底和倫理學者經過審慎思考之後，認為幸福人生必須重視道德，而我們一般人卻把倫理道德當成寫作文、喊口號用的，難道是哲學家錯了嗎？

四、思索生命的重要性

　　通常在介紹西方哲學時，最常被引用的就是蘇格拉底的「一個沒有經過反省的生命是不值得活的」，如果用現代的語言：「一個人如果從來沒有想過活著要做什麼，就等於是吃飽飯等死。」人都會死，而且除了自殺之外，沒有人能確定自己什麼時候會死、如何死，我常對學生說：「你們比我年輕，但不一定比我晚死。」學生可能會追問我：「可是想清楚活著的意義和價值，最後還不是會死？」當然我必須承認，即使想清楚人活著要幹嘛，最後還是會死；但是重點不是死亡，而是生和死之間我們應該如何過活。事實上人的自然本性就是有點怕死，如果死亡是必然的，每一個人可以做的是：在死神還沒有到來之前，認真思考一下自己應該如何活。

　　不論你是否贊成蘇格拉底的決定，至少你一定會讚嘆他居然可以活得如此清醒，面對死亡而無懼，死得如此心安理得。也許你認為活著才有希望，所以不願意像蘇格拉底那樣死得悲壯，寧願選擇被放逐；但是「死亡」這件事逃得了一時，卻逃不了一世，每一個人永遠必須面對，死神的邀約是遲早的事。因此從生到死的路程上，每一個人似乎都應該思考要如何度過。你希望你的人生是彩色的？

還是灰白的？你希望一輩子過得精彩？還是渾渾噩噩？相信每一個人都希望自己的人生多彩多姿，希望自己這一輩子可以活得過癮、甚至發光發熱，換句話說，每一個人都希望這一生是值得的。但是要如何活才能活出精彩的人生？這似乎是一個很重要、卻很少人認真思考過的問題，而且這個問題沒有人可以找他人代勞。

　　羅馬帝國時期的哲學家塞內加 (Lucius Annaeus Seneca, 4 B.C.–A.D. 65) 曾經說過：「所有人都想要過一個幸福生活，但是當到了分辨什麼使得生活幸福時，他們的視野就模糊了。達成幸福是很困難的事，一旦你迷了路，越充滿活力地往前衝，幸福就離你越遠；當你走的路是相反的方向時，你的速度就是你和自己的目標增加距離的原因。」

　　傳統文化薰陶下的父母，不論大陸或臺灣，幾乎都在「萬般皆下品，惟有讀書高」的價值觀主導下，把讀書、升學這件事看得特別重要；由於害怕自己的孩子會輸在起跑點上，所以從小就把孩子送進各種才藝補習班。這些望子成龍、望女成鳳的父母，從來沒有想過自己的子女適合於讀書嗎？擁有才藝的天分嗎？適合讀熱門科系嗎？父母希望子女走的路，真的適合子女嗎？這是子女走向幸福的正確方向嗎？這種不顧方向是否正確，只管速度、拚命往前衝的想法，反而可能讓子女離幸福越遠。不是跑得越快越好，方向對了，才可能看見幸福！

　　「人生到底有沒有意義」？一個人即使刻意不去想這個問題，但是它隨時都可能出現，或夜闌人靜輾轉難眠，或仰觀天上星空胡思亂想，或生活中受到挫折、打擊，這些孤獨面對自己的時刻，都可能讓人靈光一閃想到：人活著到底是為了什麼？為什麼有我這樣一

個人？這個世界如果沒有我，一切會有所差別嗎？我來到這個世界的意義何在？

　　有些人可能認為，不必去想這類的問題，因為人生根本沒有意義；然而如果人活著沒有什麼意義，為什麼還要繼續活下去？不論最後結果如何，比較多的人還是希望能為自己的人生找到意義。如果人生是有意義的，那個意義又是什麼？如果一個人活著的時候生不如死，是不是應該選擇提早結束生命？這一連串的問題既親近又遙遠。親近，是因為它如影隨形，揮之不去；遙遠，是因為它和日常生活似乎不太相關。你想過這些問題嗎？想過而又已經得到一些答案的人，等於他的生命旅程中帶著指南針，生活有了方向和目標；不曾想過的人，也許一樣過一生，但只能說是迷迷糊糊地過一生。

　　也許有人認為，思考「如何活才精彩」？「生命的意義是什麼」？是知識分子特有的苦惱，一般為生存而折磨的勞苦大眾，每天忙於生計，這樣的問題似乎從未在他們的腦海中出現過。然而即使那些從未深刻思索生命的人，也會在某些關鍵時刻，譬如：親人突然死亡，或遭遇車禍而受重傷時，這類問題會忽然出現，所以對於生存的困惑和困擾，似乎是不可避免的。

　　自古以來人類社會出現過許多精彩動人的故事，而這些故事中令人感動的元素，絕對和故事中主角的性別、膚色、財富、名位、學問、美醜無關，為什麼他們的人生可以活得如此精彩？這絕對不是「不小心」或偶然造成的，構成精彩人生的因素是什麼？這是一個值得深思的問題，所以如果你不想平庸過這一生，嚴肅思索人生是絕對必要的。

五、比生命更有價值的東西

　　蘇格拉底的故事給我們一個啟示：人世間有些東西比生命還要重要，對蘇格拉底而言，不做錯事、追求真理比生命更有價值。蘇格拉底當然知道，被別人討厭、不受歡迎並不是一件好事，但是這只是表面，更重要的是別人為什麼不喜歡他？如果只是因為他指出別人的錯誤而被討厭，他們討厭他的理由是不充足的，一個人如果是理性的，反而應該感謝他才對，因為糾正錯誤才能找到通往幸福的正確道路。

　　所以蘇格拉底顯然認為，一個人不應該只重視表面上是不是受人喜歡，如果別人不喜歡他的理由是不理性的，何必在乎？因為追求真理絕對比被腦筋不清楚的人喜歡還要重要。如果一個人想要討好社會上的每一個人，這是不可能的；有些人對別人並不是很瞭解，常常只憑隻字片語就對別人妄下評論，因此任何人都沒有理由因為遭到不瞭解他的人批評而感到難過，所以我一向奉行的原則是「我只在乎我在乎的人在乎我，不在乎我不在乎的人在乎我」。

　　在這方面，蘇格拉底是我們最好的榜樣。死刑到來的日子，蘇格拉底的妻子、三個孩子、朋友都難掩悲傷，只有蘇格拉底一個人保持鎮定，他的好友克里多在他喝毒酒身亡後說：「我們可以說，在他的時代中，他是我們認識的人之中最勇敢、最有智慧和最正直的一位。」但是這樣一位正直勇敢的智者卻被處以死刑；一個人只是因為辯論、講真話得罪了人，就犯了死罪，這是多麼荒謬的事，愚蠢的反而是那些投票判他有罪的人。

　　蘇格拉底的死，是柏拉圖對民主政治最大的批判，這個判決證

明了「一個愚笨的決策不會因為多數人支持而變成是明智的」，難怪柏拉圖痛恨民主政治，在多數人缺乏分辨是非能力的庸俗化民主政治中，大智慧的人反而被多數無知者認為是呆子。當然，柏拉圖時期的民主政治是直接民主，也就是民粹，不同於當代的民主政治；不過無論如何，這又再次印證了蘇格拉底的觀點：多數人支持的想法不等於是正確的。

蘇格拉底選擇死亡，等於親身證明有比生命還要重要的東西。因此，決定一個人一生是否精彩動人的最主要因素，似乎不是物質性的、或有形的東西，除非物質極端匱乏的社會，否則一個人的物質條件並不足以決定他的人生是否幸福。事實上，一個幸福精彩的人生，最需要的是某些心靈的東西，心靈富裕絕對比物質富有更接近幸福。

美國學者凱思樂 (Rachael Kessler, 1946–2010) 在她的《靈魂的教育》(The Soul of Education) 一書中指出，她所以使用「靈魂」來談論教育，是希望學校能夠注意學生的內在生命，重視人類生存的深層面向，她認為學生所渴望的東西，超過日常的、物質的、片斷的存在。因此她相信，如果年輕人被教導以建設性的方式表達自己的精神需求，他們將會發現生命的目的，學生在學校的表現會因此而更好，與家庭和朋友的關係也會強化，而且會充滿活力和視野邁向其成年人的生活。

人所需要的心靈資源有時候可以超越生命，蘇格拉底見證了這點，他為他所相信的理念而生，也願意為他相信的理念而死，所以他把理念看得比生命重要。雖然人都會死，但是如果一個人一生中，能夠找到比生命更珍貴的東西、目標或理想，一定可以像蘇格拉底

一樣，面對死亡而無所懼。

　　事實上對絕大多數人而言，死亡的威脅應該是生命中極大的恐懼，如果死亡是無法避免的，如果我們能夠找到一個比死亡還重要的東西，就可以減低這個恐懼的威脅。有些人因此相信某種宗教，因為每一種宗教都會對人的生死提出一套說法，而且對信仰者描繪的死後世界，通常是一個充滿希望的圖像，這可以安撫信仰者的心靈，讓他們不怕死；如果死後的世界更美好，死有什麼可怕的？也許宗教就是因為人類的這個深層需求而存在，所以如果從這個角度來看，只要人會死，宗教就一定會存在。

　　哲學強調的是理性，所以宗教性的解答並不是哲學家處理生命的方式，由於除了宗教這樣的答案之外，還是存在許多心靈層面的東西，可以讓人為之而活，所以對任何不以宗教為選項的人，哲學可以對思索人生有所幫助；當然即使是有宗教信仰的人，哲學雖然對他們是否有來生無能為力，但卻對他們的這一生應該如何活，還是有用的。

　　什麼東西比死亡還珍貴？當一個人找到這樣的東西時，他的每一天都會是活力十足、神采飛揚、活在當下，完全不會想到死神何時會找上門，這樣的生命才是鮮活的。當死亡不是最可怕的事時，人生一定是另一番境界！

六、人不一定要活很久，但一定要活得精彩、有意義

　　如果除了自殺外，沒有人能決定自己的死亡，我們關心的重點不應該是活多久，而是活得是否精彩，所以人最需要認真思考的是：如何讓自己的一生能過得有價值、有意義。來一個思考實驗：如果

一個人可以選擇兩種生命型態，一種是當海頓 (Franz Joseph Haydn, 1732–1809)，他是十八、九世紀的奧地利作曲家，也是交響樂之父，壽命只有 77 歲；另一種是壽命長達一萬年的牡蠣。有人會選擇當牡蠣嗎？應該沒有。這表示人生比較好的選擇不一定是活很久，更重要的是活得精彩。1963 年 17 歲的王曉民是臺北市中山女高管樂隊指揮，當年 9 月 17 日騎腳踏車在臺北市八德路和敦化南路口，被一輛計程車從後面追撞成植物人，2010 年 3 月過世前都沒有醒過來，17 歲以後的王曉民是活著，但是她多活的那 47 年有意義嗎？

　　「長命百歲」是我們社會經常用來祝福別人的話，但活得久就好嗎？這似乎簡化人生的問題，蘇格拉底一定會質疑這句話，他會認為，為什麼而活比活著重要。當然也有人認為：生命本身最重要，所以好死不如歹活；然而這種說法完全忽略了「活著」有時候會很可怕，譬如：納粹集中營裡的犯人，過著生不如死的生活，有人選擇自殺、有人故意觸怒集中營的衛士而遭槍殺，對這些人而言，多活一天就是多一天的折磨。

　　即使不以納粹集中營為例，日常生活中也會碰到生不如死的狀況，事實上「安樂死」議題在當代產生的爭論，就是因為在有些狀況下，如何對待生命會碰到相當棘手的處境。所謂「安樂死」，英文是 euthanasia，這個字等於 mercy killing，意思是仁慈的殺人，也就是說，在某些狀況下剝奪人的生命反而對死者是一件仁慈的行為。譬如：一位罹患喉癌的病人，醫生判定他只剩下三個月的生命，他每天都痛苦不堪，必須靠止痛劑減輕他的疼痛，這樣的三個月，真的好死不如歹活嗎？

　　安樂死議題之所以很難處理，一方面因為生命具有不可逆轉的

特性，一旦我們讓想要安樂死的人死亡，萬一發現新的醫藥科技可以治療他的病，我們不可能讓他從死亡中復活；另一方面則是確實存在生不如死的人類處境，當我們看著一個病人整天在痛苦中等死，而不設法中止他的折磨，這似乎不是仁慈的做法，反而是殘酷。在生命不可逆轉和仁慈殺人之間的兩難，就是當代安樂死議題難以解決的關鍵，可見人不是活著就好。

有時候即使一個人不是處於安樂死的爭議狀態，也不見得活著就好，譬如上述我們所提到的例子，一個人如果活得像牡蠣一樣，即使可以活得很久，這樣的活似乎沒有太大的意義或價值，這樣的人不要說長命百歲，活一千歲、一萬歲又有何意義呢？另外，像王曉民女士那樣只靠維生系統支撐的人，如果她有機會表示意見，相信她不想這樣活著，因為這樣活，不但讓家人和社會付出龐大的醫療資源，也讓照顧她的家人身心俱疲，這種耗費有效資源、又沒有尊嚴的活，似乎也是不值得的。

俗話說：「人生不滿百，常懷千歲憂。」真正讓人最為苦惱的，反而不是物質上的匱乏，精神上的虛無才是關鍵。早期臺灣以農為生，社會普遍貧窮，但是那時候的人際間是溫暖的，而且社會和諧、犯罪率低，很少聽到青少年患有憂鬱症，自殺事件更是少之又少，人民普遍過著簡單卻安心、快樂的生活。相較於工商業發達的現在，人們物質上是富裕了，但人心卻是陷溺的：唯利是圖、自私自利成了常態，道德敗壞了，不只暴力殺人事件增加，青少年憂鬱症普遍、自殺事件頻傳，更普遍的現象是：現在如果有人接到陌生電話，幾乎腦海裡立刻出現的念頭是：是不是詐騙集團？可見一般人平日的生活都必須提心吊膽、對陌生人小心防範。所以物質富裕後的臺灣，

銅臭味重了、人味少了，人民反而不安、不快樂。

俗話說：「人生不如意，十常八九。」任何人都不可能一生一帆風順，所以美好人生的關鍵在於如何面對和處理「不如意」。柏拉圖在他的《理想國》對話錄一開始，描述一位長者賽佛勒斯 (Cephalus) 的觀點，賽佛勒斯提到，許多老年人聚在一起，有人抱怨年紀大有很多壞處，譬如：體力不佳、視力不好；但是他認為，快樂或痛苦與生活態度有關，而與年齡無關。這是一個相當有智慧的語言，事實上每一個年紀的人都有那個年紀特有的苦惱，也許課業、交友、親子關係是最令年輕人苦惱的事，而工作、家庭則是中年人的苦惱，體衰、病痛則是老年人最常出現的憂慮。

賽佛勒斯更明確指出：「只有一件事應該責備，那不是他們的年紀大，而是他們的品格；因為如果一個人是講理的、和氣的，年紀大很容易忍受；如果不講理、脾氣不好，年輕也是一個負擔。」與談的蘇格拉底滿意這樣的說法，但是進一步挑戰說：「我擔心大部分人不會同意你所說的，而會認為你的日子過得輕鬆，不是因為你的品格，而是因為你的財富，因為他們說有錢人可以有很多的慰藉。」賽佛勒斯的回答是：「他們說的有些道理，一個好人如果是貧窮的，他會發現年紀大很難忍受，但是一個壞人即使富有，他的心靈也不會平靜。……財富是有價值的，或許不是對每一個人，而是對良善的和合理的人。」

品格可以使不如意的人生變得比較可以忍受，壞人有錢心靈會不平靜、財富給好人才有價值，這些道理將是接下來論證的重點。無論如何，一個人的生命色彩是灰暗還是亮麗，只有自己才能塗抹，因此思索生命不是別人的事，而是自己的事。如果你感到生活有點

無聊、無奈、茫然而無所是從，想想蘇格拉底的故事，也許就會發現：你可以活得和現在不一樣。

3 人為什麼需要尋找意義？

在蘇格拉底的故事中，我們一再強調人要活得有意義，為什麼？蘭花、松樹有生命，貓或狗也有生命，而這些生命似乎不需要為牠們的活著找到意義，為什麼？

事實上，對於某些宗教信仰者而言，萬物有靈，所以他們相信每一樣東西都有生命，根據這種信仰者，不只是我們一般熟知的有機體，動物或植物具有生命，連石頭、大海、桌椅也都有生命。但是「信仰」並不是哲學理解宇宙人生的方式，所以我們不談特殊的宗教觀點，如果從純科學的角度來看，花草樹木、鳥獸蟲魚和人一樣，都有生命；而石頭、大海、桌椅則沒有生命，這是一般人的共識，但我們關心的是，在這些有生命的植物和動物之中，人為什麼是獨特的？而且為什麼人需要活得有意義、有價值，才能滿足人的幸福？

一、人之所以為人的特點

根據亞里斯多德的說法，生物和無生物之間的差別在於：前者具有靈魂，而後者沒有。這裡的靈魂和我們現在的意思有點出入，它不是指人死後的精神性東西，而是指有生命的東西具有自然的內在結構。譬如，樹木會向著陽光的方向生長，這種向陽性是樹木的自然本性，即使我們把一棵樹移植到別處，把原來向著陽光的部分反向，最後的結果，整棵樹還是會往陽光的方向傾斜。所以樹木的

自然特性，就是亞里斯多德所謂的靈魂。

再舉個例子，如果一個小朋友看到魚缸裡的金魚非常漂亮，他很喜歡，所以晚上睡覺時把金魚撈出來，放在枕頭邊陪他睡覺；等他第二天醒來，他將發現可愛的金魚一命嗚呼了。因為根據魚類的本性，牠們只能在水中生存，魚兒離開水面就是致命，這是魚的本性。

我太太很喜歡花草，她的研究室經常養了各式各樣的植栽，她喜歡三不五時逛花市，看到好看的盆栽就會買，對她來說室內的植物擺設是多多益善。當然她也會慫恿我，也買一些盆栽放在研究室；她的理由其實相當有說服力：這樣不只可以美化研究室，而且室內空氣也會比較乾淨。但是我對她的建議一向顧左右而言他，因為我以前研究室確實也有植栽，但是最後這些植物都被我養死了。有些花，不能澆太多水；有些則需要比較多的水分，必須知道各種植物的本性，才能把它們養好。由於我不想花時間研究各種花草的特性，又不想看它們死在我手中，所以乾脆就不養了。

亞里斯多德是當時有名的生物學家，他實際研究各種不同的生物，發現每一種生物都有不同的特性，所以即使只從「維持生命」這件事來看，適合於每一樣生物生存的東西也不一樣。花草樹木沒有水分會枯萎，儘管它們都需要水分，但是需要量也不一樣；因此要把花草培養的生機蓬勃，必須知道它們各別的特性。動物也是一樣，各有本性，把一隻小鳥從高樓拋下去，牠得到的是自由；但是把一個嬰兒從高樓拋下，應該會小命不保。

亞里斯多德區別三種生活形式：⑴植物式的生活；⑵非人類的動物式生活；⑶人的生活。植物式的生活是最基本的自我維生，需

要的是適度的營養和成長，所以對植物而言，所謂「活得好」就是獲得適合於該種類植物的陽光、空氣、水分、養料，長的枝繁葉茂。非人類動物的生活比植物複雜，因為這些動物具有感覺、知覺，有能力行動；所以一隻狗除了和植物一樣，必須有足夠的營養維持健康的生存之外，如果牠整天被主人鞭打，沒有人會說：牠活得很好；因為狗有知覺，天天在疼痛中過日子的狗，絕對不是活得很好。有沒有被虐待狂的狗？天天被主人鞭打反而是享受？理論上有可能，但是這樣的狗一定是變種，而且實際世界上應該不太可能存在；即使真的有這樣的狗，必須是牠被鞭打時感覺到的是「享受」而不是「痛苦」，才可能稱為活得好。

也就是說，對非人類的動物而言，除了必須滿足和植物一樣的營養和成長所需的東西之外，牠們的生活不能是痛苦、折磨的，否則不是好生活。網路上偶爾出現虐待寵物的影片，主角遭到肉搜而成為全民公敵，儘管貓或狗並不是人，但是所有人都知道牠們具有感覺知覺，虐待牠們和破壞玩具是完全不一樣的，因為玩具被頑皮的孩子惡整，並不會產生疼痛的感覺，但是貓狗被凌虐，顯然大大降低了牠們的生活品質，所以被虐待的動物，不可能是活得很好。

如果任何一種生物要活得好，必須該生物的特點得到適當的滿足，那人的特點是什麼？人在維持生存這方面和植物、動物是共通的，人也需要營養和成長；人和非人類的動物也有共通處，那就是人也有感覺、知覺，也有行動能力，所以人要活得好，最基本的維生條件一定要滿足；其次，也不能在痛苦和折磨中度日，因此納粹集中營裡的囚犯，所過的是非人的生活。

但是一個人即使衣食無缺、沒有遭受痛苦或疾病的折磨，這樣

就可以稱得上活得很好、人生幸福嗎？答案當然是否定的，否則遊手好閒、好吃懶做的街頭混混，以及養尊處優、整天只會吃喝玩樂的富家子弟，都是活得很好、很幸福。但是一般來說，我們不會接受這樣的結論，為什麼？

亞里斯多德認為，人最重要的特點是理性，這個特點使人具有主動性和自主性。事實上不只亞里斯多德，德國哲學家康德 (Immanuel Kant, 1724–1804) 也認為理性是人之所以為人的特點，是人分享神性的一部分，如果人去掉這個特點，就剩下動物性。中國的孟子其實也有類似的說法，在《孟子・離婁篇下》孟子說：「人之所以異於禽獸者幾希。」意思就是人和禽獸的差別很少，對孟子而言，如果人失去良心就是禽獸。儒家的良心接近康德的理性，所以如果人不依良心而行動，我們形容這樣的人是人面獸心、衣冠禽獸。

人的理性至少展現在兩方面：一方面是在生活中進行選擇，另一方面則是進行內在的自我反思，這種能力是其他動物所沒有的。也因為人具有理性，造成人要過得好的方式，與其他動物不同。譬如在我們想像中，一隻豬只要吃飽睡足了，應該就是過得好；當然我們不是豬，無法確切知道豬的幸福是什麼，但是從觀察豬的行為中發現，這種動物似乎除了找東西吃、睡覺外，看不出牠的生活有什麼特定的目標；所以我們才會認為，吃飽睡足的豬就是快樂的豬。然而對人而言，吃飽睡足就算過得好嗎？答案當然是否定的，人反而常常是吃飽睡足以後，才是煩惱的開始。

貧窮時期的臺灣，為什麼自殺率低？因為這個時期最重要的事是：滿足維持生存的基本需求，「填飽肚子」是第一件要緊的事，俗話說：「吃飯皇帝大。」所以貧窮時期人要解決的問題是：滿足人的

動物性需求，生活的目標明確，除了想辦法找到吃的東西之外，不會有其他的煩惱。

我從小在鄉下長大，三餐常常吃不飽，不是上山偷採人家的芭樂、挖人家的地瓜；就是下海去撈蚌殼、抓螃蟹，每天想的就是如何找到東西可以果腹。所以那個年代的人，現代社會的文明病「憂鬱症」，完全沒聽過；肚子餓的人第一時間想到的是填飽肚子，沒有人會想到自殺。我們沒有聽過貓、狗或豬去自殺的，應該也沒有人看過老虎故意跳下懸崖尋死、或撞牆而亡的，理由也許就是牠們只有動物性的需求，而滿足這種需求立即而且明確，會想要結束自己生命的念頭，不可能出現在填飽肚子之前。

但是人的需求不會停留在動物性階段，因為人有理性，而滿足人理性的需求就不是吃飽睡足、沒有身體病痛可以達成。十九世紀英國哲學家約翰‧彌勒 (John Stuart Mill, 1806–1873) 問了一個有趣問題：「你想當一個不滿足的人，還是一隻滿足的豬？當一個不滿足的蘇格拉底，還是滿足的傻瓜？」用簡單一點的說法是：「你想當痛苦的蘇格拉底，還是當一隻快樂的豬？」也許有些人的第一個反應是：「我寧願選擇當一隻快樂的豬，因為我現在的生活過得豬狗不如。」原則上應該沒有人真的想當豬，因為豬再怎麼快樂，等到體重達到人們滿意的程度，就會被人類宰殺，因此豬的命運不論多麼快樂，由於生命掌握在人們手中，所以大概不會有人真的願意選擇當一隻豬。那些想當一隻快樂的豬的人，指的一定是：他還是做一個人，但是生活像豬一樣的快樂。

就像一個生病的人，最渴望的是健康；肚子餓的人，最想要的是食物；窮人最希望得到的是金錢，所以可以理解一個想當快樂的

豬的人，一定是活得不快樂，他當下最需要的就是快樂，因此他寧願當一隻快樂的豬，也不願意當痛苦的蘇格拉底。但是如果一個生病的人恢復了健康、肚子餓的人吃飽了、窮人有錢了，他們就會滿意了嗎？換句話說，生病的人一旦恢復健康，從此就沒有別的煩惱了嗎？肚子填飽的人，就快樂幸福了嗎？這些人在往後生活的每一天，不會有別的煩惱嗎？事實上，「一時」的問題解決了，然而只要還是活著，「一生」的問題一直存在。

一個原來不快樂的人會羨慕快樂的豬，是希望自己能夠揮別不快樂；但是如果我們進一步問：如果他得到豬所擁有的那種快樂，他會快樂嗎？彌勒的答案是否定的，他認為一個人即使得到豬那樣的快樂，也不會快樂，因為一隻快樂的豬所享有的是動物性滿足，而由於人具有高等官能：理性，所以人不可能只因為他的低等官能或生物性層次得到滿足，就會感到滿足。換句話說，彌勒認為，人類的快樂幸福必須包含精神層次的滿足。

如果根據亞里斯多德的觀點，既然理性是人之所以為人的特點，這個特點如果沒有得到充分發展，這樣的生物不可能是活得很好；就像一盆需要充足陽光的植栽，如果被養在密不透光的室內，它不可能活得好一樣。所以從人之所以為人的特點來看，即使是痛苦的蘇格拉底，也勝過一隻快樂的豬；因為豬的快樂只建立在動物性的滿足，蘇格拉底雖然在人的生物性層面上是不快樂的，但是他的理性層次卻可能得到適當的發展，而這種精神層次的滿足對人的幸福之貢獻，遠超過生物性滿足所能提供的。

彌勒區分快樂的質和快樂的量，從質的角度來看，快樂是有高低的不同，感官的享受或生物性的滿足是低品質的快樂；而精神的

快樂則是較高品質的快樂。因此即使是大量的感官快樂，也不如較少量的高品質快樂；我前面曾經說過：「我在乎的不是吃什麼，而是和誰吃。」就是基於這個道理。美食是滿足感官，而與「對」的人吃飯則是心靈上愉悅，所以食物所帶來的快樂是低品質，而對的人所產生的快樂則是高品質。因此，如果一個人享受到的純粹是生物性的滿足，不可能獲得屬於「人」的幸福。從這個角度來看，痛苦的蘇格拉底可以活出人樣，而快樂的豬只停留在生物層次；對具有理性這個特質的人而言，豬的生活是較低階的，不論多麼快樂，也不可能構成適合於人的美好生活。

二、物質享受為什麼不夠？

　　有些人可能對上述的說法仍然不滿意，他們可能認為，如果人得到他渴望的生物性滿足，為什麼這樣的人生不是適合於人的幸福？譬如，如果一個人非常富有，每天可以盡情享受：吃精美食物、住豪宅、開名車、穿戴高檔服飾，只要想要就可以呼朋引伴開派對，生活瑣事都有奴僕打理，也有足夠時間休閒旅遊。這樣的人生有什麼不好？

　　要回答這個問題，第一個可以問的是：他的財富是怎麼來的？如果是從事不法勾當所獲得的不義之財，他很難心安；而一個內心無法安寧的人，人生不可能美好，這點後面會有更詳細的論述。現在假設他的財富是用正當的方式獲得，而從上面的描述，顯示他的生活就純粹是物質的享受，而沒有精神層面的東西，這樣的人生對「人」而言不可能是美好人生。所謂「生年不滿百，常懷千歲憂」，指的不是窮人才有煩惱，而是只要是人，就一定會有煩惱，所以表

面上光鮮亮麗、享盡各種物質滿足的人，內心可能是貧窮的。舉幾個實例：

美國導演歐森．威爾斯 (Orson Welles, 1915–1985) 在 1941 年自導自演的一部影片《大國民》(*Citizen Kane*)，這是美國電影史上最重要的一部作品。該片以美國億萬富翁、報業巨頭威廉．郝思特 (William R. Hearst) 的生平事蹟為原型創作而成，影片從一位報業大亨孤獨在豪宅中死去開始，他在臨死前莫名其妙地說出「玫瑰花苞」一詞，一名記者為了探究其義，遍訪大亨的朋友們，從而倒敘出大亨一生不凡的經歷。

這位報業大亨叫肯恩 (Kane)，他是億萬富翁，他的豪宅裡搜集了世界上最美麗的珍藏品，生活在他周圍的人都被他當成工具利用，以達成他的野心。但是在他生命的盡頭，當他孤獨地漫步在別墅空蕩的大廳時，四壁鑲嵌的鏡子把他的形單影隻擴大了千倍，只有虛無的影中人陪伴著他。最後他死了，喃喃吐出一個詞「玫瑰花苞」，這是肯恩小時候玩的雪橇上的廠牌名字，那是一個他周遭仍然充滿關愛的年代，大家都喜歡他，他也回報給大家同樣的笑臉。從別人身上聚斂而來的財富和權力，沒有為他買到任何比童年記憶更美好的東西，這架雪橇（甜蜜人際關係的象徵）才是肯恩真正想要的東西，也是他在獲取無數物質的過程中，被犧牲掉的美好生活。

肯恩試圖像佔有物品一樣去佔有人，去控制他們、操縱他們，讓他們聽任他的擺佈，不論對待朋友、情人、職員、政敵，無一例外。從一件物品（即使是世界上最好的物品）所能獲得的就是物品，當我們像對待物品一樣與他人交往，回報的也同樣是物品的待遇。以這種方式和人交往，我們得不到友誼、尊重和愛，沒有一件物品

能給我們友誼、尊重和愛。肯恩後來發現他擁有一切，唯獨缺乏只有人才能給的東西，即真誠的欣賞、自發的關心，或者僅僅是用心的陪伴。由於在他的眼中除了金錢之外，什麼都不重要，所以關心他的，除了錢，也就沒有一個人。

　　這個真實故事告訴我們，人擁有了一切外在東西，但最需要的還是來自於他人的真心關懷和尊重，也就是說，人最需要的還是人。這表示只要是「人」，獲得生物性的滿足是不夠的，因為人還有精神層次的部分需要得到滿足。因此蘇格拉底雖然痛苦，他的痛苦來自於雅典公民的無知，但是如果問蘇格拉底要不要當一隻快樂的豬，他一定拒絕，因為有智慧的人知道，只有生物性的滿足並不能令人快樂。像蘇格拉底這樣的智者即使遭到雅典公民的誤解，但是他自己仍然沉浸在真理的追求、知識的滿足之中，這比一個人只獲得豬一樣的生物性享受，幸福多了！

　　但是有人可能會對此提出反駁，認為肯恩的問題在於用錢的方法不對，其實金錢是萬能的，俗話說「有錢能使鬼推磨」，肯恩如果用一些錢在結交朋友上，就不會如此孤獨的死去。然而問題是：金錢可以換來真正的友誼嗎？

　　2012 年 7 月媒體爆出李宗瑞事件，這是一件涉及性侵、妨礙秘密之案件，主要嫌犯為富少李宗瑞，被害人多達 30 餘人。根據警方於李宗瑞住所搜出之性愛、裸體影片、照片，多數性侵被害人疑似遭下藥無力氣抵抗，並疑有知名女星受害。2014 年 9 月 2 日李宗瑞因乘機性交罪、妨礙秘密罪，遭臺北地方法院二審宣判 79 年 7 個月刑期，執行 30 年。2015 年 10 月 23 日，最高法院審理一年後，總共判李宗瑞 22 年 10 月徒刑，全案定讞。

在李宗瑞事件中，最引人注目、也值得我們深思的是：為什麼那麼多女性會成為李宗瑞的受害者？如果一個女生經常去書店，另一個經常跑夜店，哪一個比較容易碰到花花公子呢？當然是夜店。但這並不是否認女生有跑夜店的自由，而是強調上夜店的女生心裡一定要多一點提防，就像選擇登大山的人一定要比去陽明山走走的人，事先需要多一點安全防範的配備一樣。花花公子只把女性當玩物、不會尊重她們是「人」，所以想要避免自己變成男性的玩物、卻又喜愛夜店生活的女生，比平時更為謹慎、小心才是明智的。但是從另一個角度來看，在一個自由社會中，為什麼女生進夜店應該特別小心？即使上夜店的女生毫無防人之心，男生也無權侵犯，所以唯一罪有應得的，當然是李宗瑞。

2014 年 9 月 13 日凌晨，27 歲的富二代曾威豪與女友等多人到臺北市信義區的一家夜店消費，酒後和鄰桌的酒客產生衝突，曾威豪等人因此被圍事者趕出夜店。隔天凌晨，曾威豪召集大批平日熟識的幫派分子，打算對夜店的圍事者進行報復。臺北市警察局信義分局接獲夜店群眾滋事的訊息，一名員警在執勤外時間著便服前往關切，卻遭到黑幫分子持棍棒、刀械圍毆致死；投案幫派分子在描述犯案情節時，他們口中的曾威豪是「凱子哥」或「金主」。這些人被曾威豪當成朋友，但是他們和曾威豪結交，完全是因為他的錢，根本沒有人把他當成真正的朋友。

從李宗瑞、曾威豪的故事可以證明，用錢結交到的朋友，並不是可以滿足我們精神需求的友誼；所以這樣的朋友不可能給我們真正的愛和關懷。從肯恩和富二代的例子我們可以得到的啟示是：以金錢和人交往，我們得不到真誠的情感，金錢不能給我們真正的友

誼、尊重和愛。你可以做一個像「人」的人，也可以做一個像「物」的人，你把別人當工具，別人也會把你當工具；這樣的人際關係只滿足人的生物性欲望，而無法滿足人作為人的需要。所以如果一個人希望被別人當成「人」，而不是東西，他必須先把別人當成人。

事實上，如果一個人需要靠炫富來顯示自己的重要性，正顯示他除了金錢之外，沒什麼值得被重視的；如果一個人需要靠外在名牌服飾來展現身分，非常可能是因為他的內在其實乏善可陳。外在富有、內在貧窮的人，他們的人生不可能是美好的。

三、「理性」會要求什麼？

人有精神層面的需要，都是因為人不只是動物、而是理性的動物，所以快樂的豬，並不是人滿意的生活。根據學者的論述，從植物的生活到非人類的動物生活、最後到理性的生活，每提升一個層級就會產生雙重的效果：⑴改變活著的意義，⑵影響其較低功能的執行方式，以及增加新種類的活動。

先談第一個效果。由於動物具有複雜的力量，會有知覺和行為，所以動物擁有一種生活的意義是植物沒有的；而人有理性，所以人所擁有的生活是非人類動物所沒有的；因為非人類動物的生活是由本能為牠計劃的，但是人類的理性具有主動性，人的生活是經過選擇的，因此人類具有一種生活方式，它不是完全由某種文化規定、一成不變的，而是個人自己決定的，譬如：如何謀生、如何使用下午茶時間、和誰交朋友及如何對待他們、追求哪一個領域的知識；整體而言，人會思考如何活、為何而活，而不只是「活」。

第二個效果更明顯，選擇性改變人類執行活動的方式，這些活

動是我們和其他動物共有的，譬如蓋房子、養育後代、打獵或找食物、遊戲和性活動；但人類發展出不同的方式處理它們。以飲食為例，雖然人類攝取食物主要的目的是維持生存，這和植物及動物共通，但是人類處理食物不只是填飽肚子，還重視色、香、味俱全。此外人類也從事其他動物不能從事的活動，像說笑話、畫圖、投入科學研究和哲學；所以理性選擇引進一個全新意義的生活，在這個新的意義中某人可以說「擁有一個生活」，而且重要的是，當我們說某人的生活是好或不好時，主要的就是這個意義的生活。換句話說，由於人有理性，因此只有滿足理性的需求，人才可能過得好；問題是：理性會要求些什麼？簡單回答是：人的理性會要求人活得有尊嚴、有價值、有意義。

中國歷史上有一個不食嗟來食的故事：春秋時代，齊國發生大饑荒，有一個善心人士叫黔敖，在路邊放置食物接濟路過的難民。有一天黔敖看到一個人用袖子遮著臉，跌跌撞撞地走來，於是黔敖拿著食物對著他吆喝：「喂！來這裡吃東西！」那人抬起頭來瞪著黔敖說：「我就是因為不接受這種無禮的施捨，才餓到這個地步！」黔敖立刻為自己的態度道歉，但那個人仍然不接受，最後終於餓死了。曾子聽了這件事後表示：「用不著這樣吧，如果招待的人很不禮貌，你可以拒絕，但是人家都道了歉，就可以接受了！」

那個不食嗟來食的人寧願餓死，也不要接受無禮的施捨；因為他把人的尊嚴看得比生命重要。求生欲望是人的生物性，而尊嚴則是精神層面的東西；選擇活命是符合人的生物本性，但是有些人在面對生死抉擇時，就像蘇格拉底一樣最後選擇死亡，這是經過內在反思的結果，是人的理性發生作用，表示人可能處在某種情境中，

生命不如尊嚴重要。

　　美國紐約的公立小學，即使碰到大風雪天，路上積雪難行，學校仍然沒有停課。根據一項十年的統計，紐約公立小學因為超級暴風雪，只停過七次課。為什麼？每逢大雪而小學卻不停課，總是有抱怨的家長打電話責罵校方，結果一開始是怒氣沖沖，最後是滿口道歉，滿懷愧疚地掛電話。原因是：學校告訴打電話來抱怨的家長，紐約許多貧困家庭，白天開不起暖氣、供不起午餐，孩子的營養全靠學校免費的中餐，甚至多拿些回家當晚餐。所以學校停課一天，孩子就凍一天、餓一天；因此老師寧願自己苦一點，也不停課。那為什麼不讓富裕的孩子留在家裡？學校的答覆是：不願意讓貧困的孩子覺得在接受救濟，因為行善的最高原則是保持受施捨者的尊嚴。

　　尊嚴對人很重要，對貓、狗可能沒有意義。一隻狗如果跑進別人家裡找到吃的東西，另一隻狗應該會羨慕牠，而不會因為牠拿走不經主人同意的食物而瞧不起牠。但是如果是人，到朋友家偷偷拿走別人的東西，一定不敢讓別人知道，因為這是有失尊嚴的事。

　　我上課時常常舉例，如果有同學願意在我面前跪下來磕三個響頭，我就給他 1000 元，有人願意這樣做嗎？當然重賞之下必有勇夫，有些人在金錢的誘惑下會不顧尊嚴，但是一般而言，如果一個人的生活還過得去，為了多得到一點錢而卑躬屈膝，理性會告訴他：太沒有尊嚴了，不能這樣做。

　　俗話說「君子愛財取之有道」，意思就是：錢財對人雖然有吸引力，但是必須用正當的方法獲得，這背後的精神也和「尊嚴」有關。譬如富二代出手闊綽、揮金如土，但是他們會擔心別人說他們是「靠爸族」或「靠媽族」。如果兩個年輕人一樣家住豪宅，一個是自己賺

來的，一個是父母的財產，顯然前者比較有光榮感。非人類的動物不會區別這中間的差別，但是人有理性，如果一個人擁有的身外之物完全靠自己獲得，他應該會活得很有尊嚴。所以如果可能，人的理性會要求人去追求一個比較有尊嚴的生活，在尊嚴和金錢之間，除非特殊狀況，否則把尊嚴看得比金錢重要，並不是不理性的行為。

　　人的理性也會要求人活得有價值、有意義；一個有價值的人生和有意義的人生常常是一體的兩面。也就是說，一個人只要活得有價值，他的人生就會覺得有意義；而他的人生如果有意義，就一定是有價值。

　　非人類動物大概不會有「活得有價值」這樣的欲望，牠們的生活應該都是基於自然的生理結構在運作，所以大致上都是本能反應。譬如：獅子看到獵物就會撲上去，大概不會思考那是不是獵人的一個陷阱；即使經由過去的經驗，牠們也許學會一點警覺，但是只要獵人所設的陷阱夠機巧，以獅子有限的理性能力，應該很難逃過人類的誘捕。此外，獅子即使再聰明，大概也不會產生人類特有的苦惱：「如何活才有意義、有價值？」

　　有些人可能會提出反駁，認為追求生命的意義和價值，是知識分子特有的苦惱，世界上許多人都在飢餓線上掙扎，能填飽肚子、維持生命，就已經是他們一生的全部了，談意義和價值對他們根本是天方夜譚、遙不可及。

　　的確，生長在政治動亂、戰爭頻繁、乾旱饑荒地區的人民，維持生存就已經是一件相當艱鉅的工作，對他們高談生命的意義，就像對貧無立錐之地的人談論名車、豪宅、盛宴的享受一樣，毫無意義。所以我們必須承認，對世界上有些人而言，只要能三餐溫飽、

免於恐懼和生命的威脅，就已經是他們生命最大的渴望，生命意義或價值對他們似乎是奢侈品。

但是我們要強調的是，即使生活在如此窘困環境下，還是有些人的作為會令人尊敬或感動。譬如：一個母親寧願自己挨餓，也要為她的孩子多留一點食物；這位母親的欲望已經超出動物性需求的層次，而進入人之所以為人的理性層次，因為她這樣做不是基於本能、不是基於自己生命的延續，而是為了更高一階的理由，所以選擇自我犧牲。事實上父母為了愛子女而自我犧牲的故事，經常在世界上各個角落上演，即使是處境艱難、生存條件惡劣的地方，也可能出現這類的行為；這些賺人熱淚的故事證明：人類所追求的，不只是活命，還要活得有意義。

在實際人生中，不只許多父母為了子女展現出超過動物性的欲望，蘇格拉底和許多戰爭英雄寧死不屈的事蹟，也傳達了同樣的訊息：沒有人不想要活命（這是動物層次的根本欲望），但是對人而言，有時候某些東西比生命還重要，譬如：對軍人而言可能是榮譽或國家，因為失去這些東西，生命就失去意義。

因此，追求生命的意義和價值，並不是知識分子的專利。人類有史以來，許多可歌可泣的故事都告訴我們，有些人雖然不會使用知識分子的方式，論述生命的意義和價值，但是他們卻活出生命的意義和價值。因此不論人類所在的處境是窘困還是安逸，人無論如何都不只是動物，更重要的是「人是人」，所以有些人所展現的行為，早就超出純粹只是動物的作為，因為人不只渴望活著，更希望活得有意義，而這中間的關鍵就在於：人有理性。理性使人可以主動選擇自己活的方式，甚至逆著生物性的本能而行：有時候寧願選

擇死亡，因為這樣的選擇在特殊狀況下，生命才有意義。

　　至於人應該如何活才有尊嚴、有價值、有意義？這是倫理學的主題，這個問題也可以透過人的理性，尋找合適的答案，後面會進一步論述。

4 人類的錯誤不斷重演

儘管亞里斯多德在兩千多年前就論證，享樂、財富和榮耀這些身外之物不等於幸福；人之所以為人的特點是人有理性，理性使人的欲望超越動物性，重視精神層面、追求生命的意義和價值。但是智者的忠告，似乎在人類歷史沒有發揮太大功能，幾乎每一個世代大多數人一生追求的東西，都與亞里斯多德的建言背道而馳。

由於人不只具有理性，也具有頑強的利己心，對物欲的貪婪幾乎霸佔了多數人的生活重心，因此他們並沒有充分發展理性，只把理性拿來當成工具：作為累積財富和名位最有效的工具，也就是說，理性被多數人當成爭名逐利的手段，為個人的自私、貪婪服務。所以對那些物質欲望強烈的人而言，理性等於精明、精打細算，是實現他們欲望的最佳方法。因此雖然每一個人都希望擁有一個美好人生，但是幾千年來，人類社會一再重複上演的，幾乎都是同一齣戲碼：追求錯誤的人生。長期佔據人類舞臺最醒目位子的人，基本上是一群聰明卻缺少智慧的人，他們一再重複、錯誤地詮釋人生。

一、美國投資大亨的抉擇

人們每天忙忙碌碌，無非是希望自己的生活能過得好一點，但是似乎很少人認真思考過：美好的生活是由什麼構成？它需要什麼樣的內容？一般人似乎毫不猶豫的生活步調：求學、工作、買房、買車、養家餬口，好像他們早就清楚美好人生是什麼，而「金錢」

似乎是這一系列夢想實現的關鍵；至於生命意義或價值的問題，似乎很少在多數人的腦中停留太久。

更糟糕的是，人類對物質的貪婪似乎是無止境的，那些已經賺很多錢的人還是拚命賺錢；也許除了為賺錢而賺錢、或者搏取「首富」這樣的頭銜會令他們血脈賁張之外，似乎人生不再有值得追求的目標。美國投資大亨伊凡‧波斯基 (Ivan Boesky) 的故事，就是最好的例證。

1982 年，波斯基在美國華爾街，就以「套利王」聞名，這是一種特殊形式的投資，專門購買即將被收購之公司的股票。1981 年杜邦公司併購康納科公司的時候，他賺了 4000 萬美元；1984 年雪佛龍石油公司買下海灣石油，他賺了 8000 萬美元；同年德州石油併購蓋提石油時，他又賺了 1 億美元。雖然波斯基的投資也有賠錢的時候，但整體來說，他賺多賠少，使他被《富比士》雜誌列為美國 400 名最有錢的人之一，據估計，他的財產在 1.5 億到 2 億美元之間。

波斯基在當時贏得極大的聲望以及相當程度的尊重，當然，有一部分是因為他的財富；他的一位同事說：「他有本事在早上七點鐘，把美國任何一個企業經理人從馬桶上叫出來談事情。」在他聲望如日中天的時候，各大財經雜誌不斷有他的專欄報導，他的名字也經常出現在《紐約時報》的生活版。他衣著入時，居住在紐約市郊區的豪宅、佔地 190 英畝、擁有 12 間喬治亞式的臥房；他在政壇上也是呼風喚雨。這時期的波斯基，身分地位應該羨煞不少人。

波斯基毫無顧忌地宣揚他的工作性質和理念，他以促進市場運作的股市專家自居。1985 年他出版了《併購熱潮》一書，在書中大力宣傳套利交益可以促進一個公平、流動而且有效的市場，並寫了

一段宣言，其中提到他的父親，說這一生影響他最深的就是他父親的精神，強調他父親對人類福祉的堅定承諾，以及強調學習是實踐公平、慈悲和正義最重要的手段，他認為他父親的一生就是一個善盡個人天賦、並回饋社會的最佳典範。波斯基為自己打造的形象，儼然是一個富而有德、熱心公理正義的人。

諷刺的是，在這本書出版的同一年、正值人生顛峰的波斯基，開始和丹尼斯‧列文合作，以便獲得列文所提供的內線交易訊息，透過這些內線訊息，波斯基在毫無風險的情況下，賺進了千萬、甚至上億的美元。然而這項內線交易最後東窗事發，1986 年 11 月波斯基被判 3.5 年刑期，罰款 1 億美元，這個醜聞使他當年成為《時代》雜誌的封面人物。為什麼一個身價已經數億美元，擁有極佳社會聲望的人，卻只為了賺更多錢鋌而走險？

1992 年，我們終於對這個困惑得到比較明確的答案，在波斯基被定罪的六年後，他已經分居的太太施瑪接受 ABC 電視公司的節目專訪，當主持人問施瑪，波斯基已經賺到一生也花不完的錢，為什麼還為了幾百萬美元而冒險？他是不是一個渴求奢華的人？施瑪回答：不是，她說波斯基一週工作七天，從來沒有一天休息，所以連享受自己賺來的錢的時間都沒有。

施瑪回想 1982 年《富比士》雜誌的事，那年這份雜誌第一次把波斯基列入美國 400 名最有錢的人士之一，當施瑪恭喜他時，波斯基卻不是很高興；施瑪以為他不喜歡他的富有成為人盡皆知的事，所以施瑪說了一些財富公開確實不好之類的話。但是波斯基的答覆卻是：那不是令他不舒服的原因，他不高興的是，他在這份排行榜中是最後一名，也就是說，在所有有錢人之中，他仍然是微不足道

的人，所以他對施瑪承諾，以後一定不會讓她丟臉，他保證未來他們在富豪榜上一定不是敬陪末座。

所以波斯基想要賺更多的錢，並不是為了個人享受，而是為了在富豪榜上的排名，他不甘他的排名居於後段班。因此波斯基用違法的方式賺錢，目的只是為了在富豪榜上名列前茅；這種為了爭取富豪排名的欲望，可能讓一般人覺得不可思議，但是這是實際社會的真實寫照，否則為什麼許多有錢人明明擁有一輩子也用不完的錢，還想要賺更多錢呢？其實浸淫在世俗價值觀的人，心裡想的不是名就是利，名利是他們熱衷的對象，除了名利，他們眼裡看不到其他有價值的東西，所以一旦有了錢，就會想要有名，用累積更多財富的方法，使自己變成全國首富，對這些人而言，「首富」這個頭銜顯然很有吸引力。

但是為了富豪排名而違法賺錢，似乎不是一個有智慧的做法。波斯基一定認為自己的手法高明，很難被抓到；但是俗話說「夜路走多了會碰到鬼」，波斯基最後落得身敗名裂，只能說咎由自取。一個人如果透過合法、規規矩矩的方法賺錢，可以「半夜敲門心不驚」，但是為了獲得更多錢而從事違法交易，夜深人靜在面對自己時，很難完全心安理得。波斯基也許智商不低，但是他顯然缺乏智慧，因為從他一生來看，中年再風光也無法彌補晚景淒涼；他的故事值得汲汲營營者引以為戒！

二、電影《華爾街》：追求富裕是一個無底洞

1980 年代的美國被稱為「貪婪的十年」，波斯基在加州大學柏克萊校區商業管理學院畢業典禮的致詞，為八〇年代定了調，他對典

禮的聽眾說：「貪婪是沒有問題的，貪婪是健康的；你可以是貪婪的，而且仍然對自己感覺良好。」美國大學校園是激進思潮的中心，柏克萊商學院的學生對這個貪婪的讚美，報以熱烈的掌聲；他們熱切的期盼著賺錢，賺很多錢，而且要在短時間內賺到。

這種鼓勵貪婪的論調造成的結果是：許多精明的債券交易者，身無一技之長，卻在極短的時間內，在 25 歲以前就已經擁有百萬年薪和紅利，這是史無前例的。八〇年代的美國，熱錢匯集、歌頌賺錢，這些年輕、致富的人都是報章雜誌大力吹捧，大眾爭相傳誦的英雄人物。

但是這種鼓吹貪婪自利的價值觀，真的能夠讓人們過得比較好嗎？事實上有不少生活在這種價值觀下，最後獲得極大財富的人，開始進行反思，他們質疑一味地追求金錢到底是為了什麼？2016 年當選美國總統的唐納‧川普 (Donald Trump)，他在 1990 年出版了一本書，書名是《峰頂求生》，其中有一段話，他說：「在達成生命的一個主要目標之後，而不立刻感到哀傷、空虛和一點失落，這是極為稀有的人；如果你檢視一下報章雜誌、電視新聞的記載，將會看到非常多成功人士，從貓王到波斯基，都失去他們的方向或他們的道德。其實我不必看任何其他人的生活，就知道這是真的，因為我和他們一樣，容易掉入這個陷阱中。」

彼得‧林奇 (Peter Lynch) 是富達投資公司副主席，他是一位股票投資專家，在八〇年代他一天工作 14 小時，把富達麥哲倫共同基金打造成 130 億資產的基金巨人，但是在他 46 歲、當大部分的經理人都還在追求更多財富時，他決定離開，讓他的同事大為震驚。為什麼他會選擇急流勇退？因為他問自己：「我們這樣做所為何來？」

在思考這個問題的答案過程中，一個想法觸動了他：「我從來不知道任何一個人在臨終之際，會後悔沒有多花一點時間在辦公室裡的。」

許多拚命賺錢卻從來沒有認真思考賺錢是為了什麼的人，川普的現身說法值得深思，而林奇的說法應該是一個當頭棒喝。在我們周遭，應該有不少人為了工作而失去了健康，或為了生意而忽視經營家庭。如果荷包滿滿卻一身是病，或者家庭沒有溫暖，這樣的人生值得嗎？對賺錢情有獨鍾的人，真的應該好好想一想：所為何來？賺那麼多錢是為了什麼？如果金錢只是達成真正想要的某些目的（譬如：讓家人過好日子）的一個手段，會不會因為一心賺錢，反而忘了原來的目的，或者離原來的目的反而越來越遠呢？

1987 年美國知名導演奧利佛·史東 (Oliver Stone) 的電影《華爾街》，呈現的就是八〇年代典型的價值觀：追逐金錢、貪婪自私，劇中描述一個回心轉意的年輕人的故事。故事的主角似乎是以波斯基為範本，名字叫高登·蓋柯 (Gordon Gekko)，他是一個冷酷無情、不擇手段的華爾街賺錢高手；另一個主角則是年輕的股票經紀人巴德·福克斯 (Bud Fox)，他被股市一片大好的金錢榮景吸引，蓋柯就是他心目中的偶像。

1985 年時，巴德·福克斯只是一位初級證券經紀人，他渴望接近蓋柯這位眾所周知的企業掠奪者，蓋柯的價值觀正好和福克斯的父親卡爾·福克斯南轅北轍，卡爾是一家航空公司的維修工人，他相信真正的成就必須靠工作和創造價值，而不是透過投機來謀利。然而巴德卻崇拜蓋柯，想盡各種辦法要接近蓋柯，最後是以他父親公司的一些內線消息為誘餌，終於進入蓋柯旗下工作。

蓋柯迫使巴德採取必要的手段，進行商業間諜活動，巴德也因

此得到蓋柯承諾的福利而逐漸富有，住豪宅、擁有一位金髮美女。
但是巴德的許多筆內線交易，引起美國證券交易委員會的注意。

巴德得到蓋柯的重用，他們之間似乎合作愉快，直到巴德發現
蓋柯意圖染指他父親服務的航空公司時，巴德忽然如夢初醒，因為
蓋柯的做法會導致他父親及航空公司所有雇員全部失業，巴德無法
接受自己的父親及那些看著自己長大的熟人失業，所以決定展開反
擊。雖然最後巴德因內線交易罪名而遭逮捕，但他也以汙點證人的
身分，指控蓋柯的違法行為，而獲得較輕的罪行。

當巴德知道蓋柯對他父親的公司圖謀不軌時，他怒斥蓋柯說：
「哼！告訴我，高登，你幾時才肯罷手？你滑水時需要幾艘遊艇在
前面拉？你要賺多少錢才滿足？」這個問題暗示著哲學家一直都知
道的東西，又在八〇年代有錢人的身上重新被發現，那就是：追求
富裕是一個無底洞。

美國社會八〇年代貪婪十年給我們的啟示是：那些只有金錢才
能滿足脾胃的人，永遠無法滿足，因為裝錢的口袋是一個無底洞，
怎麼裝都裝不滿；就像每天都吃不飽的人不可能快樂一樣，想要拚
命賺錢來填滿無底洞的人，注定不成功，這樣的人生也注定不快樂。

三、消費主義的邏輯：創造非必要的需求

媒體經常告訴我們一些上流社會的生活瑣事，據說某一位演藝
人員光名牌的高跟鞋就有 700 多雙，如果再加上其他種類的鞋子，
她家裡收藏的鞋子應該不只千雙。針對她擁有這麼多雙鞋這件事，
我以前常常拿自己來做個對照，我上課告訴學生說我只有兩雙鞋，
一雙是晴天鞋，一雙是雨天鞋，如果我雨天的時候穿到晴天鞋一定

完蛋，因為晴天鞋就是鞋底有破洞，所以雨天穿它，我的腳會泡在水裡。雖然我只有兩雙鞋，而這位演藝人員有一千雙，我的生活難道就過得比較不好嗎？一點也不會，她有那麼多雙鞋子反而比我煩惱多，因為每次出門都要為穿哪一雙鞋傷腦筋。我完全不會有這種困擾，只要知道今天是晴天還是雨天就可以了，如果碰到可能會下雨的天，保險起見，就當雨天看待，這樣就萬無一失了。

至於她的鞋子比較貴，穿起來會不會比我的鞋舒服？應該也不會，鞋子只要合腳，材質不要太差，舒不舒服常常是適應的問題，一旦某種材質的鞋子穿久了、適應了，鞋子貴不貴根本不是問題；就像我從小就睡硬硬的床或直接睡在地板上，現在叫我睡柔軟的床，我反而睡得不舒服，難以入眠。

所以這位演藝人員的一千雙鞋，和我的兩雙鞋功能差不多；兩雙鞋已經夠我過日子了。有趣的是，自從我只有兩雙鞋的故事被朋友知道了以後，就有朋友送我鞋子，從此我不是只有兩雙鞋。但問題是，我還是以兩雙鞋子輪流穿的方式生活，結果是有些新鞋一放就是幾年。所以對我這樣的人而言，鞋子兩雙就夠了，多餘的和沒有一樣。

很多人喜歡買名貴轎車，像德國的車種 Mercedes-Benz 和 BMW 是臺灣有錢人的最愛，而我開的車子，價格大概只有這些名車的四分之一不到。但是我不覺得我的車和名貴轎車有何差別？我甚至坐過友人超過千萬元新臺幣的轎車，坦白說，坐起來的感覺和我的普通車相差無幾；有人一定會笑我根本是「烏龜吃大麥」，不是名車和一般車沒有差別，而是我的品評車子的能力太差。有人可能甚至會進一步指出，名車的馬力強、性能好、安全性高，所以一分錢一分

貨。但是這點對我沒有太大的說服力，除非飆車，否則馬力再強、性能再好也無用武之地。安全性高當然是一個優點，可是如果開車莽撞、或車速飛快，一旦出了車禍，安全性再高的車也可能要人命；而我一向開車謹慎，從不超速，我的開車習慣為自己提高了安全性，這樣不是更可靠？所以名貴轎車，對我也沒有什麼吸引力。

古人說「知足常樂」，這是很有智慧的一句話，人生只要態度對了，生活就會快樂，身外之物是多是少，根本不相關。然而在消費主義的邏輯下，我們每天都被廣告不斷洗腦，告訴你穿名牌、開名車才能展現你的身分，但是一個人的身分地位真的需要用物質代表嗎？我年輕時談戀愛，從來沒有送過女友禮物，現在的商人告訴你，紅色的玫瑰花代表愛情，所以情人節時送紅色玫瑰花給情人，這樣才表示你愛她，而且送越多朵表示愛越多，真的嗎？

我們年輕的時候也沒有把農曆 7 月 7 日（民間傳說的牛郎織女相會的日子）當成是情人節，現在這天叫做情人節；商人稱它為中國情人節，這是提醒你，還有西洋情人節、白色情人節。商人不斷創造各種節慶，販售各式各樣對應的禮物，目的就是要促進消費、創造商機。然而一般人在不知不覺中落入消費主義的圈套，情人們在每一個情人節都會期待另一半送他們禮物，好像這是傳達愛意的必要做法。但是人們忘了思考的一件事是：在古老年代沒有慶祝這麼多情人節的時候，難道沒有真正的愛情嗎？

消費主義就是為了讓你掏錢購買商品，所以巧立名目，透過商業廣告的推波助瀾，把不必要的需求深植人心，讓人們誤以為這是他們真正的需求。事實上就是這種促進經濟發展、提高 GNP 的消費主義邏輯，大大增加了我們不必要的需求，也造成浪費和地球資源

的耗竭。

根據學者分析，全球經濟在 17 天的生產量，抵過祖父輩在十九世紀左右一整年的量；二十世紀中期，每個人使用的能源、鋼鐵、銅和木材已經增加了一倍；同一時期每個人的肉食消耗量增加兩倍，汽車擁有量增加四倍。自 1940 年開始，美國人用掉的地球礦產資源，超過全世界所有人加在一起的總數。這位學者進一步指出，我們砍掉的森林越多、賣出的礦產越多、耗盡的沃壤越多，GNP 的成長就越高；我們愚蠢的以為，這就是繁榮的象徵，而看不到 GNP 顯示的是我們吃掉祖產的速度。我們對土地予取予求，卻把那些足以遺禍千萬年的有毒化學廢棄物、汙染的河川、油漬的海洋和核廢料留給大地。事實上自從 1950 年以來，大氣中二氧化碳濃度比前兩個世紀加起來還多，它所造成的結果就是氣候不穩定、地球加速暖化，而酸雨則是大氣層汙染造成的另一個後果。

上述這些是造成地球極端氣候的元兇，極端乾旱和暴雨所造成的災害，在世界各個角落時有所聞，這是我們已經耳熟能詳的事。事實上經濟發展掛帥的消費主義思維邏輯，帶來的不只是環境耗竭，也對人類自身的健康產生威脅，各種頑強、難治的疾病的產生，都和環境及食物的汙染有關。其實我們不必開名車或大車，而是多利用大眾運輸系統，行動一樣方便；不送情人節禮物，還是可以用真心表達愛意；不需要擁有那麼多雙大部分穿不到的鞋子，日子一樣可以過得舒適。也就是說，減少某些不太需要的欲望、過一個比較簡單樸素的生活，也許反而可以增加幸福的程度，不只如此，我們還可以留給下一代一個比較乾淨、永續的地球。

四、錢買不到的東西

美國哈佛大學哲學系教授麥可‧沈代爾 (Michael Sandel) 在 2012 年出版了一本書,書名叫《錢買不到的東西:市場的道德界限》 (*What Money Can't Buy: The Moral Limits of Markets*)。沈代爾指出, 如果一個人賄賂政府官員,讓自己可以順利取得政府的採購案,或 賄賂法官讓自己的犯行減輕,這種事會令人反感,因為這是腐化; 所謂腐化就是買賣那些不應該拿出來出售的東西,或者把高價值的 東西低價販賣。如果生孩子只是為了把他們賣掉,就是一種腐化或 墮落,因為這等於把孩子當成可以用來買賣的東西,而不是「人」。 政治上的墮落也是這樣,如果某法官接受賄賂而作出不公平的判決, 等於把司法的權威當成換取私人利益的工具 ,就是貶低自己的工作 價值。

友誼也是金錢買不到的。也許你可以花錢找一位小姐伴遊、或 者充當一日女友;但是用錢雇來的女友和真正的女友還是不同。收 買友誼會毀滅友誼;舉個例子,如果你把王小明當成朋友,有一天 心情不好,希望他過來陪你聊天,臨走前他卻向你收取談話費,這 時候你會認為他是你的朋友嗎?應該不會,如果友誼性的談話要收 費,你何不找一位幽默風趣、長相賞心悅目的人陪你,管他是不是 你的朋友,反正都要付費?

學術界矚目的諾貝爾獎,以及美國各種球賽聯盟的 「最有價值 球員獎」,也不是可以用金錢買到的,即使你可以用錢自己去製作一 個一模一樣的獎杯,仍然不是真正獲得該獎項,因為這些獎項代表 的是一種尊榮,想要購買它就是破壞它所代表的價值;你可以用錢

買獎杯，卻買不到獎杯應該具有的價值。

　　沈代爾舉了一個實際的例子：已經過世的知名歌手麥可‧傑克森在 1999 年以 154 萬美元，買下奧斯卡金像獎最佳影片 《亂世佳人》的小金人，頒發金像獎的美國影藝學院反對這種交易，現在已經要求每位奧斯卡的受獎人簽署同意書，承諾不會出售小金人，該學院希望避免將這個具有象徵意義的小金人變成商業收藏品。其實不管你花多少錢買到一座最佳男主角的小金人，絕對不等於你贏得這個獎項。

　　假如你在結婚的大喜日子，你的伴郎好友在敬酒時發表了一篇相當窩心的賀詞，讓你感動到熱淚盈眶，事後你才知道這並不是他自己寫的，而是從網路購買來的，你不會感到不舒服嗎？我們大多數人應該會認為，買來的賀詞即使文情並茂，也不如真心的賀詞，因為婚禮賀詞是一種友誼的展現，網路買來的等於是友誼造假，會使人有種被欺騙的感覺。所以從某個角度來說，對人表示道歉或祝賀之詞，也許都是可以買得到的東西，但是一旦買賣這些東西，將會改變它們的特性，而且貶低它們的價值。

　　沈代爾有一個更有趣的論點，是有關送禮。經濟學家不喜歡禮物，因為從市場的角度來看，給現金幾乎都會比給禮物好，因為許多來自朋友的禮物常常是不實用的，或者有時候不合乎受禮者的品味，別人在幫我們購買任何東西的時候，似乎不太可能比我們自己選擇的更令人滿意。所以純粹從效益的角度來看，朋友如果把想要送你的禮物，折合現金給你，似乎是最有效益。

　　可是如果一位男生在女朋友生日時，送現金而不是生日禮物，一般都會認為這很不得體，為什麼？因為禮物雖然是物質性的東西，

但是它代表的是一種心意，傳達的是愛的訊息。所以如果在特殊的日子送給朋友、情人或配偶的是現金，而不是禮物，對方的感受一定不是很好，會覺得送禮者心意不足。如果把朋友之間所有的贈與都金錢化，友誼可能會因此而變質、變味。

除了友誼、愛情、榮耀是錢買不到的之外，還有一些具有價值的東西也是錢買不到的。瑞士是一個高度依賴核能發電的國家，多年來一直在尋找一個合適的核廢料貯存場，他們選定的一個可能的地點是在中部山區，這是一個只有 2100 名居民的小村莊。1993 年在針對這個地點進行公民投票前，某些經濟學家對村民做了一項調查，他們問村民：如果瑞士國會決定在該社區興建核廢料貯存設施，他們會不會接受，結果 51% 的居民表示願意接受，顯然他們對公民義務的觀念，勝過於對危險性的擔憂。

隨後經濟學家又加了一項有利的條件：如果國會提議在你們的社區興建核廢料貯存設施，而且每年提供當地居民補助金，你會不會贊成？結果支持率不升反降，附帶金錢誘因反而支持率從 51% 降到 25%。為什麼？對該社區的許多居民而言，他們願意接受核廢料貯存設施是基於公共精神，也就是說，如果國家依賴核能，而核廢料一定要有地方存放，如果他們的社區被認為是對國家最有利的地點，他們願意盡一分公民義務。但是如果給他們補償金，他們感覺像是接受賄賂、被收買，反而失去為了公共利益而付出的那種榮譽感。

如果沈代爾的論述是可信的，等於證明有些有價值的東西是不能被當成商品交易的，也就是說，價值不等於價格；而這些無法用金錢買到的東西對幸福人生極為重要；所以如果你每天心裡想的不

是名就是利，表示你錯失了許多珍貴的東西，停下腳步，再仔細想
想，你拋棄了哪些生命中重要的東西？

五、霍布斯的社會：互不信任的社會

在前面提到的電影《華爾街》中，巴德質問蓋柯要賺多少才夠
時，蓋柯的回答是：「朋友，這不是多少才夠的問題，這是一個零和
遊戲，有些人贏，有些人輸。」在一個以利益競爭為導向的社會，
由於名和利都具有排他性，你多我就少，你有我就沒有，所以人與
人之間的關係變得充滿敵意和對立；而許多炫耀式的消費是為了展
示財富、提升地位，背後的動機就是競爭的欲望：也就是想要和別
人一樣或超越他人，因為財產是最容易辨識成功程度的證據。

學者憂心的是，這種純粹鼓勵個人利益所釋放出來的幽靈，侵
蝕我們的社群歸屬感；唯利是圖的價值觀腐蝕人與人之間的互信和
互惠，所以我們正在創造一個由彼此充滿敵意的個人所集合而成的
社會。

這種以追求利益為主要欲望的競爭型社會，非常接近十七世紀
英國哲學家霍布斯 (Thomas Hobbes, 1588–1679) 所描述的自然狀態。
自然狀態是一種假想的狀態，是指人類還沒有形成社會之前的狀態，
在這個狀態中，沒有道德對錯、沒有正義、沒有你的我的之分，每
一個人都有權利可以從事對自己最有利的行為。霍布斯假設人性是
理性、利己的，而且他認為人的體力和智力相當平等、在品質上沒
有重大意義的差異，因為他相信人的基本心理結構大致相同。當然
他不是認為這些自然稟賦實際上是平等的，而是在一個沒有任何道
德、法律約束的自然狀態，這種差別意義不大。因為即使體力最弱

的人，仍然強壯到足以殺害最強者，因為他可以透過秘密的手段或聯合他人。

由於資源有限，而人的欲望又大致相同，每一個人都想方設法擁有更多的資源以確保自己的未來無匱乏之虞，如果我們等待別人只取走他們要的，則沒有東西會留給我們，因此在自然狀態中，我們必須立刻佔有而且捍衛我們的需要。這樣的傾向導致人與人之間互不信任、互相競爭的狀態。

再加上自然稟賦和精神力的平等性，導致實現目的的希望也是平等的，所以如果有兩個人追求同樣東西，他們就會成為敵人。由於彼此互不信任，每一個人都意識到：確保自己生存最好的方法是先發制人，結果是為了保障自己的生命財產，必須侵犯他人。

所以自然狀態是很糟的狀態，霍布斯稱之為戰爭狀態，他說：「在這種情況下，任何企業都不可能存在，因為其成果是不確定的；最糟糕的是，持續的恐懼、和慘死的危險。這種狀態中，人的生活是孤單、窮困、令人不快、野蠻、而且短暫的。」因此霍布斯政治哲學最重要的課題，就是論述人們應該如何逃離這種人與人為敵的自然狀態。

雖然我們的社會並沒有自然狀態那麼糟，至少我們有法律和適度的道德規範，所以並不是一個可以為所欲為的社會；但是如果從人人拚命「追逐利益」的角度來看，似乎在精神上接近霍布斯的自然狀態。作奸犯科、偷工減料、黑心食品、以私害公、爾詐我虞的行徑，在我們的社會司空見慣，這些行為所展現的精神就是個人利益至上，雖然不是人與人為敵的真正戰爭，但確實有幾分神似。所以生活在一個向貪婪趨近的社會，其實是一個人人自危的社會，這

是我們要的社會嗎？

　　沒有人希望生活在一個人與人互相猜忌、彼此提心吊膽的社會。名利具有排他性，所以是離心力，把人與人越拉越遠；如果人最需要的是人，往名利的方向追求美好人生，就是緣木求魚！

5 伊比鳩魯的快樂哲學

　　哲學家在思索美好人生所得到的答案，完全不同於世俗流行的觀點，幾乎沒有一個哲學家會把追求財富、名位當成獲得幸福的正確方式。即使是全心追求快樂的伊比鳩魯學派 (Epicureanism)，表面上看起來與世俗觀相當接近，但是這個學派對「快樂」的看法，一點也不世俗。

一、哲學的任務：導引我們至真正的快樂

　　在蘇格拉底過世以後，將近一個甲子的時間，希臘誕生了一位以「快樂」為人生追求目標的哲學家，他叫伊比鳩魯 (Epicurus, 341–270 B.C.)，伊比鳩魯在西元前 341 年出生於小亞細亞西部海岸數哩外、青翠的薩摩斯島 (Samos)，他從小就研習哲學，14 歲起開始旅行，曾經聽到柏拉圖學派和原子論哲學家的課程，但是他對於他們教授的內容並不同意，在生命的最後 20 幾年間，他決定將自己的思想融合成特有的生命哲學。據說他寫過 300 本書，內容幾乎包含所有的事物，但是由於經歷過一系列的災難，他的著作大部分都消失，後人僅能根據遺留下來的一些斷簡殘篇，以及後期的伊比鳩魯派學者的一些見證，來重述他的哲學。伊比鳩魯於西元前 270 年過世。

　　伊比鳩魯和他的三個友人創立了伊比鳩魯學派，這一派的人試著過著伊比鳩魯式的生活，這個學派雖然不是積極反對政治，但是卻遠離政治社群，將自己獻身於哲學討論和友誼的崇拜。學派的創

始者被後來的追隨者當成像神一樣的尊敬，他們的書信被編輯成冊並加以研究，當成是哲學生活的典範。

伊比鳩魯貶抑所有純科學的研究，並且宣稱數學是無用的，因為它和生活中的行為沒有什麼關連。這種「學以致用」精神，似乎符合中華文化傳統社會對知識分子的期待，讀聖賢書所為何事，就是這種實用主義的觀點；當然，現代人知道數學很有用，不只在日常生活中、科技的文明進展都可以看到數學被應用的影子。現在多數人基於金錢至上的價值觀，認為哲學無用，也許有一天人們也會發現哲學是很有用的。

伊比鳩魯在倫理學上的主張一般稱為享樂主義 (hedonism)，它強調感官的愉悅、認為愉悅是快樂生活的開始和目標，所以快樂是生命的目的，每一個存在者追求的都是快樂，因此快樂的獲得至少是美好生活的必要條件，也就是說，一個缺乏快樂的人生不可能是美好的。快樂是我們內在的自然目標，所有其他有價值的東西，像金錢、健康，甚至包括道德，都是附屬於快樂；而痛苦則是唯一的惡。

很少有哲學家如此坦率承認自己對愉悅生活方式的興趣，也因為伊比鳩魯把感官的愉悅當成哲學的重心，不同意他的人因此散播許多關於他日常生活的謠言。譬如：有人說伊比鳩魯因為飲食過量，必須在一天之中嘔吐兩次；也有人不懷好意的出版了 50 封淫穢的信，宣稱這些信件是伊比鳩魯在酒醉沉溺於性事時所寫的。可以想像的是，如果重視吃喝玩樂、縱情聲色就是伊比鳩魯學派的哲學觀，它怎麼可能成為一個嚴肅的哲學派別？而且吸引了相當多的支持者，它的哲學影響力延續到往後的數百年。

當然，一般人聽到「享樂主義」這個名詞，很容易以為伊比鳩

魯學派是鼓勵我們要縱情於聲色犬馬，但其實並不是如此。伊比鳩魯所謂的快樂，不是指片刻的快樂、個別的感覺，而是能夠持續一生的快樂，而且真正的快樂不只是痛苦的消失，而是正面的滿足。舉例來說：一個人肚子餓了，一定會覺得不舒服，這時候如果能夠好好吃上一頓飯，就會產生快樂的感覺，但嚴格說這只是痛苦的解除，並不是真正的快樂。因此伊比鳩魯的快樂並不只是消極的免於痛苦的折磨，而是積極的獲得滿足，譬如：從融洽的親子關係、或者真誠友誼中所得到的快樂，才是真正的快樂；而這種快樂特別可以在靈魂的平靜中找到。

伊比鳩魯認為，哲學家的工作是引導人們獲得真正的快樂，並且證明如何才能使快樂最大化。每一個人每天主動地做了很多事，大部分都是希望得到的結果能夠使自己快樂，但是「什麼東西會使我快樂」或者「如何做才會增加快樂、減少痛苦」，並不是每一個人都很清楚，有些人所作所為，正和自己想要達到的目標相反，所以一位詩人曾經說過：「我們經常像是一個不知道自己病因的病人。」當我們身體生病的時候，應該找的人是對身體有充分研究的醫生，因為醫生比我們自己更知道生病的原因；而當我們靈魂生病時，伊比鳩魯認為，這時候應該求助於哲學家；就像無法治療身體疾病的醫學研究是無用的一樣，無法解除人們的心靈苦難的哲學也是無用的。

沒有人會懷疑，趨樂避苦是人類的天性，但是為什麼在實際的人類生活中苦多樂少？歷年來多次的全世界幸福調查的結果顯示，一個國家中很少超過五成的人民表示自己是快樂的。這似乎可以證明一件事，那就是：人渴望快樂，但是對如何才能獲得快樂缺乏足

夠的智慧。事實上除了天威難測所帶來的不可抗拒的天然災難之外，人類社會到處充滿人為的禍害；許多時候人禍對人所造成的折磨和苦難，甚至比天災還令人害怕：戰爭、謀殺、酷刑、搶劫、強暴、虐待等，以及因為統治者殘暴不仁所造成的大饑荒、兒童營養不良等，這些人為的折磨在全世界每個角落、每天都在發生。很少人會否認，人禍恐怕才是人類苦難的主要來源。這表示相當多數人在追求快樂人生時，他們的生命計畫是錯誤的。所以伊比鳩魯賦予哲學的任務是：幫助我們解釋哪些欲望和追求，才是通往快樂的路、哪些則是痛苦的來源，也就是說，哲學的功能就是把我們從追求快樂的錯誤計畫中解救出來。

二、組成快樂的元素並不昂貴

聽過有關伊比鳩魯謠言的人，看到他的真實生活時，一定會感到相當的驚訝。伊比鳩魯並沒有住豪宅，飲食也非常簡單，他寧可喝水也不喝酒，麵包、蔬菜就可以成為他滿意的晚餐，他曾經向一位朋友要求說：「給我一碟乳酪，我就能隨時享有盛宴。」這位以追求快樂為生活目標的人，他真正追求的東西卻是如此簡單。

伊比鳩魯並不是要欺騙人們，他追求快樂的熱情是真實的，只是在他理性分析「什麼東西會使人快樂」之後發現，形成快樂的因素雖然難以捉摸，但並不昂貴。這個結論出人意表，因為一個主張「人生以追求快樂為目標」的哲學家，卻不是我們一般人心目中的享樂派，因為我們一想到「享樂」兩個字，馬上聯想到的成語是酒池肉林、瓊漿玉液、錦衣玉食、歌舞昇平、環肥燕瘦、左擁右抱，然而伊比鳩魯的實際生活卻是簡單、素樸、甚至有點禁欲的生活。

　　如果依據伊比鳩魯的哲學，即使財富不多的人也可能獲得快樂的生活。伊比鳩魯認為，如果我們採取比較簡單的生活方式，只滿足我們自然而且必要的欲望，加上相同心靈朋友的支持，身體上的快樂可以更為穩固。當遭逢不可避免的身體痛苦時，可以用精神上的快樂加以克服，因為精神可以跨越過去、現在和未來。所以智者即使在十分痛苦的處境，也可以是快樂的。事實上伊比鳩魯式的快樂是心靈的平靜滿足，而不是物質的享樂；換句話說，精神上的快樂比身體上的快樂更值得追求，精神上的快樂才是真正的快樂。

　　伊比鳩魯將人的欲望分為三類：(1)自然而且必要的；(2)自然卻不必要的；(3)既不自然又不必要的。第一類欲望包括朋友、自由、思想、食物、遮蔽物和衣服；第二類欲望包括豪宅、盛宴、僕人、魚、肉；第三類欲望則是名望和權力。對他而言，滿足第一類欲望就可以得到真正的快樂，也就是說，除了基本維生的食物、房子和衣服之外，一個人只要擁有朋友、自由和思想，就可以獲得快樂幸福的人生。如果這份快樂清單是可信的，證明構成幸福的元素確實一點也不昂貴，人不需要很多財富就可以達到真正的快樂。

　　從上述的分類可以得到的結論是：並不是所有的欲望都是自然的。這表示伊比鳩魯使用「自然」這個詞和我們日常的用法有些出入，某些我們日常生活中稱為「自然的」，對他而言並不是，所以滿足這些不自然欲望所得到的快樂並不是好的。我們先談第三類的欲望：名望和權力，一般人可能認為，「想當官」這樣的欲望是人之常情，而且當了官就想越當越大，也很自然；但是伊比鳩魯卻把這類欲望歸為第三類「既不自然又不必要」。

　　中國傳統社會長期在君主專制的統治下，統治者採用科舉考試，

這是籠絡讀書人相當有效的制度，「十年寒窗無人問，一舉成名天下知」幾乎是傳統中國社會讀書人的夢想，事實上臺灣也在這個傳統的長期薰陶下，父母對子女最大的期待，幾乎都是「讀書才有出路」，如果「學而優則仕」，能夠當官更是一件光宗耀祖的事。所以「萬般皆下品，惟有讀書高」的觀念，現在還相當盛行。

但是獲得功名利祿的人真的活得比較快樂嗎？從中國歷史上來看，許多值得人民尊敬的清官、好官，常常沒有好下場；官場上的勾心鬥角、爾詐我虞、伴君如伴虎，許多故事在歷史上層出不窮。當代自由民主社會當官更是辛苦，一言一行都攤在陽光下，不只出入公共場所必須舉止合宜，私生活更是要謹言慎行，一點也不敢出錯，一出錯可能立刻成為媒體的焦點，所以根本沒有個人隱私可言。不只如此，政治人物常常必須言不由衷，說一些可能連自己都不相信的話；所謂「無欲則剛」，政治人物因為貪戀名位權力，所以必須扭曲自己（不自然），不敢理直氣壯的過活，因此這樣的生活不可能心靈平靜，也當然不符合伊比鳩魯的快樂要求。

由於科技的文明進展，我們現代人不需要非常富有，也可以享受各種文明的果實，所以一般人的生活，比官場生活更為自在快活。尤其在臺灣這樣的自由社會，大多數人對政治敬而遠之，不只因為政治人物無法自由自在，而且政治以外的生活更為多彩多姿，因此在現代社會要尋求一個快樂的人生，名望和權力不僅不必要，可能反而是障礙。因此伊比鳩魯認為名望和權力是既不自然又不必要的欲望，以當代多樣的生活型態來看，似乎更有幾分道理。

第二類欲望是自然卻不必要，譬如：豪宅，如果你的住家空間很小，自然希望能擁有更大一點的房子，所以想要住家寬敞是一件

很自然的事；但是大概不會有人認為，住不起豪宅的人，人生一定不快樂；事實上應該沒有人相信，生活快樂與否和住屋的大小成正比。僕人也是一樣，喜歡被人服侍應該也是很自然的欲望，但是應該沒有理由認為，沒有僕人的人，人生一定不幸福；所以沒有僕人絕對不會影響快樂人生的追求。因此住豪宅、吃大餐、有人侍候這類的欲望都是自然的，但卻不必要，因為這些欲望無關人生幸福。

按照伊比鳩魯的說法，人只要滿足第一類的欲望，就足以達成快樂幸福的人生，但是為什麼建構一個幸福人生，除了維生必需品之外，只需要朋友、自由、思想？

三、自由和友誼

我們先談自由。「適度的自由」對追求任何形式的人生都是必要的，沒有自由就不可能談選擇或追求。完全失去自由的奴隸，即使已經養成聽命於人的習慣，安於現狀、自得其樂，我們也會認為他的快樂是一種幻覺，比較像是自我陶醉，而不是真正的快樂；因為如果他擁有選擇的自由和自我追求的機會，他一定可以得到比較真實的快樂。從另一個角度來看，奴隸只是被別人當成使喚的工具，完全失去人的尊嚴，這很難是一個快樂人生。

對人而言，如果追求快樂是一件很自然的事，而任何「追求」一定預設了「自由」，因為如果沒有「自由」根本就談不上「追求」，所以伊比鳩魯主張自由是獲得快樂的自然而且必要的條件，似乎具有相當的說服力。

再來談朋友。伊比鳩魯認為，人的一生要活得快樂，最有幫助而且最重要的就是擁有友誼，他建議人們絕對不要單獨用餐，但飲

用任何食物之前，應該仔細想想是誰和你一起享用，而不是你享用的是什麼，缺乏朋友的進食是獅子或野狼的生活型態。

　　我前面提到「重要的是和誰一起吃飯，而不是吃什麼」，就是受益於伊比鳩魯的智慧。對於經歷過人生歷練的人，應該會認同這樣的說法。有時候吃飯應酬不是一件很快樂的事，如果吃飯的對象不是自己喜歡的人，即使滿桌豐盛菜餚，也可能食不知味；相反的，如果一起吃飯的人是自己喜歡的朋友，好像會變得吃什麼都好吃，友誼的溫馨滲入食物之中，不論什麼東西，吃起來都覺得津津有味；有時候甚至吃完飯，不太記得剛才吃了什麼，因為心情上的愉悅使人忘了食物的味道，友誼的濃郁顯然蓋過了美味。

　　沒有人不需要朋友，通常講自己不需要朋友的人，可能是合理化自己結交不到朋友的藉口。亞里斯多德說「朋友是另一個自我」，只要是人，都具有喜歡和人在一起的特性，這就是人的群性或社會性，這個特點是人與生俱來的天性，因為人需要別人的關懷、尊重和愛。人類這種特性是很明顯的，以快樂為例，我們常常說：「獨樂樂，不如眾樂樂。」快樂如果和別人一起分享，絕對比自己獨享更快樂。舉例來說，大概沒有人會對著鏡子講笑話給自己聽，但是如果他在某一個場合講一則笑話，逗得全場聽眾捧腹大笑；只要有機會，他一定會在另外的場合講同樣的笑話，他的目的不是讓自己笑，而是讓更多人笑，自己的笑話可以讓越多人笑，自我成就感和快感也會增加。

　　同樣的道理，如果快樂與別人分享，越分享越多，找到能夠分享自己快樂的真正友誼，顯然是幫助自己增加快樂最好的方法。事實上不只快樂會因為朋友而增加，痛苦也會因為朋友而減少。一個

人如果遭遇煩惱或痛苦的事，能有知心好友可以傾吐，他的痛苦會因此而減輕。沒有朋友的人，必須自己孤獨地承擔人世的折磨和苦難，這是一個極為辛苦無助的狀態。如果有了願意同甘共苦的朋友，即使天塌下來，也有人願意和你一起扛，那種感覺會給自己的人生添加許多無形的力量，生命也會增加不少希望，所以結交到真心朋友，絕對在追求人生快樂和幸福這件事上是加分的。

沒有人會否認，真正的朋友是一種無形的財富。我在對一般聽眾演講時常常這樣說：「雖然有形的錢財我不多，但是我其實很有錢，我的錢都在朋友那裡，不怕被偷、不怕被搶，要用隨時就有，而且取之不盡、用之不竭。」這段話並不特別誇張，實際上我自己有一個基金會，專門辦理高中生的品德營，以及中小學老師的品德種子訓練，這些營隊每年的支出主要靠募款，而且款項的大宗是來自好友的贊助。我的朋友從來不會問我，他們捐出來的錢我拿去做了什麼事，他們對我的信任，一般人用錢都買不到；當我基金會經費不足時，只要讓朋友知道，他們立刻就會補足我的需要。沒有這些肯定我、信任我的朋友，我的許多有意義的活動無法展開，我的生命價值無法增加，當然成就感和快感也會因此而降低。

為什麼有錢人想要更有錢？如我們前面提到，在《華爾街》這部電影裡描述的，有些人的財富早就多到一生都花不完，還是拚命賺錢，他們到底還要多少才滿足？其實這些人有錢想賺更多錢的原因，並不是賺到的錢還不夠用，而是他們認為財富是尊榮的象徵，所以他們想要獲取更多財富的欲望，有些也許並不是為了過更奢華的生活，而是希望贏得別人的尊敬和重視。但是這些金錢至上的人顯然缺少生命智慧，採用累積財富的方式並不是贏得人們尊敬的適

當方式，財富會得到的應該是羨慕而不是尊敬；事實上許多有錢人的「炫富」作為，反而引起人們的反感，所以用金錢很難換來真心的肯定和尊敬。因此伊比鳩魯分析人類的基本需求時發現，真正的朋友勝過財富，因為朋友可以給我們的是：連財富都不能給的愛和尊重。換句話說，朋友是追求快樂幸福的自然而且必要的元素，伊比鳩魯的論點應該是成立的。

四、思想可以治療憂慮

　　最後來談思想。大多數人對哲學的理解相當有限，所以他們經常會質疑哲學的用處，所以伊比鳩魯認為思想是構成快樂的一個要素，一樣會引起人們的懷疑。思想真的有用嗎？

　　以「杞人憂天」的故事為例。《列子‧天瑞篇》有一則寓言，描述杞國有人擔心天會掉下來，整天睡不著覺、吃不下飯，天會不會塌下來是值得我們憂心的事嗎？我們大部分人應該會說，擔心天會掉下來是庸人自擾吧！這表示會擔心這種問題的人是一個愚笨、腦筋不清楚的人。為什麼？如果天塌下來，這難道不是危及億萬生靈的頭等大事，為這樣的事憂心為什麼是腦筋不清楚？理由很簡單，如果天真的會塌下來，我們憂心也沒有用，因為這是人力所無法扭轉或改變的事。人應該知道自己的極限，該憂心的是人力可以改變的事，譬如：天氣有點陰，人可以憂心出門會不會下雨，要不要帶傘；也可以憂心晚上喝茶會不會不容易睡著，所以提醒自己午後不喝茶。這種擔心是合理的，合理的顧慮可以及早因應、未雨綢繆。但是只要涉及人力所無法改變的憂慮，似乎是不合理的，不只擔心天會掉下來、擔心太陽明天會不會從東方升起是不合理的；即使擔

心自己明天要搭乘的飛機會不會出意外、出門會不會碰到警匪槍戰，這也是不合理的。因為這一切都不是個人所能掌握的。

什麼是我們應該擔憂的、什麼則不是擔心的對象？我們應該如何思考才不是杞人憂天、庸人自擾？這顯然涉及人的思考能力。具有充足思考能力的人，不會去憂慮天會不會塌下來這件事，所以擁有正確合理的思想可以減少不必要的憂慮，因此伊比鳩魯認為，思想也是構成快樂幸福的一個必要元素。

杞人憂天顯得太荒謬，似乎是只有資質魯鈍的人才會產生的苦惱；但是如果我們把杞人憂天理解為：擔心自己不該擔心的事、或擔心自己無力改變的事，則日常生活中的許多人，似乎也經常在杞人憂天，因為要分清什麼是我們能改變、什麼是不能改變，有時候並不是一件很容易的事，只有思想力強的人，才能避免這些不必要的煩惱。

思想治療憂慮是極有效的方式，藉由對問題特性的瞭解，即使不能解決問題本身，至少也能消除一些副作用。譬如：對死亡的憂慮，雖然沒有人會把對死亡的憂慮天天放在心上，但是擔心死亡這件事卻很難完全避免。伊比鳩魯認為，如果我們能理性思考死亡這件事，就會發現「擔心死亡何時到來」這件事就是杞人憂天，因為讓自己預先就被這個不可知、永遠無法經歷過的狀態而擔心害怕，基本上並沒有任何意義。雖然絕大多數人都會擔心死亡的問題，但是除了自殺，沒有人能預知自己何時死、如何死，也沒有人能擁有死亡的經驗，所以如果擔心並不會改變、注定會發生的事，這樣的擔心就是非理性的。伊比鳩魯認為，死亡背後除了被遺忘，就什麼也沒有，所以並不是可怕的事；因此冷靜分析死亡，可以使人心靈

平靜，如果一個人真正瞭解死亡並不可怕，在現實生活中也不會有什麼害怕的事。

　　擔心財富不足的人，透過思想也可以化解這樣的憂慮。根據伊比鳩魯的觀點，如果我們有錢卻沒有朋友、沒有自由，我們絕對不會真正感到快樂；而如果我們擁有自由、朋友卻缺少財富，我們絕對不會感到不快樂，因為真正的快樂是建立在精神財富上。我前面說過，我擁有兩雙鞋子就已經夠穿，再多一雙鞋的效用就遞減，所以有錢人每多一雙不必要的鞋子，多增加的快樂不會比我多太多。同樣的，一個人花在吃飯的金錢，應該不是支出越高、快樂越多，如果每天吃大餐，即使菜色變換，吃久了也會膩，這時候換清粥小菜也許更讓人快樂。伊比鳩魯認為，高額的支出所產生的快樂程度，不會超越收入有限者所能擁有的。也就是說，金錢傳遞快樂的能力，只要微薄的收入就可以展現。

　　有一位一起打籃球的朋友有一陣子沒有出現，忽然有一天來了，我們就問他那麼久沒來的原因，他回答說：「因為我的心臟裝了兩根支架，不宜做劇烈運動。」我的回應是：這也許不是一件壞事。大多數人一定認為我瘋了，心臟裝了兩根支架怎麼可能不是壞事？我的解釋是：每一個人都會死，什麼樣的死法最好？如果可以讓我選擇，我一定選擇心臟病猝死。我母親就是這樣，2002 年冬天的一個早上，她起床後跌了一跤，三分鐘就昏迷，送到醫院前已經停止心跳，遺憾的是她從此沒有再醒來，所以沒有留給子女任何遺言，但是如果從死亡的角度來看，這樣的死法叫做「好死」，我母親的死亡過程完全沒有折磨，家人也沒有折磨。如果從這個角度來看，心臟病者不應該感到沮喪，因為將來的死亡方式，絕對比癌症經過化療

的長期痛苦折磨來得好。

　　沒有痛苦或減少痛苦的死亡，難道不是最好的死亡方式？如果我那位球友抱怨他怎麼那麼倒霉，心臟居然裝了兩根支架，再多的抱怨也無法改變心臟裝支架這個事實，但是如果他轉念一想：也許這樣將來反而是好死，他的心情一定會開朗一些。而「轉念一想」就是思想的功能，思想可以讓人在面對生命困境時，找到更好的出路，這不是阿Q，阿Q是逃避問題，思想靈活清晰的人則是面對問題，卻能找出更好的方式治療痛苦。

五、喜歡奢華是因為不清楚真正的需求

　　從伊比鳩魯追求快樂的方式可以發現，他的策略就是減少欲望，所以只滿足自然而且必要的欲望，減少自然卻不必要的欲望、去除既不自然又不必要的欲望，這樣是獲得快樂的最佳保證。這裡有點像是把欲望當成苦惱的來源，所以如果人們能夠減少欲望，就會減少欲望無法滿足的痛苦；因為欲望越多，要獲得滿足的條件就越高，而煩惱也就越多。譬如：一個對飲食品味要求很高的人，顯然比較容易產生挫折感；而把吃東西當成只是填飽肚子的人，普通的飲食就能讓他滿足、產生快樂。

　　我自己親身經驗的例子，可以說明伊比鳩魯的快樂滿足策略。我從小家境貧困，居住的環境不只簡陋，還有些髒亂，久而久之養成隨遇而安的能力，所以現在不論到任何地方、居住條件如何，幾乎都可以適應。但是我的子女就挑剔多了，他們成長的環境比我好，從小住在臺大的宿舍，居家雖然一點也不奢華，但是卻是素樸、整潔。在我女兒還小的時候，有一次帶她到比較鄉下的地方去旅遊，

用餐時間本來打算到附近的一家餐廳吃飯，她一看到餐廳地下有一點油油膩膩，堅持不進去，因為她無法忍受地面不夠整潔的餐廳。當然我女兒這個要求也算合理，可是前提是：我們可以有不同的選項；萬一當地方圓數十里只有一家餐廳，或者在某些根本無從選擇的情況下，我女兒對用餐環境的高標準，就會造成苦惱；相對的，由於我對環境整潔的要求比較低，欲望滿足的容易度就增加。

有人可能認為，伊比鳩魯這種追求快樂的方式，不符合當代的經濟發展的理論，因為如果大家減少欲望，消費力就會降低，這樣就無法刺激經濟發展，國民生產毛額也無法增加。當然這樣的爭議莫衷一是，有人可能會回答說：經濟發展，人民的快樂指數不一定增加；比較簡樸的生活也可能是幸福人生。

無論如何如果只從個人的角度來看，伊比鳩魯的策略可以確保任何人都有機會獲得快樂。由於任何社會多少都存在貧富不均的問題，只有程度的差別而已；如果我們只考慮物質欲望的滿足，有錢人當然比較容易獲得滿足，窮人怎麼辦？最好的方法應該就是量力而為，評估自己的財力來選擇物質滿足的優先順序，或減少物質欲望。譬如：口袋裡的錢只夠買一個漢堡的人，就不要想要吃牛排，或還想看一場電影。如果窮人能夠節制欲望，就不會產生欲望不滿足之苦。

這樣的思考模式對日常生活其實很有幫助，買不起豪華轎車的人，如果沒有開名車的欲望，就不會有買不起的苦惱；住不起豪宅，就不要想住豪宅，對於別人住豪宅，也不會有羨慕、嫉妒等負面情緒。孔子的得意門生顏回，應該是伊比鳩魯論點的最佳見證者。《論語·雍也篇》記載孔子說：「賢哉回也！一簞食，一瓢飲，在陋巷，

人不堪其憂，回也不改其樂。」可見一個人的物質條件即使不佳，如果能夠適度調整自己的欲望，也可以過一個快樂的生活。

伊比鳩魯認為，刺激性的快樂，包括奢侈品所造成的，並沒有價值，努力去累積這種快樂並無助於整體快樂的增加，反而使我們易於受到運氣的傷害。但是如果昂貴的東西不能帶給我們特別的快樂，為什麼我們很容易被這些東西吸引？那是因為我們誤以為自己有某些需求，只有昂貴的東西才能提供，但其實我們可能根本沒有這樣的需求。當代社會最容易證明這一點，商品廣告的促銷宣傳手法，使我們誤以為某種商品是我們必需的，或購買某種商品才叫趕得上時代，譬如買名車、穿名牌服飾才是身分的代表，但是一個值得尊敬的人，不需要穿戴名牌、也不需要豪華轎車代步。

如果我們不是那麼容易受到誘惑的生物，廣告也不會如此盛行，流行商品引來一窩蜂搶購，一旦退了流行，我們就對它失去興趣。所以廣告創造許多不必要的欲望，以前我們的社會並不慶祝一些西洋的節日，但是現在，西洋情人節、萬聖節（西洋的鬼節）、聖誕節都有人在慶祝。以聖誕節為例，過去只有宗教信仰者會慶祝，但是現在彷彿成為多數人理所當然的節日，有些家庭會佈置聖誕樹、唱聖誕歌曲、甚至吃聖誕大餐。流行慶祝聖誕節的結果是：許多人對這天充滿了期待，一旦期待落空就會有失落感。然而這種煩惱其實來自一個本來不存在的欲望，這些欲望是被商人創造出來的，根據前一章提到的消費主義邏輯，商人最希望天天都是節慶，相關的產品才有商機；但是這些由節慶所衍生出來的欲望，並不是幸福人生所必需的。伊比鳩魯的論點是：多一個欲望就多一個欲望受挫的風險，也多一分苦惱的來源。所以去除不必要的欲望，就是根絕不必

要的煩惱。

伊比鳩魯認為，許多人常常不知道自己的真正需求，大部分的商業活動刺激的是人們非必要的需求。在灑滿陽光的草地上與孩子嬉戲、在清澈見底的溪邊與好友交談、在皎潔的月光下與家人喝茶，這些來自簡樸自然事物所激發的情感，帶來的心靈的平靜和快樂，遠超過奢侈品。

當然，如果人們學習過伊比鳩魯所倡導的簡樸生活，大部分的商業活動將被摧毀，社會也無法創造出強大的經濟力量，人們的物質生活水準也不可能大量提升。可是這會是一個比較不快樂的社會嗎？應該不會，因為財富的累積並不能確保快樂的增加，我們的快樂不需要仰賴昂貴的物品。所以即使我們不願意選擇伊比鳩魯式的簡單生活，伊比鳩魯的論點至少給我們一個重要的啟示：財富多寡不是快樂的關鍵，阻礙一個人獲得快樂的原因，是態度，不是金錢。

6 幸福是什麼？

　　伊比鳩魯的快樂哲學似乎有點接近道家的思想，強調少私寡欲，但是用減少或克制欲望來降低達成欲望滿足的條件，這種追求美好人生的方式是特例。事實上，自古以來大多數思索幸福人生的哲學家，並不是以這種比較消極的方式論述幸福；他們不是把整個重點放在去除或減少欲望，而是要求欲望的合理性、適當性。

　　以財富為例，從人性的角度來看，擁有較多的金錢比沒錢好，但是以儒家為例，強調的是獲得財富的方式。《論語‧里仁篇》孔子說：「富與貴，是人之所欲也，不以其道得之，不處也；貧與賤，是人之所惡也，不以其道得之，不去也。」意思是：只要是人，都是喜歡富貴、不喜歡貧賤，但是不會用不正當的方法獲得或去除。所以孔子並沒有要求人必須克制對金錢的欲望，只要求以正當的方式得之或去之；同樣的道理也可以適用於處理金錢，所以花錢的方式也要「有道」，把金錢拿來吃喝玩樂、結交酒肉朋友，錢多反而會害了自己。

　　因此，自古以來大多數哲學家在論述幸福人生時，並不特別強調欲望的減少或克制，反而重視欲望的合理滿足，也就是實現欲望的方式要合乎「道」；換句話說，幸福人生和過一個合乎道德的生活密切相關。但是這樣的說法似乎和我們日常生活中一般人的幸福觀有些出入，所以需要進一步的論述。

一、世俗的幸福觀

在實際生活中，大多數人把追求財富視為追求幸福的最佳手段，這是一個極為普遍、深入的世俗觀。我們在前面已經論證過，這種錯誤的幸福觀在人類社會不斷重複，歷史上出現過的「前車之鑑」在這件事情上，似乎失去作用，因為每一個時代中的絕大多數人，還是把金錢當成幸福的代稱。

事實上，走進現實生活，人們一想到過一個美好的生活，第一個想到的東西幾乎都是金錢，「有錢才有幸福」是最通俗的想法，所以沒有人會否認：錢多一點生活就會好一點。因此對多數人來說，累積財富就是幸福人生的答案，所以似乎錢越多就越幸福。

但是這種世俗的幸福觀其實是矛盾的，因為如果我們進一步追問持這種想法的人：「金錢多寡和幸福程度成正比嗎？」他們的答案就不再是肯定的。即使重視金錢的人也知道，只有金錢並不能保證幸福；事實上一心一意以追求金錢為唯一目標，不只無法獲得幸福，可能反而更不幸福。金錢雖然很好用，但是有錢並不是什麼都買得到，如前所述，金錢買不到真正的友誼，而且金錢也買不到愛情；親情也不能用金錢換取，事實上父母和子女之間的感情，如果只用金錢介入，反而會走味、變調。真正有智慧的人，一定會在賺錢和健康、工作、家庭經營之間取得適當的均衡。

儘管沒有人會反對「有錢不能保證幸福」，但是大多數人還是把賺錢當成唯一最重要的事。這種矛盾價值觀，幾乎出現在日常生活的每一個面向。以讀書為例，大部分家長都希望自己的孩子幸福，但是在考慮子女讀書升學時，想的都是如何進好大學、讀好科系，

什麼叫做好大學？升學考試成績高的大學就是好大學，這一點比較沒有爭議；但是什麼叫做好科系？大概就是畢業以後找工作容易、薪水較高的科系。如果父母知道有錢不一定幸福，但卻把將來賺錢的潛力作為評價科系好不好的標準，這不是很矛盾嗎？顯然父母也知道，考上最好大學、進入他們所謂的好科系的人，不一定保證幸福，甚至不一定比就讀冷門科系的幸福，但是仍然一心期待自己的子女做這樣的選擇，這明顯是價值觀混淆或矛盾。

我因為從小家貧，父母也是冀望我讀了大學，將來能改善家庭環境。我參加大學聯考時，第一次考上臺大數學系，我父母很高興，因為鄰居有一位師大數學系畢業，後來在家鄉開設數學補習班賺了大錢，臺大的入學成績當然高於師大，所以父母覺得我們家快出頭天了！沒有想到我第二年重考，考進臺大哲學系。如果我不是唸哲學而是醫學，家人或鄰居一定大大讚揚，為什麼？因為當醫生是一個賺錢的行業。可是對我自己而言，這一生到現在為止，算是活得比一般人清醒、精彩，這完全拜研究哲學之賜。當然，以哲學研究作為職業絕對賺不了大錢，但是哲學使我理解生命應該如何經營，才比較接近幸福。不需要非常富有也可以幸福，我就是見證者。

如果大多數人都承認有錢不一定幸福，為什麼追逐金錢還是多數人生活的重心呢？部分的理由可能是俗話說的：「金錢不是萬能，但是沒錢萬萬不能。」，沒錢不可能有好生活，這是對的，因為一個三餐不繼的人當然是不幸福的；但是如果人們知道「金錢不是萬能」，就不應該做任何事只考慮金錢。也許最重要的理由是多數人雖然知道金錢不是萬能，但是不太清楚除了金錢之外，幸福還需要些什麼；也就是說，他們不知道「幸福的處方」，而金錢似乎是最直接

相關的要素。所以一般人拚命賺錢，因為他們不知道構成幸福人生的元素有哪些、以及它們之間應該如何均衡，以為只要有錢，其他都可以用金錢換取。然而「錢可以解決一切」是對人生的一個過度簡化，用這種功利價值觀尋找幸福，顯然是誤入歧途！

二、幸福密碼

　　網路流傳一則故事，這個故事似乎是杜撰的，但其中有幾分真意：1988 年 4 月，美國哥倫比亞大學的霍華德‧金森博士畢業論文以《人的幸福感取決於什麼》為題，隨機發了一萬份問卷。問卷中有五個選項：A 非常幸福；B 幸福；C 一般；D 痛苦；E 非常痛苦。最終他收回了 5200 多張有效問卷，只有 121 人認為自己非常幸福。

　　金森分析這 121 人的資料發現：這 121 人當中，有 50 人是所謂的成功人士，幸福感主要來自於事業的成功；另外的 71 人，有的是家庭主婦，有的是菜販，有的是普通職員，還有的甚至是領取社會救助的無家者。這些職業、生活並不傑出的人，為什麼也會擁有如此高的幸福感？金森透過與這些人的多次接觸發現，他們雖然職業多樣、性格迥然，但都有一個共同點——那就是對物質沒有太多的要求。他們清心寡慾、安貧樂道，很能享受柴米油鹽的日常生活。

　　他最終得出如此結論：這個世界上有兩種人最幸福，一種是平淡自守的平凡人；一種是功成名就的傑出者。平凡人可以透過修練內心、降低欲望來獲得幸福；傑出者可以透過奮發向上，在事業成功後，進而獲得更高層次的幸福。畢業後，金森留校任職。20 多年過去。2009 年 6 月，他不經意翻出當年的畢業論文。他相當好奇，當年那 121 名認為自己「非常幸福」的人現在怎麼樣？幸福感是否

依舊強烈？

　　於是他重新尋找這 121 位受訪者，重新進行了一次問卷調查。當年那 71 名普通人，除了 2 人去世以外，總共收回 69 份調查表。這麼多年來，這 69 人的生活發生了許多變化：他們有的已成為成功人士；有的一直過著平凡的生活；也有的人由於疾病、意外，日子十分辛苦。但是他們仍覺得自己「非常幸福」。

　　但是另外 50 名成功人士的選項卻發生了巨大的變化：僅有 9 人事業一帆風順，仍然堅持當年的選擇「非常幸福」；23 人選擇了「一般」；有 16 人事業失利破產或遭降職而選擇了「痛苦」；另有 2 人選擇了「非常痛苦」。

　　看著這樣的結果，金森好幾天沉浸在思緒當中。兩個星期後，他以〈幸福的密碼〉為題在《華盛頓郵報》上發表了一篇文章——他詳細敘述了這兩次問卷調查的過程與結果，最後他總結說：所有靠物質支撐的幸福感都不能長久，都會隨著物質的離去而消失；只有心靈的淡泊平穩，繼而產生的身心愉悅，才是幸福的真正源頭。

　　這篇文章，引起了廣泛關注，許多讀者讀了文章後都讚嘆：金森找到了幸福的密碼！

　　後續金森接受媒體採訪時愧疚地說：20 多年前，我太過年輕，錯誤解讀了「幸福」的真正內涵，而我還將這種錯誤的幸福觀傳達給許多學生。在此，我真摯地向「幸福」道歉！

　　金森的發現在哲學上是「普通常識」：對追求幸福人生來說，心靈富裕比物質富裕重要。多數人可能聽過這個說法，可能也不反對，但是深刻體會這些道理的人應該不多，因為很少人會認真研究哲學家的論述。也就是說，多數人不會否認「心靈快樂比物質快樂持久、

穩定」，但是他們只知其然不知其所以然，因此說歸說、做歸做，每天熱衷的還是物質的成果；難怪真正表示自己活得快樂、幸福的人，一直都是少數。

　　我自己長期研究倫理學、投入倫理學教學，並從事許多道德推廣的工作，而自己的研究所得，也身體力行，因此我可以提供一個比金森更具體的幸福密碼，那就是品德：認真過一個有品德的生活，才是通往幸福的正確方向。對於這個結論，我後面會提出論證。

三、幸福不可能由別人給與

　　幸福是什麼？ 對於人這樣的生物， 幸福不是一種事務狀態 (states of affairs)，事務狀態有兩個特點：⑴它是靜態的；⑵它可以由別人幫你實現。但是由於人生是動態的、一個人的幸福也不可能由別人給予，所以幸福不是一種事務狀態。以下針對這兩點進一步說明。

人生不是靜態的

　　如果一個人實現一個他所期待的事務狀態， 譬如財富累積到一億元，短暫的快樂是一定的，但是快樂的程度會隨著時間而遞減。就像一個人得到一隻嚮往已久的手機，得到當天一定欣喜若狂，但是時間一久，興奮感會逐漸消失。任何有形的東西給人帶來的快樂，都是這種特質，而且那個狀態一旦實現以後就停止了；所以不論它是什麼，都不可能是幸福，因為人的幸福不是只有「現在」，還有明天、後天，也就是說，人的日子是持續、動態的。所以如果一個人今天實現他原先期待的事務狀態，他覺得幸福，但是明天、後天隨

著日子的進展，那個狀態的新鮮感遞減，不只快樂漸少，最後的人生結局也不一定幸福。如果日子不可能停住不動，人的幸福就不可能停留在一個狀態。

可以從另一個角度思考這點。我們經常看到圓滿結局的電影情節，最後是男女主角有情人終成眷屬，電影到這裡出現「劇終」，觀眾滿意的離開電影院，心裡充滿了喜悅，因為我們從電影結束留下的圖像是：故事中的主角從此過著快樂幸福的生活。但是生活不是這樣子的，它不會停留在「有情人終成眷屬」的那個狀態，而是持續地進行；換句話說，電影結束的那個狀態不是他們人生的結束，而且那個狀態不會停頓、也不可能停頓，而是隨著他們以後的生活不斷變化。人生不容易之處就在於：即使兩個相愛的人最後組成家庭，以後的日子仍然是一天一天的過，婚後的生活才是挑戰：家庭如何經營？小則家事如何分攤、大則如何教養子女。兩個人生活上的差異如何調和？婚前也許彼此認為愛是包容、忍耐，一定可以為對方改變自己；但是一旦結了婚，非常可能原形畢露，彼此之間包括睡覺習慣、飲食愛好的差異，甚至價值觀的不同，都會在結婚後被放大。因此，「幸福人生」並不是指人生出現的某一個狀態，因為人生是動態的過程，幸福與否必須考慮到人的一生結束。

我們從電影、小說的情節中，經常看到或讀到許多感人肺腑、賺人熱淚的愛情故事，如果是喜劇，故事都是在男女主角結合後結束。然而「和相愛的人結婚」這是一個人生活中的一個狀態，但是要判斷一個人是否幸福，顯然不能完全由這個狀態決定；實際上決定一個人幸福與否的關鍵在於：兩個人結婚以後的日子是如何過的。根據 2022 年的統計數字顯示，臺北市有 4354 對離婚，這些人在結

婚前一定經過海誓山盟，其中有些可能還是被公認的神仙伴侶，最後卻變成怨偶，以離婚收場。有些配偶甚至談戀愛時間比婚姻時間還要長。這表示什麼？表示男女主角達到某種狀態（譬如結婚）以後，並不是從此就過著幸福快樂的日子，人生的幸福是建立在每一天的經營，是從人的一生來思考，不是一個狀態。

幸福具有主動性

　　如果是一棵樹，我們給它適度的陽光、水分，以及適合這類樹種的養料，看到它慢慢長大，有一天長得枝繁葉茂，看起來充滿生機，我們可以說這棵樹長得很好。如果是一隻狗，我們餵牠有益於狗類健康發展的食品，讓牠住在舒適、乾淨的狗窩，每天陪牠慢跑，定期幫牠做健康檢查，使牠完全免於病痛之苦，我們應該可以說這隻狗活得很幸福。那如果是人呢？如果有人可以讓另一個人吃飽、睡足、身體健康，完全沒有病痛的折磨，讓他享有人可以期待的舒適狀態，這個人幸福嗎？不，這中間似乎缺了點什麼。

　　一個人不論被照顧得多麼周到，受到多少的關注，我們都不會說他是幸福的，因為人的幸福會要求某種程度的主動性；也就是說，即使一個人擁有了所有和美好生活相關的事物，但是這些都是別人給的，也不可能因此而構成一個幸福人生。再用前面舉過的例子，如果一個人擁有的財富是來自遺產承繼，另一個人擁有同樣的財富卻全靠自己的努力，在所有條件都一樣的情況下，後者顯然比較可能感到幸福。這可以證明幸福不是某種事務狀態，因為如果幸福是某種事務狀態，幸福可以由別人幫你實現；但是屬於人的幸福具有主動性，必須由自己創造，不可能由別人送到你手中。

　　同樣的道理，幸福人生當然需要一些外在、美好的東西，譬如：適量的金錢、權力、聲望，但是如果這些東西都不是個人主動追求、努力而獲得的，即使擁有它們，也不會讓人感到幸福。所以把所有美好的東西聚集在一起，送給任何人，並不會使這個人變得幸福。因為幸福不是這樣的東西，它是一種過生活的方式，是主動而不是被動的。

　　總結來說，幸福不是具體的東西或狀態，如果把幸福當成具體的東西，幸福就可以由別人給你，但這並不是幸福產生的方式。如果幸福是賺到1000萬元，別人可以給你1000萬，然後你就得到幸福；生病的人會認為幸福就是健康，當醫生恢復你健康時，你就得到幸福；如果幸福是擁有權力，當別人給你一個很高的官位時，你就得到幸福。事實上這些狀況只能說是某一個重要欲望的滿足，並不能稱為幸福。當一個人獲得1000萬元、生病恢復健康、被發布當了大官時，當下一定是很快樂的，可是接下來呢？明天怎麼過日子，如何使用這1000萬、離開病床以後要做什麼、這個官要怎麼當，這些才是影響個人幸福的重要問題。

　　事實上一個人即使得到所有人們想要的東西：財富、名位、權力、健康、婚姻、家庭，仍然不能保證幸福，因為關鍵不是擁有多少美好的東西，而是他如何運用和處理這些東西。幸福是主動的，因為幸福不是具體東西的累積，而是擁有這些東西的人如何處理或安排它們，以金錢為例，幸福人生的關鍵主要不在於有多少錢，而是如何處理金錢。所以沒有人可以把幸福交到別人手中，幸福必須自己去追求。人不同於其他動物的是：自己的幸福只能由自己創造。

四、幸福人生是用一生來思考，不是一時

　　我們在前面提到，即使一個人在某一個時刻，獲得所有他想要的東西，也不能保證他就是幸福的，因為他還有許多個明天，他的生活必須繼續下去。換句話說，當我們在思考幸福時，考慮的不是一個人一時的狀況或成就，而是考慮他的一生。

　　人類是具有自覺意識的動物，除非精神失常，否則任何一個人在從事有意識的、自願的行為時，一定是認為這對自己是好的。所以亞里斯多德說，人類的任何活動都有目的性；任何一個行為者所從事的行為或選擇，都是為了達成某些目的，而且認為這些目的是有價值的或是好的。

　　這個主張似乎違反一般的直覺，因為即使我們承認自願性的行為一定有其目的，但是這些目的並不一定是好的，許多作奸犯科或自殘的行為，目的似乎都不是為了獲得好的或有價值的結果。乍看之下，這個反對似乎成立；但是如果再進一步思考，亞里斯多德的說法不無道理，有時候某一個人想要追求的目的，對自己長遠來說並不是好的，然而他在思考這個行為的那個當下，一定在某個意義上認為這樣比較好，也就是說，行為者認為那樣做會帶來好結果。

　　譬如以自殺為例，如果一個人的理智沒有喪失卻決定自殺，一定是因為他在做這決定時，認為他當時所處的狀況是「生不如死」，所以在經過這樣的考慮之後，認定自殺會帶來比較好的結果。同樣的，在日常生活中建商為什麼要偷工減料？官員為什麼要官商勾結？毒販為什麼要販毒？理由顯然是：從行為者本身的角度盤算，這樣的做法對他而言是好的。所以「每一個自願的行為都追求某些好

處」，如果從行為者角度觀之，似乎合乎一般常識。

　　但問題是，如果人們所從事的行為都是為了自己的好處，為什麼大多數人活得並不幸福？理由可能有兩個：⑴人們的思慮不周，所以以為這樣做是對自己好，但其實不是；⑵人們在思考什麼樣的目的或行為對自己是好的時，想到的只是一時，沒有想到長遠；然而想要追求一個幸福人生，必須從一生的時間面向思考問題，而不是基於一時。在實際人生中，許多人的生活不幸福的主因，常常是為了貪一時的好處而毀了一世。

　　2006 年，陳水扁總統的女婿趙建銘，因為涉及內線交易炒股案，遭收押一個月；2014 年 5 月高等法院更三審宣判，趙建銘依違反《證券交易法》，遭判刑 4 年，併科罰金 2500 萬元。這個案子一共纏訟了 15 年，2021 年趙建銘最後被判 3 年 8 個月刑期，全案定讞，趙建銘於 2021 年 10 月 25 日入獄服刑。

　　趙建銘是臺大醫學系畢業，臺大醫學系是全臺灣最難錄取的科系，他的太太陳幸妤是一名牙醫，兩個人的收入早就超過一般家庭；所以如果安分守己，一定可以過不錯的物質生活，但是貪心使他及他的家人陷於官司纏訟中，身心折磨了 15 年，最後承受牢獄之災，而且貪汙的汙名注定跟著他一輩子，這似乎不是聰明人會做的行為。然而趙建銘在進行內線交易的那個當下，一定認為自己可以大撈一筆，而沒有正視萬一東窗事發怎麼辦；也許他也想過東窗事發的可能性，但是他可能認為當時他的岳父貴為總統，所以即使被發現應該也不會有事；或者他認為，這樣的事情極為隱密，很難會被抓到。總之，趙建銘智商這麼高，不可能不仔細盤算利弊得失，但問題在於，他盤算的只是一時，而沒有考慮一生。事實證明，他聰明一時

卻禍及一生，賠上的不只是自己的幸福，全家的名聲也一起遭殃。

2012 年曾經擔任中國國民黨副主席、行政院秘書長的林益世，因為索取賄款 6300 萬元而遭到起訴，2016 年高等法院依違背職務收賄等罪，判處林益世有期徒刑 13 年 6 月，褫奪公權 8 年，併科罰金 1580 萬元。最後審判的結果，財產來源不明部分被判兩年刑期定讞，服刑一段時間後假釋出獄。至於收賄 6300 萬元的部分最高法院更一審判他 4 年 10 個月刑期，到 2022 年還在上訴當中。無論如何，林益世一生的政治前途，也因此毀了。

林益世是馬英九在 2008 年當選總統重用的高官，當時年僅 44 歲，被認為是國民黨未來的希望；他出身於政治家庭，政治前途似錦，而且家境不差，也是為了獲得更多不是必要的金錢而毀了一生。同樣的，林益世在收取不當金錢的時候，一定認為自己賺到了，但是結果不只賠上一生的名譽，也賠上大好的政治前途。

不論趙建銘、林益世，或更多為了私利而從事不法、不當行為的人，當他們在做那些損人利己的行為時，一定認為這樣的行為對自己有利，只是他們盤算的利益是「一時」，最終惡行被揭穿，付出的代價就是一生。

也許有人會反駁說，可是還有許多違法利己的行為沒有被揭穿，那麼從事這些行為的人不是比較有利嗎？期待自己幹壞事一輩子不被發現似乎不是一個合理的期待，除非擁有柏拉圖《理想國》對話錄中牧羊人蓋吉士 (Gyges) 所擁有的隱形戒指，否則現實生活中幹壞事永遠不被揭穿的可能性不高。即使幹壞事者機智過人，被抓到的機率很小，但是俗話說「不怕一萬，只怕萬一」，所以他也可能因為擔心「萬一」被發現而心裡不安，天天過著擔心被抓、心靈不平靜

的生活，似乎不可能是一個幸福人生。

　　如果從父母教養子女的角度，上述的論點會更有說服力。負責任的父母一心一意想要為孩子的一生作準備，這樣的父母應該如何教育孩子呢？他們會將孩子教育成自私自利的人，然後告訴他們：在從事違法或不道德行為時一定設法不要被發現？還是教育孩子成為守法、有道德、規規矩矩的人呢？

　　當代的倫理學者黑爾 (R. M. Hare, 1919–2002) 論稱，如果父母把孩子小心地調教成精明變通的不道德者，這對孩子並不是有利的，因為必須是「一個特別天才的惡魔」，才有可能幹壞事不被發現，因而可以逃避掉懲罰，但是父母在事先無法知道自己的孩子就是這樣的「天才」，所以黑爾指出：「成功的罪犯幾乎對每一個人都是不可能的困難遊戲，而且不值得的。」所以關心孩子一生幸福的父母一定不敢冒險，教導孩子去從事違法或不道德行為，只要他們小心謹慎不要被逮到就好。

　　如果父母知道自己孩子是天才，會教育孩子成為天才的惡魔嗎？不會，因為孩子如果有這麼高的天分，教導孩子利用這樣的天分去從事一個對社會更有利的行業，即使錢可能會少賺一點，也一定會有一些成就，而且規規矩矩的生活會比較心安理得。為了孩子一生的幸福著想，這似乎才是父母的最佳選擇。

　　所以父母在思考對孩子的教養時，思考的就是為孩子的一生作好準備，這正是亞里斯多德的「幸福」概念，是從一個人的一生作為一個整體的角度，來思考應該從事什麼樣的行為。因此幸福人生是什麼，是用一生來思考而不是用一時。

五、屬於人的幸福

我們前面提到，由於人具有理性，所以會追求生命的意義和價值，因此適合於人的幸福生活，一定是一個有價值和有意義的生活。如果根據當代學者的分析，一個有意義的人生或幸福人生可以歸納出兩個因素：⑴找到自己的熱情，然後全力以赴 (Find your passion and go for it)；⑵投入超出自己以外的事務 (Get involved in something larger than oneself)。如果用通俗的說法，第一個因素就是找到自己、做自己；第二個則是關懷他人，這是道德的內涵。

這樣的說法很明顯是比較屬於當代的幸福觀，亞里斯多德是古代幸福論最完整、也最典型的論述者，在他的倫理學著作中論述幸福時，只和道德有關，並沒有涉及「做自己」這樣的觀念。這是因為當代對人的看法比較是個人主義式的 (individualistic)，而古代則比較是集體主義式的，所以「做自己」成為當代幸福論的一個重要成分，卻不出現在亞里斯多德的幸福論中。

當代思潮在自由主義 (liberalism) 的影響下，重視每一個人的個體獨特性和差異性，主張每一個人在不侵犯他人相同權利的前提下，應該可以自由地追求他認為最適合的生活方式。由於獨特的個體需要獨特的生命解答，因此一個人必須先找到自己、做自己，才能找到適合於自己的幸福。自由社會尊重個人、以及個人的自我選擇，所以是個人主義式的思考；而集體主義式的思考則集體的價值優先於個人。舉例來說，我們經常聽到有人會介紹某位醫生，說他出身於「醫生世家」，事實上出生在這種家庭的孩子，大概從小就被長輩灌輸一個想法，那就是將來也要當醫生。如果這個孩子長大後要選

擇一個非醫生的行業，一定會有來自家庭的龐大壓力，因為這樣的世家，孩子個人的興趣不重要，家族的聲譽優先，也就是家族這個集體的要求重於個人的喜好。

臺灣現在已經是一個充分自由化的社會，「醫生世家」對孩子自由選擇所造成的集體壓力，力量將越來越小，因為自由社會的傾向就是重視個人自己的決定和選擇，所以孩子在填寫大學聯考的志願、或選擇自己的職涯時，即使有些父母想盡各種方法要影響孩子的決定，但是大多數父母最後通常都會對意志堅定的孩子讓步。當然，有些孩子並沒有明顯的偏好，所以父母的想法對他們的影響較大。但是無論如何，個人主義的思考模式在我們社會漸漸成型，個人的自主性越來越高。

但是即使自由社會強調對個人的尊重，這使得個人的獨特性得以適度的發展；然而如果我們實際上廣泛地接觸人群將會發現，具有鮮明獨特性格的人並不是非常多，大部分人的可塑性極高，所以他們的幸福人生並不需要特別去滿足「獨特性」。這也可以證明，平凡小人物一樣可以擁有幸福人生，我們前面提到，在金森博士的研究調查中，有 71 位表示自己「非常幸福」的普通人士，他們幸福的原因，並不是實現了個體的獨特性，而是他們的生活態度使然。可見對有些人而言，幸福人生並不需要特別強調「做自己」；但是對所有人來說，要創造一個有意義的人生，關懷他人卻是必要條件。

以下我們會針對這兩個因素一一說明，由於「找到自己、做自己」這項因素並不是所有人都需要的幸福要素，所以它是次要的，主要的是關懷他人；而一個找到自己的人也必須關懷他人，才可能創造有意義的人生，因此探討道德和幸福的關係是我們論證的主軸。

7 自我追尋

前面提到，一個有意義或幸福人生有兩個因素，其中一個是找到自己、做自己，這個因素對幸福人生的重要性，在以個人主義為核心的當代自由社會更為明顯，所以要探討這個議題，約翰·彌勒的生平和思想是最好的起點。

一、彌勒的故事：不尋常的童年

約翰·彌勒應該是十九世紀英國最重要的哲學家，1806 年他在倫敦出生，沒有一個小孩像彌勒一樣經歷不尋常的童年。彌勒從小的教育是他父親詹姆士·彌勒 (James Mill, 1773–1836) 一手主導，由於他父親信奉經驗主義 (empiricism)，認為人也是自然的一部分，所以研究人類的方式可以像研究自然界的動物、植物或物理一樣，一切都建立在經驗的基礎上。經驗主義認為，人的心靈天生是一塊白板，所以想要它成為什麼樣的顏色，就使用該種顏色的染料去塗抹；換句話說，想要把受教者變成什麼樣的人，就教給他相關的內容。

在彌勒兩歲的時候，他父親遇到知名的經濟學者、效益主義 (utilitarianism) 的當代創始人邊沁 (Jeremy Bentham, 1748–1832)，不久就成為邊沁的忠實信徒，決定將他的餘生奉獻在實踐效益主義式的改革，也因此選擇了自己的長子，想要將小彌勒塑造成一個具有純粹效益主義心靈的人。所謂效益主義，就是以行為或政策所造成的整體結果 (overall consequences)，決定該行為或政策的道德正當

性，換句話說，一個道德上正當的行為或政策，就是在所有可能的選項之中能產生最佳結果的那一個；至於結果好壞的計算，則是將所有受到影響的人之利弊得失，公平、平等地加總。

以臺灣爭議很大的核能發電為例，有人主張應該繼續使用核電，有人則持反對的立場。如果依據效益主義的原則，擁核和反核哪一個正確，必須透過效益計算來決定，儘管我們對於使用核電的優缺點，在實際生活中要清楚計算有其困難，但是在理論上一定有一個政策的最後結果是比較好的。效益主義的觀點就是：把使用和不使用核電所有的優缺點全部計算過後，能夠達成最佳結果的選項，就是我們應該選擇的政策。這個主張的核心精神強調，被該行為或政策影響所及的每一個人的利弊得失，都必須被平等計算，沒有人可以基於特權而對其利益加重考量。所以在十九世紀彌勒所處的時代，階級意識、貴族與平民之分還很強烈的社會，效益主義是一個相當激進的主張。

彌勒的正式教育完全由父親直接教導，他在 3 歲時每天要作的功課是希臘文和算術，7 歲以前他已經熟知柏拉圖的前 6 個對話錄，接下來 5 年他把其餘的讀完。8 歲開始學拉丁文，接著讀古典名著和歷史，12 歲開始嚴肅地探究哲學。老彌勒不讓其兒子接觸宗教、形上學，也很少讓他接觸詩，所有他認為會造成人類愚笨和錯誤的東西，都不允許他兒子接觸；在經驗主義的觀點中，宗教和形上學都是不能用經驗檢驗的東西，所以都是假的。所有的藝術中只讓小彌勒接觸音樂，也許因為音樂不會錯誤呈現真實的世界。在這樣的教育下，彌勒在滿 12 歲時，他所學到的東西和一個 30 歲飽學之士相當。

　　彌勒是一個好奇心強的人，所以他對各種思想都有極大的吸收力，他自己也承認其思想和人格受到許多不同論著的影響。彌勒年輕時正如他父親所計劃的，是效益主義的忠實信徒，效益主義對他而言是一個信條、學說、哲學，也是一種宗教。他在 17 歲時組成效益主義社團，以鼓吹效益主義的激進改革為職志，所以年輕的彌勒是效益主義信條的熱情擁護者。

　　老彌勒一點都不懷疑自己的實驗，他成功教養出一位極有知識和完全理性的人。在那個心理學知識極為幼稚的年代，沒有人會對老彌勒的教育方式感到驚訝。然而彌勒在 20 歲時經歷他後來稱為「精神危機」的階段，他描述自己是一個情感上飢餓、心智上過度發展的人。在這段時間，他對父親知識的宰制逐漸產生反彈，一直到老彌勒死後好幾年，他還在嘗試擺脫其父親的知識陰影。

　　彌勒將其精神危機歸因於童年的教育，認為他早年的受教方式是錯誤的，因為父親只重視知性、卻忽略感性的培養。彌勒相當尊敬父親，雖然他對父親並沒有什麼感情，他抱怨父親把「理性」當成真理，而永遠貶抑感情，彌勒認為父親待他不夠親切，老彌勒永遠只努力啟迪其智能，卻完全忽略他們之間的情感。所以在他精神危機時，無法找父親幫忙，因為他認為父親不能瞭解他的困境。

　　年輕的彌勒由於缺乏情感的滋潤，覺得沒有使命感，生命沒有目的、意志麻木、精神極度沮喪。基於他的訓練，他將情感的不滿足簡化成一個問題，他問自己一個簡單的問題：「如果效益主義所追求的理想實現了，我的所有欲望會因此而實現嗎？」他害怕地發現，答案是否定的。如果這樣，那麼生命的目的是什麼？他找不到存在的目的，現實世界中的任何東西似乎都是蒼白無趣的。他試著分析

自己的情況，問自己是不是完全沒有情感？他覺得自己沒有繼續活下去的動機，所以曾經希望自己死去。有一天他閱讀一個法國作家的回憶錄，其中一個悲慘的故事忽然讓他感動的落淚，這件事使他說服自己，原來他是有感情的人，這開啟了他的復原之路。

為了尋找心理折磨的出路，彌勒採取的是一種革命的形式，緩慢、隱秘、勉強，但卻是對抗其父親教導的人生觀。彌勒開始治療其父親嚴格的知性訓練所形成的缺陷，為了滿足對情感的渴求，他轉向音樂、詩和藝術，他研讀詩人和文學家的作品，而不是哲學家的理論，他的人性觀、歷史和命運因此完全轉變。彌勒經過好幾年的默默掙扎，企圖重新掌握自己的生命方向，這個心理危機直到他遇到他所謂「生命中最珍貴的友誼」時才告結束。

二、彌勒的故事：不尋常的愛情

彌勒 25 歲時已經是英國知識界相當傑出、而且知名的人物，這年他遇到一位富商的年輕而且迷人的太太泰勒夫人 (Harriet Taylor)，後來他們成為非常親密的朋友，這份友誼維持了超過 20 年。彌勒常到泰勒的家中而且和泰勒夫人合作許多計畫，由於他們過從甚密，倫敦社交圈盛傳他們之間的醜聞；在那個年代，可以想見彌勒和泰勒夫人承受的輿論壓力有多大。後來彌勒和泰勒夫人覺得他們沒有把這件事處理好，所以泰勒夫人決定和她的先生分居，一直到 1849 年泰勒先生癌症去世。1851 年二人結婚，結婚典禮非常平靜，只有泰勒夫人的兩個小孩參加。他們在一起 8 年，健康情形並不好，幾乎遺世獨立，盡可能避免和老友打交道，但是他們顯然過得幸福而且滿足，他們花很長的時間討論當時的重大問題，一起寫作。1858

年的一個假日彌勒的妻子突然去世。

　　彌勒對妻子的美德大力推崇，稱她具有深刻的智慧、詩人的氣質、高度的想像力、溫柔的靈魂，也許這是溢美之辭，但是無論如何他在父親身上找不到的特質，在妻子身上得到完全補償。彌勒曾說：「給予和得到情感的欲望幾乎是我性格的全部。」他認為妻子給他的影響是有益的，而且妻子對他思想的深刻影響也是無庸置疑的，他們是彼此熱愛而且氣味相投的伴侶，也是創作上非常合適的合作者，彌勒最佳的作品可以追溯至和她在一起，而且她的特點顯然影響彌勒以後的著作。事實上彌勒自己承認，他晚年的作品實際上是他們兩個人的合作成果，只是由他執筆而已。

　　彌勒的愛情故事對他的思想造成很大的影響，他在經典名著《論自由》(*On Liberty*) 這本書中，認為一個真正的自由人，不只不受政治的不當約束，更重要的是能夠不屈從於流行意見的壓力，做一個真正自己做主的人。很多人常常以為自己選擇去做的事，確實是自己的決定；但是如果深入探討將會發現，他的決定其實不是出自自己判斷後所做的決定，而是被同儕影響，或者被商業廣告無形洗腦。舉個例子：如果有一天你感冒了，到藥房買藥，藥房老闆給你的藥是你沒聽過的，你可能會問老闆：「這種藥有什麼用嗎？」但是如果老闆給你的藥是「斯斯」，你大概就不會問了，因為電視廣告經常出現：「感冒用斯斯」，在媒體長期的宣傳下，不知不覺在你腦中形成刻板印象：感冒就是應該吃「斯斯」。所以你選擇「斯斯」並不是自己做的選擇，而是電視廣告幫你做選擇。

　　所以彌勒指出，社會的流行意見和價值觀，就像暴君一樣，無孔不入地宰制社會上多數人的想法，產生集體的力量，無形地壓制

個人的想法或偏好。這種社會獨裁比任何的政治獨裁更可怕，因為它將不會遺漏任何方式，會採用各種有效的手段，而且深入生活的每一個細節，禁錮人的心靈。名牌、時尚、潮流，就是一股無形的力量，壓制那些品味或喜好不隨波逐流、特立獨行的人。

　　事實上彌勒關心的是，由於大眾運輸和媒體的技術改善，社會上的多數透過輿論的壓力，逼迫所有人都要服從他們的意見，生活在這種壓力下的個人如果屈從，其實就是失去自由。譬如：當社會上多數人基於愛國主義主張抵制韓貨或日貨時，如果你想要獨排眾議，可以想像那個壓力會有多大。但是多數人的想法、多數人習以為常的規矩就是正確的嗎？

　　流行意見對個人可能產生的不當壓力，彌勒應該最能感同身受，他自己的愛情故事就是典型的例子。可以想像一個在社會上具有知名度的人，如果和一位有夫之婦過從甚密，會有什麼樣的結果？不要說在十九世紀還算相當保守的社會，即使在今天男女關係相對開放的社會，彌勒的行為一定會招來無數的批判和無情的撻伐。蜚短流長的輿論壓力，對一個研究道德的哲學的人來說，心靈上的折磨比一般人嚴重百倍；在惡毒的批評、中傷撲天蓋地的情勢下，彌勒為什麼不放棄他的愛情？

　　即使在比較開放的現代社會，我相信多數人不會像彌勒一樣堅持，一定會在社會壓力下知難而退；但是彌勒堅定不移最可能的原因是：他認為自己找到的是真愛，如果放棄泰勒夫人，等於放棄一生難遇的真愛。雖然和有夫之婦交往，不論在哪一個年代，在道德上都是有瑕疵的，但是彌勒一生也只發生過這段愛情，他守著泰勒夫人，一守就是 20 年，如果只從這一點來看，彌勒對愛情的堅貞，

勝過太多世俗的愛情故事。一個極為聰明、學識深厚、年輕的思想家，寧願承受各種閒言閒語的冷嘲熱諷 20 年，在某種意義上他不是為別人而是為自己而活，他承擔自己追求真愛所必須付出的煎熬，除了對泰勒先生一定會有愧疚之外，這件事與誰相干？

　　純粹從忠誠的角度來看，彌勒比一般人更忠於自己。在他的著作中會如此重視每一個人的獨特性，應該和他在愛情折磨中的體悟有關：沒有人可以替別人過一生，所以每一個人都應該選擇自己最適合的人生，別人如果不滿意你的選擇，只能勸告、論辯、說服，但是最後還是自己要做決定。

　　彌勒的愛情是艱苦的、也是極不尋常的，但是可能也因為在愛情中飽嚐苦澀與甜蜜，從而孕育出他的哲學智慧。每一個時代總會有一些人的行徑和社會流行的觀點扞格不入，在多數人眼中他們是怪異的，但是也許就是這份怪異，反而開創出人類生命的一個新的視野，俗話說「天才和瘋子只有一線之隔」，其實具有深意。

三、彌勒故事的啟示一：愛之適足以害之

　　從彌勒的故事我們得到的一個啟示是：人不是完全像黏土一樣，可以被任意捏造，有些人可能具有非常不同的特性。天下父母心，幾乎每一個父母都希望自己的子女成功、幸福，老彌勒也不例外，所以他一心想要按照自己的想法塑造自己心目中理想的兒子形象，但是結果適得其反。老彌勒把「理性」當成最為神聖珍貴的東西，小彌勒卻認為人最重要的是情感，由於老彌勒忽略對兒子情感面的照顧，造成小彌勒一度覺得人生沒有意義，甚至出現希望自己早點死掉的念頭，一位偉大的哲學家差一點在對抗父親的教育方式中早

夭。當然以現代人的心理學常識，很容易就看出老彌勒的教育方法是錯誤的，因為一個身心健康的人，必須理性和感性均衡發展。

舉一個例子，這個例子裡的父親與我有數面之緣。2010年10月，成功大學航太系教授景鴻鑫出了一本書，書名是《孩子謝謝你：一個父親的懺悔》。景教授有兩子一女，從小對長子寄予厚望，但是長子在校成績不佳，遭到他長期打罵，一個喜歡看小說、熱愛寫作、原本活潑的孩子，因此失去了笑容。有一次景教授在盛怒下，大罵他兒子說：「我一輩子的名次加起來，還沒有你一次多」。他回想孩子當時恐懼、怨恨的眼神，令他永難忘懷。長子大學畢業後，到美國留學，只傳了一封電子郵件和景教授「告別」，信中表示以後不必和他聯絡了，不用匯錢，他會活得很好。從此三年，景教授和長子斷了音訊。景教授在新書發表時，充滿了遺憾和悔意。

根據柏克萊加州大學心理學教授包潤德 (Diana Baumrind) 的說法，父母管教子女的方式有三種：(1)威權式的 (authoritarian)：父母使用一堆命令和威脅，卻很少推理，這是古代社會最常見的管教方式；在古代社會，父母對子女具有很大的權威，管教的方法接近命令，子女通常只能聽從，不敢違逆。(2)縱容式的 (permissive)：父母用很多感情，卻不用權威；這就是一般所謂的溺愛，對於子女提出的任何要求幾乎百依百順，從不仔細思考這樣的要求是不是真正對子女好，以為討子女喜歡就是愛。(3)權威性的 (authoritative)：父母對子女的要求會說明理由，父母的權威是結合推理、公平和愛；必要的時候父母會使用權力，要求孩子聽從長輩，但是也重視孩子的獨立性；父母堅定設立標準並執行，但不會認為自己是不會錯的，所以會傾聽孩子的聲音，但不會只基於孩子的欲望做決定。也就是

說父母的權威是建立在：對子女的要求是有道理的，而且這個道理經得起子女的挑戰。

第一種管教方式顯然已經不合時代潮流，由於現代社會是一個資訊發達的網路社會，父母無法像古代封閉社會可以壟斷訊息，子女只要進入網路世界，就可以獲得各種常識，所以父母說教的權威性相對減低；第二種管教方式反而會害了子女，這似乎是很容易理解的。2018 年 4 月，藝人夫妻孫鵬和狄鶯，他們 18 歲的獨子孫安佐，在美國涉及校園安全事件，他揚言要在校園殺人，被警方查出槍枝和子彈，遭到逮捕，成為社會的頭條新聞。孫安佐喜歡槍砲彈藥本身沒有錯，但是想要拿武器殺人則是完全不一樣的事；孫安佐的發言對生命的基本尊重如此無感，父母為什麼從來沒有適時加以糾正？從媒體報導顯示，狄鶯對兒子非常寵愛，但是她愛孩子的方式似乎值得商榷，讓他就讀貴族學校、送到美國唸書，這並不等於愛他。一個懂得愛孩子的父母，不會滿足孩子一切的需求而不加以篩選。溺愛害了孫安佐，其實最後也害了自己。

第三種管教方式是最合理的。一般正常家庭的父母基本上是愛子女的，因此對於子女的管教，父母一定會有一些想法，目標當然是希望對子女有益。但是如果根據彌勒的觀點，父母認為好的事物，對子女不一定是好的，因為子女也是獨立的個體，具有自己特殊的偏好和興趣。所以一個真正關心子女、愛子女的父母，必須也願意聽聽子女的想法，如果子女的說法有道理，父母應該接納；如果子女的觀點缺乏理性的依據，或對父母的主張提不出具有說服力的反對意見，父母當然可以照自己的想法，要求子女。

所以第三種管教方式，主要的精神就是看「誰比較有道理」，不

是父母全部是對的，也不是子女要的都給。換句話說，父母的權威不是來自於：「你們是我養大的，我是家庭經濟的來源，所以你們都要聽我的」；而是來自於：「我講的話有道理」。因此以理服人的管教方式，子女才能心服口服，這樣的權威也才會得到子女的尊重和肯定。

有一次我到臺北市一所升學率很高的高中演講，聽眾是學校特別挑選出來的高三學生，演講完後有一位女同學私下找我問問題，她說她對自己未來想要就讀的科系有自己的看法，但是父母並不同意，這令她非常苦惱，問我該怎麼辦？我回答她說：「妳回去告訴妳的父母，如果他們真的愛妳，就應該用妳認為是愛妳的方式愛妳。」父母愛子女，卻常常用父母自己以為正確的方式，最後結果反而對子女造成傷害，老彌勒和景教授對自己兒子的教育方式，就是愛之適足以害之的範例。

四、彌勒故事的啟示二：生命的出路必須自己找

彌勒的重要著作《論自由》一書中第三章的標題是：個體性(individuality)——作為幸福的一個元素，學者普遍認為，這一章才是全書最重要的章節，這章的主要精神是：人生要找到通往幸福的路，關鍵在自己；因為每一個生命都是獨特的，獨特生命必須為自己找到獨特的解答。

彌勒這本書對於自由的論述，絕對是經典之作。如果從彌勒的思想來看，人類為什麼需要擁有自由？其中有一個很重要的原因就是：有了自由，個人才能追求適合自己的幸福人生，而什麼樣的人生才適合自己？彌勒的想法是：適不適合必須由自己決定，所以他

說：「如果不是由自己的品格，而是由傳統或他人的習俗決定個人的行為規則，則會缺少人類幸福的一個重要成分，以及個人和社會進步的主要元素。」這段話的意思，簡單的說，就是幸福不可能找人代勞、社會進步的要素是每一個人充分發揮獨特的自我；換句話說，一個人是否能找到幸福的關鍵就是發展個性，如果用現代的說法就是：找到自己，更精確地說：找到獨特的自我。

　　基本上，彌勒同意德國政治學家、教育學家漢堡德 (Wilhelm von Humboldt, 1767–1835) 的觀點，認為人類的目的是：將自己的能力達到最高，以及最和諧的發展，使自己成為一個完整、有教養的個體，這是「個性」最完全的概念。彌勒不斷強調，只要不傷害他人，每一個人都應該自由選擇自己喜歡、也適合自己的生活方式，這對個性的發展非常重要。任何活力和創造力都來自於獨特的個性，所以一個盲目追隨流行、習俗和大眾、完全只會複製別人的人，不可能卓越。

　　如果一個人的能力要達到充分發展，彌勒認為必須在實際生活中運用自己的各種能力，他指出，人類的知覺、判斷、情感、精神活動、甚至道德能力，只有在從事選擇時才能產生運作，一個只會隨波逐流或依據習俗而生活的人，等於沒有真正做任何選擇。由於精神和道德力量就像肌肉一樣，只有透過使用才能改善，如果一個人做事情只因為別人也這樣做，就像從來不運動的人、肌肉不可能結實，他的判斷力也因為從不使用而遲鈍、處事的能力也無法增強。

　　彌勒的說法，其實是一個普通常識，日常生活中我們常常說：「腦子如果不用，久了就會生鏽。」其實就是這個道理。事實上除了某些天生的特性之外，人類大部分的能力都是後天學習的，即使

人生下來會有一些資質上的差異，但是一個人的能力最重要的還是自我訓練，這就是一般人常說的「勤能補拙」、「鐵杵磨成繡花針」。籃球場上的神射手，除了有些天分之外，大部分是因為他比一般人花更多時間苦練；口若懸河、滔滔不絕的雄辯家，是從不放過任何一次表達自己想法的機會，慢慢鍛鍊而成；社會上許多技藝優良的廚師、裁縫師，他們的能力哪一個不是靠時間、汗水點點滴滴累積而成的？很多人只看到別人的成功，卻看不到成功背後所付出的心血和汗水。

　　一個能夠維妙維肖模仿別人的人，如果在影劇界發展，也許可以成為一名被人尊敬、成功的演員，因為模仿力也是一種能力。但是如果一個人做任何事情都只會模仿別人，從不認真思考自己該怎麼做，則他的各種能力將無法獲得充分的發展。一個絞盡腦汁發明出一種新產品的人，他的思維一定是不流於窠臼，才可能產生突破和創新；而所有人類的進步發展，都建立在這種創造性的思維之上。相反的，一個只會仿冒的人，花費的心思雖然比較少，然而對自己能力的精進也相對地變得很有限。所以一個自己做決定的人，才能提升自己的能力，也才能建立獨特的自我。

　　彌勒更進一步指出，如果一個人的生命計畫完全由世界或他人替他決定，他根本不需要任何其他能力，只需要像猿猴一樣的模仿力就可以了。儘管完全聽從別人的指示，也有可能走上正確的或對自己有益的道路，但是即使如此，彌勒認為這樣也會減損作為一個人的相對價值，所以重要的不只是一個人做了什麼，而且是他以什麼方式做這件事。

　　如果一個富家子弟從小在父母的庇蔭下長大，他所做的每一件

事，不論讀書、工作，甚至結婚，都是父母一手安排。即使他自己滿意這樣的生活，從旁觀者的角度，他和布袋戲中的傀儡有何差別？

　　彌勒更進一步指出，如果一個人的欲望和衝動是他自己的，是自己本性的表達，在自己的文化中發展和修飾，他稱這種人擁有一個品格。如果一個人的欲望和衝動不是自己的，則這種人沒有品格，正如一部蒸氣機沒有品格一樣。所謂「欲望是自己的」，背後的意思是有些人雖然有某種欲望，但是嚴格講那並不是他自己的欲望，而是被別人誘導或創造出來的欲望，譬如：朋友慫恿你吸食安非他命，當你拒絕的時候他說：「你真遜，居然沒有吸過安非他命，如果你夠朋友就抽一口。」基於朋友情誼或因為怕被同儕認為自己落伍，因此而產生吸食的欲望，這種欲望就不是自己的欲望。

　　人生是自己的，如何活得比較精彩，只能靠自己找答案。

五、彌勒故事的啟示三：活出自己

　　前面提到，幸福人生的第一個要素是：找到自己、做自己，簡單的說就是不隨波逐流。一個具有個性的人會知道自己真正要什麼、不要什麼，如果一個人的一生是依賴別人替自己做決定，像木偶一樣任人擺布，這種人顯然沒有充分發揮人的價值；這樣的人生不可能感受到生命的光和熱。彌勒認為一個人如果不以自己的欲望、品格作為行為判斷之基礎，就是一個根據習俗而活的人。

　　彌勒對隨波逐流的人有一個生動的描述。他說這種人即使對於只涉及自己的事情，也從來不問自己：「我喜歡什麼？或什麼適合我的品格和氣質？」而是問自己：「什麼最適合我的地位？像我這樣地位和財富的人通常會做什麼？或比我地位更好的人通常會做什麼？」

這裡指的不是他在「隨波逐流」和「適合自己偏好」之間做了比較以後，最後選擇前者，因為說不定自己的特殊偏好就是流行意見，事實上他從來沒有想過隨波逐流以外的偏好。（同樣的邏輯，刻意與眾不同的人也不是真正展現個性，他只是故意和流行的觀點唱反調，這也不是真正的做自己。）所以彌勒進一步描述這樣的人：這樣的心靈並不是自由的，因為即使為了追求快樂，「順從」是他第一件想到的事，他喜歡在群眾中，只在一般人會做的行為中選擇；他避免特異的品味、怪異的行為，沒有自己的意見或情感，直到完全失去自己的本性，作為人的能力萎縮和死亡為止。

為什麼我們不應該隨波逐流？為什麼人應該擁有自己的個性？彌勒強調個性的最重要理由就是人的差異性，他認為每一個人都不完全一樣，由於每一個生命都是獨特的，因此特立獨行既不是隨波逐流、也不是故意標新立異或譁眾取寵，而是因為生命沒有共同的標準答案，「幸福人生」因人而異，所以不同的人需要尋找適合自己的不同生活方式，才能滿足他的幸福。

彌勒把人拿來和機器作一個對比，他指出，人不是機器，機器的性能可以複製，而人不可能複製。譬如：某家廠牌生產、規格相同的手機，不論生產多少成品，每個成品都相同，因為它們都是根據同一個模子建構出來，而且它們的功能也都是依據事先規劃去運作。但是沒有兩個人是完全相同的，雙胞胎兄弟即使外表不容易分辨出差別，也一定有其不同的地方，因為生命不是機器或人工製品，不可能完全一樣。

彌勒以樹木來說明生命的獨特性。他說人比較像樹木，因為樹木和人一樣都具有生命，而有生命的東西最重要的特點就是它具有

發展性，具有發展性的東西就具有不可預測性。所以即使我們在種樹的時候，給予每一棵幼苗同樣的陽光和水分，長出來的每一棵樹也是不一樣的，因為每一個生命都需要根據它生物性的內在力量，全方位的成長和發展；而每一個生命的內在力量不可能像機器一樣完全等同，所以具有發展性的東西，就會具有獨特性。獨特性的個體需要不一樣的生活選擇，所以適合別人的生活方式不一定適合你，即使社會流行的習慣也適合你，如果只是順從，也會失去教育和開展個人稟賦的機會。

　　即使別人可以完全理解你，由別人替自己做決定，將會失去人之所以為人的特點，因為人不只是一部快樂幸福的接收器；只要是人，就會渴望自己的人生自己決定，換句話說，「這是我的人生、我的經驗」，是我存在的一個深層意義，否則我和機器有什麼兩樣？如果我的人生完全由別人幫我安排，我最多只是有感覺的機器而已！對任何一個具有主動能力的人，這件事是極為重要的，那就是：我不只是過生活，而是我自己選擇過我自己的生活。

　　十八世紀法國哲學家盧梭 (Jean-Jacques Rousseau, 1712–1778) 也有類似的主張。通常一個不能自我肯定的人會習慣用別人或流行的標準評價自己，所以他很喜歡和別人比較。盧梭指出，喜歡拿自己和別人比較是不幸的，而且是人類在社會中罪惡的來源。不幸的原因是，拿自己和別人比較永遠不快樂，俗話說 「人比人，氣死人」，因為即使我富有，永遠有人比我還富有；即使我是最富有的，但是我不可能同時是最帥或最聰明的人。為什麼會是罪惡的來源？因為拿自己和別人比較會腐化，不只是想要成為 「第一」 這樣的欲望會導致犯錯，也會使他想要給別人一個良好的印象，而諂媚自己、

諂媚別人。他的外在和內在永遠不和諧，他的一生是一個永恆的騙局。

如果一個人天生具有的某些特質是人力所無法改變的，面對它、接受它，然後在這個基礎上，去尋找這種特質也能有所發揮的行業或行為，創造出適合於這種特質的人也能擁有的價值，這就是活出自己！

8 個性發展的障礙

在社會自由化已經相當成熟的臺灣，「找到自己、做自己」似乎是很容易被接受的觀點；然而一個人要如何才能找到自己，即使找到自己，有沒有足夠的條件可以做自己，這些都不是容易的事。在我們的社會，個性發展會碰到哪些障礙？我提出五點：

一、父母的指導性太強

大多數的父母就像老彌勒一樣，基於疼愛自己的孩子，所以通常會替孩子安排父母認為最好的生活方式，譬如：很小就把孩子送去學習鋼琴、心算、美術、舞蹈等各種才藝；在學業上，許多孩子從小學就被父母送進補習班；等到孩子準備大學聯考時，父母對於他們將來應該就讀什麼樣的學校、科系，幾乎都會提供非常具有權威性的指令。如果一位孩子喜歡哲學，想把哲學系填為第一志願，他的父母很可能會說：「你不可以讀哲學，唸哲學將來要找什麼工作？哲學能當飯吃嗎？」如果孩子回答說：「可是我真的很喜歡哲學耶！」父母可能會說：「你現在還小，你真的懂得自己喜歡什麼嗎？無論如何，絕對不可以讀哲學，將來長大你就知道，父母是對的，這樣做都是為你好！」

我們常常用「這樣做是為你好」，強迫別人做一些他們不願意做的事，這句話背後隱藏兩個假設：⑴我認為好的，對你也是好的；⑵什麼是「好」有一個標準答案。但是這兩個假設都經不起理性檢

驗。

　　如果你有一位非常要好的朋友，他買了某一家蛋糕店製造的巧克力蛋糕，覺得非常好吃，於是他極力推薦你去買，這樣做當然是出於好友的善意。但是如果你根本不喜歡吃蛋糕，或者即使你喜歡吃蛋糕，但卻不喜歡巧克力口味，你顯然不會認為這是真正為你好。所以某人認為好的東西，其他人不一定認為如此，因此上述的第一個假設並不成立。

　　也許有人會反駁說，這樣的類比不適當，因為喜不喜歡吃蛋糕涉及個人主觀偏好，所以會因人而異，但是「讀哲學系好不好」並不是純粹由主觀認定。有些人可能一時沒有想得很清楚，以為自己喜歡哲學，然而一旦步入社會，就會發現讀哲學很難找到工作，更不用說找到好工作，這是一個客觀事實，大概沒有人會認為哲學系畢業會比醫學系畢業容易謀生。所以如果孩子喜歡哲學，父母為了孩子的將來，當然會考慮現實社會的情況，試圖分析各種利弊得失給孩子聽。比較開明的父母，也許可以接受孩子以哲學系作為輔系，或者自修哲學，但是如果孩子想要以哲學作為終生志業，即使是非常開明的父母如果不是設法阻止、至少會產生猶豫吧！父母會這樣做，當然是為孩子好。如果孩子真的喜歡哲學，專攻哲學對他並不是一件好事，因為什麼樣的科系比較好，不是由個人主觀決定，而是涉及一些具體客觀的事實：工作不好找、很難賺到錢。這個論證背後的理由，就是上述的第二個假設：好壞有一個標準答案，但是這個假設站得住腳嗎？

　　對於事情好壞的評價，就是進行價值判斷，有些價值判斷是主觀的，涉及個人的喜好，無所謂對錯。譬如：有人喜歡蛋糕，有人

喜歡水果；有人喜歡古典音樂，有人喜歡熱門音樂；有人喜歡游泳，有人喜歡登山。但是有些價值判斷則是客觀的，1999 年 9 月 21 日臺灣中部發生芮氏規模 7.3 的大地震，造成兩千多人死亡，沒有人會認為這是一件好事；當一個人在病榻前痛苦呻吟時，如果有一位醫生可以立即解除他的疼痛，沒有人會認為這位醫生不應該這樣做；如果知道有人想要自殺，沒有人會懷疑我們應該做的是：設法挽回他的生命。舉凡涉及人性共同的價值都是客觀的，不會因人而異，所以除了非常極端的特殊狀況之外，「生命比死亡好」、「快樂比痛苦好」這類的價值判斷，應該是適用於所有人。

　　然而以「專攻哲學」作為人生規劃，這種涉及生活方式的價值判斷有標準答案嗎？當然沒有。父母不讓子女讀哲學的理由是為子女好，如果這裡所謂的「為子女好」指的是：以哲學為專業將來不好找工作、賺不了大錢，這是客觀事實，似乎沒有什麼可以否認的；但是如果這裡的「為子女好」是指：讀哲學的人將來會比較不幸福，這顯然不是事實。

　　登山比走在路上冒的風險更大，這可能是一個客觀的事實，但是對一個喜歡登山的人而言，登山所帶來的樂趣，絕對值得多冒一點險。2007 年 2 月 20 日馬拉松好手林義傑抵達紅海邊，完成他 111 天、超過 7300 公里橫跨撒哈拉沙漠的壯舉，被全國媒體譽為「臺灣之光」。林義傑經歷無數困難、冒多次生命危險，才達成這個心願。如果林義傑的母親阻止他做這件事，因為她不願意自己的兒子冒這麼大的險，去從事辛苦而且一點也不好玩的事，林義傑會比較快樂嗎？對於一個喜歡長跑的人，一般人認為辛苦的事，他卻可以從中得到許多的樂趣。如果我們不能用「生命安全」這個客觀價值，否

認登山的價值、阻止林義傑跨越沙漠，我們也不能用「錢賺得少」這個客觀價值，否定讀哲學可能帶來的樂趣。

因此，父母的指導性太強，應該是子女個性難以發展的主因。

二、生命課題的責任歸屬不清

當代個體心理學的創始人德國心理學家阿德勒 (Alfred Adler, 1870–1937)，他和二十世紀最著名的心理學家佛洛伊德 (Sigmund Freud, 1856–1939) 都是維也納精神分析學會的核心人物，但是他不同意佛洛伊德的看法，佛洛伊德認為，一個人現在的某些不幸遭遇，歸因於他早年的心理創傷。阿德勒否定這種因果決定論的說法，他認為過去的經驗並不能決定我們，決定我們的是我們賦予那些經驗的意義。他承認，幼兒時期遭受不當對待，對人格的形成會有所影響，但重點是：並不是因為發生了這些事就一定會有什麼樣的結果，而是我們賦予過去經驗什麼樣的意義，才會決定我們自己的一生。所以對阿德勒而言，人生都是自己選擇的結果，不要把一切責任推給過去。

阿德勒的說法有一定的可信度，一樣從貧困家庭長大的兄弟，最後可能造成天壤之別的人生觀。一個可能因為過去的生活太窮了，就以怕窮為理由，貪婪自私，想盡各種方法賺錢，完全不管所賺的錢是不是合法或合乎道德；另一個可能因為在窮困中長大，很能體會貧窮的苦，所以當自己能力夠時，很願意幫助窮人；而且他的人生觀是：只要今天過得比昨天好，就是值得感恩的事。這兩位兄弟的金錢觀的差別，完全在於他們如何解讀自己的過去：前者貪得無厭，以這樣來回應過去的貧窮；後者則知足常樂、將心比心。所以

關鍵不是過去遭遇什麼樣的經驗，而是我們賦予這些經驗什麼樣的意義。

　　阿德勒認為，我們並不是為了滿足他人的期望而活，每一個人要過的都是屬於自己的人生。如果從這個角度來看，親子管教、以及賞罰教育錯誤的地方就在於介入他人的課題。譬如：一個孩子上課不專心、回家也不做功課，父母會怎麼做？通常會想盡各種辦法要讓他用功讀書，好像這樣才是盡到父母的責任，這樣也是為孩子好。但是父母如果採取高壓手段或透過獎懲方式，孩子會用功讀書嗎？答案可能是否定的。

　　如果一個孩子為了獲得獎勵而用功讀書，表示他用功讀書的目的是滿足別人（這裡當然是父母）的期待，並不是為自己而活，養成這種習慣的人很難幸福。因為這種人經常在乎別人的目光、尋求別人的肯定、害怕別人的評論，因此必須刻意壓抑自我的本性，不論課業、工作、為人處世都是如此，這樣會活得很辛苦。如果性格比較叛逆的孩子，說不定父母管教越嚴厲，他越反彈，結果可能適得其反，父母要他用功讀書，他反而越不用功。

　　對阿德勒而言，父母應該問一個問題：「孩子用不用功，將來造成什麼樣的後果，是誰來承受？」答案很明顯，如果孩子的選擇是不用功，結果功課跟不上，無法進入心目中理想的學校，最後要承擔這個後果的當然是孩子自己，所以用功讀書是孩子的課題，父母不應該介入。

　　阿德勒指出，許多父母的確經常用「這是為你著想」這句話來要求孩子，但是很明顯的是，這是父母為了滿足自己的目的，也許是為了虛榮（孩子功課好，父母很有面子）；所以有些孩子會反彈的

　　原因，就是他們看穿父母的用心，父母其實是為了在和街坊鄰居聊天時，可以誇耀自己的孩子多會讀書。

　　但是這樣的觀點並不導出：放任子女愛做什麼就做什麼，父母在教養上所應該扮演的角色是陪伴、並隨時準備提供適當的援助。父母必須清楚知道孩子在做什麼，並且告訴孩子這個世界是怎麼一回事，讓他知道自己如果想要在這個世界生存、找到有意義的人生，他應該有什麼樣的準備。父母必須清楚知道，孩子將來也是一個獨立的個體，如果從小就養成每件事都聽從父母的旨意，長大以後很難為自己找到一條最適合的路。換句話說，父母只能做稱職的顧問，隨時準備協助孩子做適當的選擇，但是最後的決定還是交給孩子自己。而且要讓孩子知道，別人對你的選擇做出什麼樣的評論，是別人的課題，是你無法干預的；如果別人的評論有一定的道理，也許可以刺激自己進一步思考，但是無論如何，別人無法替你做決定，自己的人生是自己的課題，一個人不應該介入別人的課題，也不要讓別人介入他的。簡而言之，人生最後都要靠自己選擇，所以自己的人生要自己負責。

　　因此根據阿德勒的觀點，父母過度關心子女，就是介入孩子自己應該負責的課題；事實上，讓孩子學習為自己的選擇負責，是孩子心靈成熟所必需的；父母介入太多，孩子將永遠長不大。在正常情況下，多數的父母都無法伴隨著孩子過一生，父母會老去，孩子會成家立業，每一個人都是一個獨立的個體。智商、長相是父母可以遺傳給子女的，但是人生歷練和智慧是無法遺傳的，這些都是子女自己的課題，無人能代勞。

　　分不清責任歸屬的管教方式，常常把子女的課題當成自己的，

這只會讓孩子成了「媽寶」，剝奪孩子學習為自己人生負責，也剝奪孩子個性發展的機會。

三、向流行意見低頭

知名歌手羅大佑曾經是醫生，對他而言，當歌手顯然比當醫生快樂；作家侯文詠也曾經是醫生，他在 1999 年出版的小說《白色巨塔》，描述醫院內的一些生態，還被改編成電視連續劇，曾經轟動一時，相信所有人都會同意，侯文詠當作家比當醫生快樂，所以他現在已經辭去醫生的職務，專心當作家。

2009 年 12 月 25 日一名臺大電機系的學生在臺北市的一處山區上吊身亡，根據媒體報導，這名學生是建國中學以極優異的成績畢業，高中畢業當年就推甄進入臺大電機系，曾經因為志願不合而感到苦惱，一再表示要休學重考，他的導師多次約談他，建議他在校內轉系，雖然他後來選擇休學重考，又考進了一所私立大學，但是最後還是以自殺結束寶貴的生命，這是一件多麼令人遺憾的事，問題出在哪裡？

電機系、醫學系都是我們社會公認的第一志願科系，但是在這些科系裡的每一名學生都過得快樂嗎？這些科系真的都適合他們嗎？事實上，所有的問題皆出在「第一志願」，幾乎社會上大多數人都認為，只要考上第一志願，人生從此就一片光明，但是我們隨手都可以找到不快樂的第一志願生。

為什麼醫學系、電機系成為大學入學考試相關類組的第一志願？是因為大家都喜歡當醫生或電機工程師嗎？當然不是，因為大家都向流行價值觀低頭。我第一次參加大學聯考是 1971 年，我高中就讀

的是建國中學，建國中學絕大多數的學生選讀的類組是理工，如果
讀的是文法科，在校園好像低人一等，所以在當時建中高三 26 個班
級中，有 18 班是理工科系，3 班文法科，5 班是醫和農。當年我和
大部分人一樣，選擇理工類組。在 1971 年以前，理工科的聯考狀
元，都是臺大物理系，所以當我還在高中就學時，大部分理工科學
生都以考取臺大物理系為第一志願，當時理科的入學成績普遍高過
工科。

　　但是等我要參加大學聯考的前一年，傳出在美國拿到物理博士
學位的人找不到工作，於是整個聯考志願重新排名，我那一年的變
化最為劇烈：不只臺大電機系變成第一志願，甲組的狀元也出在臺
大電機系；而且以往臺大土木工程系的錄取成績從沒有高過臺大數
學系，也在那一年大逆轉。從此以後一直到現在，電機系沒有再掉
到第二，物理系從來沒有回到第一。難道學生的興趣大轉變？當然
不是，就業、實用的考量變成大學志願高低的最大關鍵。可見絕大
多數的高中生在選擇自己的科系、未來職業時，都是向流行意見低
頭。也許順著潮流走比較沒有壓力，但是順著潮流也是個性很難發
展的一個原因。

　　彌勒認為，個性要得到充分發展有一個先決條件：個人是自由
的。就像養在盆子裡的觀賞性植物，盆子的大小限制了它們生長的
空間；從生命發展的角度來看，栽種在盆子裡的植物對人而言是賞
心悅目，但是對植物本身的生命而言顯然無法得到全面、充分的發
展。同樣的道理，如果每一個人的個性要得到充分發展，也必須在
不侵犯他人同等自由的前提下，擁有一定的自由空間。

　　但是問題在於，有了自由以後，許多人卻不會使用自由。當代

心理學家佛洛姆在《逃避自由》(*Escape from Freedom*) 一書中指出，獲得言論自由是人類的一大勝利，但是有了言論自由以後，人們卻不會利用它，所以當一個人說「我認為」時，常常指的是「其他人都認為」，也就是說人們只會人云亦云，而不會真正自己思考。因此人有了自由以後，仍然受到流行意見、普通常識這種隱形權威所宰制而不自覺；佛洛姆甚至認為，隱形權威比外在權威更為有效。譬如廣告、報章雜誌、電視媒體對一般人的思想和行為所造成的效果，就是最顯著的隱形權威。佛洛姆如果活在現在，一定會發現網路的威力更是無遠弗屆，網路世代更是活在眾人的直視下，很難做自己。因此根據佛洛姆的說法，現代人並不是真正知道自己要什麼，只是在幻覺中過活，靠著盡量和別人一樣得到安全感，把偶而靈光一閃「我是誰」？這樣的疑問壓抑。而這種服從隱形權威的生活方式，使人再度失去自由、失去自我。

在現代社會裡，除非不看電視、報紙，也不上網，否則每一個人幾乎每一天都曝露在各種資訊當中，如果缺乏個人的自主能力，就非常容易把接收到的訊息當成理所當然，久而久之會以為這些就是普通常識，無形中作為我們日常生活中各種判斷的依據，也使我們失去批判能力。商業人士為什麼願意支付那麼高的廣告費用、找來那些明星藝人作為商品代言人，原因就是人們很容易因為偶像崇拜而喪失判斷力。

無法抗拒流行價值觀，或沒有能力對社會主流意見進行批判、反思，使得自由社會的人們雖然擁有法律賦予的自由權，卻等於是不自由的。事實上，迎合社會主流觀點的從眾心理，似乎是人性很難克服的弱點，只有具有獨立思考能力的人才能免於流行價值觀的

誘惑，所以身處於媒體、網路充滿各式各樣誘惑的當代社會，想要活出自己，並不是一件很容易的事。

四、缺少面對自己的勇氣

「父母的指導性太強」這項阻礙個性發展的因素，在我們的社會比西方社會嚴重，這和我們社會自由化的時日不長，以及傳統文化還具有強大影響力密切相關。對待父母的態度，應該是中華文化傳統下的社會和西方社會最大的差別，在英文字裡找不到類似「孝順」這樣的語詞，而「孝順」則是我們社會家庭倫理的核心。儒家的倫理觀念中強調「正名」，所謂「君君、臣臣、父父、子子」，意思就是當君的要有君的樣子，臣子要像臣子，父親則要扮演稱職的父親角色，子女則有子女的規矩。儒家的倫理標準是：兄友、弟恭、父慈、子孝，所以對子女慈愛是道德上合格的父親，而子女的角色就是孝順父母，因此子女對待父母最重要的品德就是孝順，所謂「百善孝為先」，孝順父母在中國傳統社會是天經地義的事。

在我小的時候，《二十四孝》是大人或學校教科書最常引用的故事，譬如：漢朝孝子黃香在父親睡覺前，夏天熱的時候就幫父親的枕蓆搧涼，冬天自己就先鑽進被窩溫暖父親的被褥；還有晉朝王祥臥冰求鯉的孝心，這些都是我們熟知的故事。孔子在《論語‧學而篇》說：「孝悌也者，其為仁之本歟。」家庭倫理一直是儒家傳統最重要的道德要求，對父母盡孝道更是重中之重，所以對父母說話不能大聲、不能違逆父母的意旨、「父母在不遠遊，遊必有方」。在如此強大的道德氛圍中，聽從父母的想法，一般人認為理所當然。所以在這樣的倫理觀的深刻影響下，父母對子女的教育幾乎都是採用

上對下的方式，而子女也習慣於聽從父母的決定，否則就是大逆不道。因此長期在中華文化下長大的孩子，比較缺少面對自己的勇氣，因為他們不敢挑戰父母的權威。

我在美國攻讀博士學位時，擔任幾年的教學助理，後面幾年必須對大學部的學生獨立教授一門課，每次考完試、發下考卷後，美國學生通常會來找我理論，質疑為何某一題給他這麼低的分數。這些會來理論的學生，通常都是因為成績不理想，所以想來要求加分的；雖然他們考試的表現不好，但是在要求我給他們加分的理由，卻可以說得頭頭是道；他們在面對「老師」這個權威時，一點也不害怕，勇於據理力爭。

從這件事就知道，美國從小培養孩子獨立的習慣，所以家庭中父母和子女之間的關係，比較不像儒家傳統下的家庭，他們不是上對下，比較像是朋友關係，因此有些美國家庭對自己的父母都直呼其名，這在中國或臺灣社會絕對是一件不可思議的事。也就是說，美國社會家庭中的父母和子女之間的關係，接近平等，他們的父母會鼓勵孩子表達自己的想法，所以孩子從小就養成獨立思考的習慣，而不是對父母的話唯命是從，因此美國的孩子比較勇於面對自己、做自己。

東西方家庭教育的差別，背後支撐的思考體系一個是集體主義，一個則是個人主義。在集體主義社會中，國家先於家庭、家庭又先於個人，所以「覆巢之下無完卵」，個人的成功被說成「光宗耀祖」，這些都是集體主義的思維。因此在中華文化下的傳統社會，即使連結婚都必須考慮門當戶對，因為結婚不是個人的事，而是家族的事。集體主義價值體系造成的結果是個人沒有獨立的地位，個人價值依

附在群體之上，導致在家庭中子女如同父母的財產一般，對父母的想法必須言聽計從。

在個人主義為基礎的社會中，強調個人的獨立性，這種社會對家庭關係的看法是：即使子女是父母所生所養，但是子女並不是父母的財產或附屬物，子女是未來公民；在身心尚未成熟時，父母具有教養權，一旦子女達到一定的年紀，就被當成完全獨立的個體。因此在個人主義的社會中，父母必須在教養過程中盡快教會孩子獨立，所以在這種社會長大的孩子，比較勇於挑戰權威，敢表達自己內心真實的想法。

在科技文明一日千里、經濟往來沒有國界的今天，東西方價值觀的差異在某些方面會慢慢消除，「培養獨立個性」這件事應該會逐漸成為共識。尤其我們的政治體制基本上就是自由主義的民主政治，所以個人主義的價值觀會透過政治和社會制度，逐漸侵蝕傳統儒家的價值觀，因此「個體」的重要性越來越不能忽略，在某些方面必須「尊重孩子」，成為現代父母的共識。

當我們在祝福某人有一個幸福人生時，已經隱含：他的人生是他自己的，幸福與否也是屬於他的；雖然一個人要獲得幸福，一定也會包含他的家庭是否和樂，這包括他的子女、父母是不是過得很好，但是基本上這些人際關係是構成「他的」幸福的一部分，重點還是「他」作為一個個體是否幸福，所以如何讓「他」能找到屬於他特有的幸福，應該是優先思考的問題。因此，一個人要找到他特有的幸福，必須先勇於面對自己；那個在傳統集體主義中被壓抑的自我，如何獲得適度的解放，也許是我們當前的課題。

這不是完全顛覆傳統，也不是否定傳統的所有價值；而是傳統

上對個人的不當束縛必須解除，這樣才可以讓每一個人發揮他最大的潛能。然而這需要個人的自覺，也需要挑戰傳統權威的勇氣。因此在現實社會各種有形或無形的權威壓力下，如果一個人缺乏面對自己的勇氣，則他的個性將很難獲得充分的發展，他在幸福的追求上也會因此打折扣。

五、欠缺思考訓練

思考能力不足，也是一個人不容易找到自己的一個重要原因。中華文化下的傳統教育方式會從三方面阻礙思考能力：⑴背誦標準答案；⑵要求孩子少說多聽；⑶價值觀單一。而「標準答案」是其他兩個阻力的主因，所以是思考不足最重要的根源。

孔子和蘇格拉底生長的時代相差不遠，雖然他們並沒有機會接觸，但是他們關心的議題卻是相同：他們關心人應該如何過活，他們都認為倫理道德對人生的重要性，然而他們留給後代的遺產，可能就是造成東方和西方思維模式差異的關鍵。

蘇格拉底一生沒有留下任何文字，但是柏拉圖把他在雅典街頭或公共場所與人討論、辯論道德議題的過程，忠實地紀錄下來。蘇格拉底的對手中，有些人是邏輯能力很強、才思敏捷的人，這些人當時稱為詭辯學者 (sophists)，詭辯學者誇口說，他們在法庭上幫人家辯論，如果他們為正方辯論，正方贏；如果幫反方辯論，反方贏。這表示詭辯學者個個辯才無礙、腦筋清楚，蘇格拉底如果不是具有極高的智慧，怎麼可能在論辯中佔了上風？可見蘇格拉底對於道德議題的論述能力非常強，柏拉圖把這些論辯過程一一記載下來，呈現在我們熟悉的柏拉圖《對話錄》中。當代學者認為，當前西方文

明會有今日的發展，最重要的奇蹟之一就是柏拉圖，因為柏拉圖翔實紀錄蘇格拉底與人辯論的整個過程，因此而形成西方社會強調推理、論證的學術傳統。

相較之下，孔子生長的春秋戰國是中國思想百家爭鳴時期，社會上充斥著各種不同的學說，因此孔子要宣揚他的儒家思想、說服群眾，一定會遭遇到挑戰者，所以他必須做兩件事：⑴指出其他學說為什麼不合理；⑵論述自己的想法為什麼值得接受。要完成這兩件事，都必須提出理由、論證，才可能達到說服群眾的目的。因此孔子當年一定和蘇格拉底一樣，必須舌戰群雄、雄辯滔滔，否則在那個思想百花齊放的年代，儒家思想不可能擁有一席之地。但是孔子缺的是蘇格拉底的柏拉圖，因為他留給我們的《論語》幾乎都是結論，極少論證；辯論的過程並沒有被完整的呈現，只留下論證的結果。

中國社會習慣於背誦標準答案，《論語》可能是關鍵。《論語》的文字簡潔有力，字字珠璣，但是大部分只是結論而沒有推論，這養成以儒家為主的社會在教育孩子時不重視推理，只要求孩子記住答案，學習過程中完全跳過質疑、思考的步驟，只要答案正確就好。這造成的結果是：知其然但不知其所以然，譬如：一般人對孔子教化中最熟悉的一句話是「己所不欲，勿施於人」，但是為什麼？難道我不想吃肉，就不應該給別人吃肉？我不喜歡吃甜食，就不應該給別人吃甜食嗎？當然不是，那這句話所指的內容是什麼？在《論語》中完全沒有更具體的說明。

背標準答案的意思是：《論語》所說的就是對的，就是標準答案，與儒家思想牴觸的主張就是假的，不值一提。這樣所形成的價

值觀當然就是單一的，因為正確的答案只有一個，其他都是「邪說」，因此小孩子只能接受，不能質疑。俗話說「小孩子只有耳朵沒有嘴巴」，意思就是要孩子把惟一的真理聽進去，不必用嘴巴提問或質疑。所以我們社會普遍缺乏思辨能力的原因，就是因為我們缺乏思辨傳統和習慣，我們的社會長久以來都認為真理只有一個，只有一種價值觀是正確的，這造成我們的思考簡單化，所以很難接受不同於我們或與我們牴觸的價值觀，我們的思想不夠活潑開朗、心靈封閉僵化，這些都是思考力不足造成的結果。

隨著科技的進展，各種文明的接觸頻繁，我們終於發現人類社會有許多事情並沒有標準答案，譬如：當中學老師比較好，還是當公務員比較好？安穩的工作比較好，還是冒險大、獲利多的行業比較好？允許安樂死比較好，還是不允許比較好？死刑應該廢除嗎？大概沒有人可以給予這些問題一個標準答案，事實上這個世界的複雜性，早就超出只有一套標準答案所能處理的範圍。

長期以來，傳統社會的教育並不鼓勵思辨，討論、辯論、提問都不是教室裡經常發生的事。我自己當了三十多年的大學教授，儘管哲學已經是一門鼓勵思考的課程，但是學生在課堂上提問仍然是一件很少發生的事。中學的教育更不用說了，上對下的講授方式應該是最普遍的上課方式。由於我們的思考訓練不足，能夠對自己及自己的人生進入深層思考的人鳳毛麟角。一個只靠習俗過活、不太會思考的人，當然不容易找到自己。

有人可能會質疑說，社會上每一個人碰到事情都精打細算，誰說他們不會思考？但是這種思考模式最多只是動物性的思考。一個精打細算的人，盤算的都是利益，用四個字就可以描述這樣的思考

模式：趨利避害，但是趨利避害是動物性的本能展現而已，任何一
個動物都會進行這樣的思考，所以如果人只會趨利避害，和動物有
何差別？有啦，就是聰明的動物而已！真正會進行深層思考的人清
楚明白，人的思考不是這麼簡單：只想到「利」而不考慮「義」，這
不是人特有的思維能力之展現。

9 如何找到自己？

　　有些人天生的特質非常明顯，許多音樂天賦極高的人，在小時候就展現出驚人的才華。我和我太太都在大學任教，一點也沒有表演細胞，可是在我兒子四、五歲時，我們就發現他有演戲的天分，一舉手、一投足常充滿戲劇感。但是絕大多數人的特點並不是那麼明顯，常常需要經過一些摸索的過程，甚至在嘗試過錯誤以後，才清楚自己獨特的個性。以下提出幾個方式，有助於自我理解、找到最適合自己的人生路向。

一、養成思考的習慣

　　十九世紀德國哲學家尼采 (Friedrich W. Nietzsche, 1844–1900) 曾經說過：「我們對自己並不熟悉，我們這些所謂認知者，不熟悉的對象竟是自己。這是其來有自的，我既然從未尋找過自己，那麼我們又如何會有找到自己的一天呢？」這個說法有幾分的真實性，有時候我們確實不太瞭解自己，所以找到自己、做自己，講起來簡單，但是怎麼做？養成思考的習慣應該是起點。

　　如何養成思考的習慣？儒家的吾日三省吾身，也許是簡單可行的方法，但是現代人事情忙碌，不容易養成這樣的習慣。所以比較好的方法是經常和別人進行討論或辯論，因為我們每天都會和人接觸，尤其和朋友相處時，多點幽默式的鬥嘴、抬槓，不但可以促進彼此的瞭解，也可以增加生活的樂趣，同時可以讓腦子動一動。在

討論的過程中，可能發現別人的道理比自己更有說服力，因此而拓展自己的視野、獲得更好的資訊；即使參與討論的人無法相互說服而堅持己見，但是參與討論至少可以知道，別人為什麼和自己不一樣的理由，對不同想法會有進一步的瞭解，這對彼此往後該如何相處也有所幫助。

傳統社會父母或老師習慣用「是非題」教導孩子，譬如：你可以這樣、不可以那樣，應該這樣、不應該那樣。因為傳統社會價值觀單一，但是當代社會價值觀多元，有些事情存在不同的主張和觀點，很難找到共同都能接受的標準答案，所以是「問答題」而不是是非題，因此如果要理解彼此為什麼會有不同的想法和主張，就應該多問「為什麼」；對於自己的主張，也鼓勵別人質疑。只有養成講道理、深層思考的習慣，才會慢慢養成「替自己找答案」的自主能力。

網路上流傳一則美國老師如何講述《灰姑娘》的故事，有人故意搞一個中國版，對比兩種文化對同一個故事的呈現方式。美國老師問學生這樣的問題：「如果你是灰姑娘的後母，你會不會阻止她去參加王子的舞會？」她要學生誠實回答，結果學生的回答是：「我也會，因為我愛我自己的女兒，當然不讓灰姑娘去，這樣我的女兒才能當皇后！」於是老師的結論是：「所以我們看到的後母好像都不是好人，然而她們只是對別人不夠好，可是對自己的孩子卻很好；她們並不是壞人，只是沒有辦法像愛自己的孩子一樣去愛別人。」如果我們每一個人都比較關心自己的父母、子女，灰姑娘的繼母比較關心自己親生的女兒，她有比較邪惡嗎？如果灰姑娘的繼母明知灰姑娘比較容易獲得王子的青睞，還鼓勵她去參加舞會，你們會覺得這個繼母是一個什麼樣的人？如果繼母不是聖人，大概很難做到把

灰姑娘當成自己親生女兒一般；如果她只是常人，你會期待她不是這樣做嗎？

　　這樣的討論方式很有啟發性，它讓學生進行角色扮演、將心比心，這可以開拓學生的思考範圍，也讓學生體會到人性的弱點和盲點。事實上從不同的思考角度看問題，也比較可以培養孩子的同理心，增進孩子理解別人的能力。事實上，我們常常用來批評別人的理由，卻忘記用在自己身上；「雙重標準」不只出現在政治人物，也經常發生在一般人身上，就是因為我們很少意識到：「如果我是他，我會怎麼做？」這種同理心的換位思考，這種思考方式是一個人能跳出自己、進入別人心中的思考模式，也是人類理性的一種功能。因此一個具有同理能力的人，才算是真正會思考。

　　相對的，中國版的老師問學生的問題是：「《灰姑娘》出自格林童話還是安徒生童話？作者是誰？哪一年出生？」回答這樣的問題，似乎只需要依靠簡單的記憶力，大腦的其他功能顯然一點也派不上用場。

　　雖然這只是一則網路流傳的故事，但是某種程度真實反應出傳統中華文化薰陶下的社會，比較重視「標準答案」。顯然啟發式、「問答題」、而不是單一答案式的教學，才是培養思考能力的適當方法；因為這樣的教學可以開創思考的空間，帶領學生走出自己固定的思考模式，進入一個未曾探討的領域，思考不同的可能性。一旦養成這種多角度思考的習慣，自然也會以這樣的方式，使用在對自己和他人的生命思索上，因此具有這種深刻思考能力的人，也比較有可能認識自己、認識別人。

　　有人說，小孩子最接近哲學家，因為他們經常問「為什麼」，表

示小孩子具有想要知道事情真相的欲望，大人們把有些事視為理所當然，自然喪失求知的欲望，所以不會再問「為什麼」。最容易被視為理所當然的道理，多半是因為這些道理和自己的想法接近，所以成年人很容易出現慣性思考，形成思考的盲點。因此要養成思考的習慣有兩種方式：(1)如果你是一個自覺力強的人，在經過一點點哲學思考的啟蒙訓練之後，隨時都能意識到，世界上有許多問題並沒有想像的那麼簡單：一般人的想法不一定是正確的，多數人接受的也不一定沒有問題，所以絕對不放過任何可以懷疑的地方，持續追問「為什麼」，這樣很容易養成思考的習慣。(2)如果你不是一個反思能力強的人，要養成思考的習慣最好的方法是找一位喜歡和你抬槓的朋友，也就是接受彌勒的建言，找一位魔鬼代言人，隨時挑戰自己、逼迫自己進一步思考，這也是訓練思考的方法。

德國暢銷書作家普列希特在他的《我是誰》這本書中表示，「提出問題」是一個永遠不應該喪失的能力，因為提問才可能獲得學習的機會，只懂得享受而不學習的人將會變得愚笨。所以如果你不想變笨，多多思考吧！

二、在人際關係中發現自己

很少人可以經由枯坐冥想而認識自己，要認識自己、瞭解自己，必須接觸別人，因為只有當自己和別人產生交流時，才更能看清楚自己。所以一個人想要瞭解和發現自己，最容易的方式是把自己放在人際關係中；「別人是自己的一面鏡子」，在人際關係中可以照出別人，也照映出自己。

譬如：你和一位友人約會，結果他遲到了一個多小時，這時候

你會有什麼樣的反應？有的人可能無所謂，反正自己也經常約會遲到；有的人可能會無法忍受，認為對方太不尊重別人，因此決定從此和他疏遠。當然大部分人對於別人遲到太久，一定會不高興，但是不高興的程度，顯示出一個人對「遲到」這件事在乎的程度，多少也顯示出他是一個什麼樣的人。

我就是對約會遲到這件事會生氣的人。年輕時在臺大和女友約會，只要她遲到五分鐘以上，我會生氣，當然我會告訴她原因：遲到是對別人不尊重、把別人的時間當成可以隨便浪費。所以我們家早就知道約會準時是我很堅持的原則，包括我的妻子、女兒、兒子，只要和我約會，沒有人敢遲到，如果萬一趕不上，一定先告知；包括我所有指導過的碩博班學生都知道這項原則，因此幾乎沒有人和我約會不準時。我就是極重視守時的人，我不只這樣要求家人、朋友，更要求自己；有時候和不熟的人約會，即使我知道他們不見得在乎守時，但我自己一定準時。對不是很熟的朋友遲到，我不會太生氣，因為他們不瞭解我的原則；但是如果一個和我約會常常不準時的人，我不大可能和他成為好朋友。約會準時是我絕不妥協的原則，因為那就是我。

有些事情對某些人不太重要，但對別人卻很重要；你會討厭或喜歡某一個人，常常反應的是你自己的價值觀。約會遲到只是一件小事，對於這種事情的反應只是你人格的一小部分，如果你要看清自己更多，最好的方法就是投入群體活動，譬如：學生可以參加學校的社團；一般人可以參加環保團體、社運團體，甚至參與政治性的活動，讓自己和別人接觸的面向變多，測試自己性格的點就越增加。

　　參加團體活動，與他人互動的時間和項目會增加，所以不只需要學習如何處理複雜的人際關係，也會在和別人更多面向的接觸上更清楚自己的特點。有些人重金錢不重友誼，有些人為朋友可以赴湯蹈火；有些人非常顧家，有些人成天在外鬼混；有些人認為小氣的行為，你可能認為是節儉。所謂「別人就是自己的一面鏡子」指的是，你對待或看待別人的方式，反應的就是自己，因此多投入群體活動、多接觸形形色色的人，你會更知道自己是一個什麼樣的人。換句話說，走進人群，可能找到自己。

　　更可能發生的事是，在人際關係中你會修正自己，讓自己變成一個更好的人。譬如：我生來個性比較急躁，對不滿意的人或事，很容易動怒，批評別人的話從不拐彎，講的坦率、直白，而且自認為理直氣壯，也因為這樣，年輕時代不知得罪了多少人；更糟糕的是，有時候罵人罵的暢快，但事後的心情並不愉快。我太太知道我的正直、善良、誠懇，也知道我的性格剛烈，常常一時按捺不住怒火，所以經常不斷提醒我：你可以換個方式講話，效果也許會更好。她事後分析給我聽，她說，我的主張很有道理，但是表達方式常會令人難堪，所以別人第一個反應就是防衛，當別人一生出防衛心時，只準備反擊，我講話的內容即使很有道理，也像過耳雲煙，這樣一來，再有道理的話也是白說，而且還得罪了人，這顯然不是聰明的做法。

　　事後想來，我太太的話的確有道理，我每次在公眾場合和人爭論得臉紅脖子粗，都覺得自己是有道理的，但是實際上說服的效果趨近於零，當我先用責怪、嚴厲、情緒性的語氣對別人說話，別人也以情緒對抗，理智的空間已經被鬥氣填滿，所有的爭論最後只是

白費力氣而已。「江山易改本性難移」，我知道暴躁的人不可能變溫和，可是現在我比較可以在發表意見、批評別人之前，先忍一下，想一想應該如何表達，即使我不可能成為一個和藹可親的人，但是現在的我比較不會情緒化的發言，說服力也因此而增強。因此在人際關係中，我發現自己的缺點、學習自我調整，讓自己成為更好的自我。

只要是人，必須和他人共同生活，事實上在人群中過日子是人類社會性的本質，因此一個人在人際關係中的成功或失敗，相當程度決定他的人生是否幸福；所以「我是誰」這個問題，在人際關係中才能找到比較具體的答案，因為拿別人和自己對照更能看清自己，確立那個不能妥協、不能逃避的「我」，它將承載我一生所在乎的喜怒哀樂、憂苦愁煩，步上屬於我自己獨特的人生旅程。離開人群，很難發現這一個自我。

此外，想要擁有良好的人際關係，必須將原始、毫無修飾的「我」，磨練、修正，去除不必要的稜角，成為一個成熟的我，這樣的「我」才能妥適、安穩地融入人際關係之中，在人類社會中追求快樂生活。至於我的哪些特質需要修正，也只有在和他人交往、磨合的過程中，才能夠彰顯出來。

再強調一次：走入人群，才能找到自己。

三、經常表達自己的意見和想法

表達自己的想法有兩個功能：自我理解和自我成長。有時候我們在聽人家講話，心裡可能有些不同想法或感受，但是要清楚把心裡的想法講出來，並不是一件容易的事；因為思想速度比較快，而

　　且沒有整理的思想其實是跳躍、混亂的，因此想要把心裡想的講出來，一定要經過整理、組合的過程。所以一個不常表達意見的人，心裡想的不一定能清楚、有條理地說出來。事實上任何人要能完整、充分地把自己心裡想的都講出來，需要相當多的練習，而且試圖表達自己思想的過程中，無形中會加深對自己的瞭解。

　　此外，一旦講出來，有可能發現論點之間的邏輯結構並不嚴謹，連自己都無法說服；或者講出來之後遭到別人的挑戰或質疑，所以必須進一步釐清自己的想法，使它變得更有說服力。有時候我們一開始以為正確的觀點，講出來以後可能經不起檢驗，導致我們必須放棄原來的想法。在這種修正、放棄、重建論點的過程當中，一方面我們會更瞭解自己為什麼而堅持、也更清楚自己的優缺點。表達意見是呈現自己；將論點公開，接受他人檢驗則是挑戰自己，挑戰可以使自己的想法更成熟，某種意義上也是逼迫自己成長。

　　傳統上我們是一個不善於表達的社會，其實表達自己的想法是自我成長最簡單、有效的方法，一個人在整理自己的觀點的過程當中，「自我」的概念會越來越清晰。因此最好的自我訓練方式就是：碰到任何可以發表意見的場合，一定要積極主動發言。

　　可是由於我們習慣於「聽」、不習慣於「說」，所以公開、主動表達自己的觀點，一定會有些心理壓力，因此需要一些膽量，但是這絕對是可以訓練的。沒有人是天生的演說家，任何人第一次在大眾面前講話，緊張害怕是必然的，但是只要鍥而不捨、一試再試，久而久之，公開表達自己的意見和觀點一定會變成是一件很自然的事。

　　我自己的成長過程就是最好的見證。我生長在以農、漁為生的

關渡，關渡雖然在臺北市近郊，但是在 1950 年代卻是一個窮鄉僻壤，全村 90% 的土地都是稻田，只有一間小學。我生性內向，由於從小功課很好，小學二年級被老師指定擔任班長，一直到六年級；班上偶爾開班會，老師要求我上臺擔任會議的主席，雖然全班都很熟，但是無論老師怎麼強迫，我就是不敢上臺。到了中學，我必須到鄰近的北投初中就學，上學的交通工具是火車，每天在火車上只要旁邊坐的是女生，我連頭都不敢動。

1988 年我進入臺大哲學系任教，當時正好臺灣解除戒嚴，社會上幾乎天天都有街頭運動，所以我在教學研究之餘，投入許多的政治活動，尤其是選舉。我經常在大型的群眾造勢場合演講，慷慨激昂。有人告訴我母親這件事，我母親的回應是：「我兒子又不會講話。」在我母親心目中，我一直是不敢講話、不會講話的孩子，因為以前的我確實如此。

我的轉變發生在大學時期，在中學以前，除了私下很調皮之外，沒有人能從我身上看到什麼樣的特點，我是一個極其平凡的人。到了大學，我問自己：「如果一個將來想為這個社會做點什麼的人，在公眾面前連一句話都不敢講，這樣會有什麼希望？」於是我決定改變、開始要求自己，只要任何可以公開發表意見的機會，決不放棄。

當我第一次逼自己上臺表達意見時，心裡只能用「天人交戰」形容，最後上去以後，面紅耳赤、講得又急又快，下臺後餘悸猶存、心跳飛快。然而幾次之後，就慢慢習慣了，雖然緊張還是難免，但是已經比較能夠邊講邊思考；至於現在，我心裡想什麼，幾乎都可以充分的表達出來。所以我現在四處演講，有時候聽眾甚至上萬人，都能侃侃而談，面不改色。我母親認為我不會講話是對的，因為她

認識的是以前的我，但是以前不會講話，不代表永遠不會。

　　我從自己身上理解到，真正的本性很難改變，到現在我還是一個內向害羞的人，但是現在的我卻可以稱得上能言善道。因此一個人只要有了清楚、堅定的人生目的，為了實現這個目的，一定會刺激自己進行必要的自我改造。

　　我在臺大教書、生活超過三十年，中午經常一個人在外吃飯。這三十多年來，我用餐地點幾乎一成不變，就是那三、五家；有時候看到一家新開的餐廳很想進去試試，但是經常在外面徘徊、躊躇一陣子，最後還是回到老地方，因為除非有人陪我，否則我一個人不敢進去。幾乎很少人會相信，像我這種在大眾媒體經常出現的公共人物，居然一個人進一家沒去過的餐廳會有些膽怯。其實只要碰到陌生的地方、陌生的人，我永遠都有一分羞澀，這是一般人很難想像的，但是內向的我知道，陌生的事我就是會覺得不安。可是只要面對社會出現不公不義，我一定挺身而出，再多的群眾壓力，我也是雖千萬人吾往矣，完全忘了害怕、害羞這回事。

　　我的人生邏輯是這樣：生命不想白活，迫使我訓練自己成長；表達自己的理念，更進一步強化我的人生目標。到目前為止，運作良好。

四、勇於接受挑戰

　　我在外面演講，經常提到自己小時候的生活很苦，但是我很感謝自己生長在苦難的環境。如果可以選擇，應該沒有人會選擇出生貧困，可是從另一個角度來看，如果不是貧困，也許我的許多能力根本沒有辦法磨練出來。

　　我就讀建國中學高二那年，因為家裡出了狀況，不得不到親戚家住，親戚務農，我每天早晚必須幫忙做一些田裡的工作，親戚提供給我衣食和零用錢，才拿得心安。到了高三，同學們不是補習、就是找家教，大家都在為大學聯考衝刺，但是我每天還是要花三小時通學、至少一小時在田裡工作。有時候半夜醒來，想到別的同學在大考關頭，受到家裡百般照顧，而我卻無法專心讀書，不禁悲從中來，幾次在被裡掉淚。

　　考上大學，我幾乎靠自己養自己，除了當家教之外，當時的社會經常有公益團體舉辦徵文比賽，只要有這樣的比賽我就投稿，因為獎金對我是一筆不錯的收入。我後來告訴兒子：「爸爸文章寫得好，就是因為當時必須靠寫文章投稿賺取獎金，文筆就是這樣磨練出來的。」如果不是因為家裡窮，大學生活多彩多姿，除了對寫作有特殊興趣的人之外，誰會去辛苦的寫稿？人天生的有些才能像一塊璞玉，沒有經過生活的磨練和考驗，很難激發出自己的潛能和特色，我自己就可以證實這一點。

　　1880 年出生於美國的海倫·凱勒，一歲多時患了急性腦充血，導致聽覺和視覺喪失，她憑著驚人的毅力，完成哈佛大學學業。她一生致力於改善殘疾人士的生活環境，獲選為《時代周刊》「人類十大偶像之一」，有人推崇她是「人類的驕傲」。

　　苦難的降臨，並沒有徵求當事者的同意，但是只要適當調整自己的心態，勇於面對它，苦難絕對不是災難。孟子說：「天將降大任於斯人也，必先苦其心志，勞其筋骨，餓其體膚，空乏其身，行拂亂其所為，所以動心忍性，曾益其所不能。」所以生活中的每一個磨練或挑戰，是機會、也可能是打擊。把挑戰當成機會，常常能創

造出更好的自我；如果把挑戰當成對生活的一個挫敗或打擊的人，生活的前景就會越想越看不到希望。人生一定會有挑戰，所以與其逃避或抱怨，不如面對。

天下父母心，幾乎所有的父母都怕自己的孩子吃苦，所以只要能力所及，都會盡量提供子女各式各樣的照顧。但是如果過度的呵護，孩子反而成了溫室中的花朵，很難承受外面的風雨摧折；事實上被過度保護長大的孩子，很難處理人生中不可避免的挫折、失敗和不如意。隨著經濟發展，臺灣的家庭已經普遍脫離過去的貧困，父母在經濟條件大幅改善後，不願意自己的孩子像自己過去那樣，加上現代家庭的子女又少，「被寵壞的世代」因此誕生，這種環境長大的孩子抗壓力小，社會上常把這一代青少年冠上「草莓族」，就是這個道理。

所謂「人生不如意十常八九」，應該沒有例外，任何人一生當中一定會碰到失敗、挫折，如果父母照顧越多，孩子承受挫折的能力越少；所以人生多少存在著矛盾，出生或成長的環境比較好，往後的人生可能反而比較不好。偶爾我和學生提到自己的出生背景時，有的學生會說：「老師，誰叫你倒霉活在那個年代。」我通常回答他們說：「其實你們才倒霉，你們小時候沒吃苦，長大了受不了苦；所以我的人生前半場活得辛苦，你們可能是後半場過得不好，誰比較倒霉呢？」

苦難可以使人成長，因為苦難可以逼出人的潛力；但是如果不是成長在苦難中的人怎麼辦？答案很簡單：勇於接受挑戰或主動尋找挑戰自己的機會。而且在所有有益於「自我瞭解」的過程中，最重要的就是親身經驗，而只有在充滿挑戰和考驗的情境中，最能夠

顯示個人的特質，所以找機會自我磨練是自我成長、認識自己的適當方法。

　　其實生活本身處處是挑戰，所以生活的層次越豐富、挑戰越多元，對於自我的認知會越清楚，因此彌勒重視對於各種生活方式的實驗，如果用我們現代的語言就是鼓勵我們多去「體驗人生」。當然有些生活方式是絕對有害的，完全沒有嘗試的必要，譬如：吸毒、賭博、酗酒。而有些生活方式的嘗試不但可以增廣見聞，也可以讓自己在親身體驗中，找到最適合自己的生活方式。

　　但是要如何才能拓展自己的人生經驗呢？主動承擔責任或工作是一個很好的方式。「多一事不如少一事」是一般人偷懶的想法，但是偷懶的人永遠學不到東西，因為「多一事」也可能是「長一智」。我常常告訴學生，在學期間，一定要參與社團，而且不是只去參加社團活動，而是爭取擔任社團幹部，主動承擔活動，這對自己最有收穫。因為一個活動要能成功，對承辦者是一個很大的考驗，而考驗和挑戰才能逼使自己成長、也才能使自己更瞭解自己。

　　譬如：學校校慶舉辦園遊會，負責班上攤位的同學一定會比較辛苦忙碌，但是不論最後這個攤位的經營是成功或失敗，他們都可以從這樣的經驗中學到很多東西。因為在規劃這個攤位時，他們一定要考慮很多事情，包括什麼樣的內容最能吸引人？如何宣傳才會成功？人力應該如何配置？攤位內部和外部如何設計？他們的思考是否周延，最後的成果就是最好的檢驗；即使是失敗，他們也學會將來碰到類似情形應該如何改善。

　　主動承擔責任，就是把自己丟到一個充滿挑戰的位子，挑戰越多，個人的成熟度越高、對自我的認識也會增加。所以挑戰、苦難、

挫折可能是成長的養分；因此勇於面對挑戰，這會使一個人在面臨人生不可抗拒的挑戰時，比別人更容易過關，因為他心裡早就準備好了！

五、閱讀通俗的哲學書籍

　　在臺大教書，我有時候會開一些給全校學生選修的通識課程，許多學生來修這門課，並不是喜歡哲學，他們的目的只是為了滿足畢業規定的通識學分；面對這樣的學生，我會告訴他們：「如果只是為了滿足通識學分要求，這個課不是很好的選擇，因為這不是營養學分，我會和一般課程一樣要求大家。但是哲學課其實對每一個人都很重要，如果你們想得到一點人生智慧，一定要讀一點哲學；你們想想看，從古到今，那麼多聰明的哲學家在思考一些你們覺得無聊的問題，一定有它的道理。」

　　哲學所涉及的範圍很廣，有些哲學問題可能和實際人生無太大關係，但是對一個人的「思考」訓練一定有幫助，因為以哲學的方式處理任何問題，都是「講道理」。至於哲學在處理人生相關問題的成果，任何人都可以獲益，因為只要是人，都逃不了生老病死的生命邏輯。專業的哲學研究，不論書籍或論文，艱深難懂，尤其在當代學術規範的標準下，這些作品應該只有哲學專業的人會有興趣，一般人大概都會望而卻步。可是坊間現在出現許多推廣哲學或通俗哲學的作品，是用一般人可以理解的文字，描述難懂的哲學思想；因此多閱讀這方面的書籍，對任何人思考能力、思考習慣的養成、以及人生的啟迪，都會有一些幫助，因此也有益於個人深層的自我認識。

　　這類通俗哲學書籍的作者都受過嚴格的哲學訓練，有些作者的文筆和表達方式會令一般讀者喜愛。舉個實例，我在學校之外有一個讀書會，參加的成員有許多是屬於「上流社會」的人，她們的經濟條件都比我好。這個讀書會到現在還在運作，我帶她們閱讀的書籍，全部都是哲學性的；並不是每一位成員的英文都很好，所以我不可能要求她們閱讀原文書，每次選書，我都是到臺北書市去尋找一些翻譯的作品。這樣的讀書會，到現在已經超過十年；讀書會這些有錢的女士們還是樂此不疲，不願意放手。

　　這個一直以閱讀通俗哲學書為主的讀書會，是從 2006 年開始，因為其中一位成員認識我，先找我去給她的一群好友們演講，接著要我帶領她們讀書；我只能教她們哲學，帶她們讀哲學書。剛開始的時候，每個星期聚會一次，後來因為這樣對我的負擔太重，一方面，我帶她們閱讀的書籍，根本無益於我的學術研究；另一方面，那些她們勉強可以讀懂的書，並沒有學術價值。所以為了要帶她們讀書，我必須額外花時間選書、讀書，這些都要佔用我教學、研究以外的時間。因此後來從一星期一次，改成隔週一次，最後是一個月一次。

　　曾經有好幾次我告訴她們，我們可不可以到此為止，因為這個讀書會實在佔去我不少時間，她們的答案都是否定的。一直到 2014 年，我實在覺得自己付出夠多了（花時間、堅持不收錢），所以決定片面停止，不管她們如何哀求，都不為所動，開她們玩笑說「八年抗戰該結束了」！

　　這個讀書會因此停了將近三年，這三年間，她們之中和我比較熟、平時也有來往的成員，經常要求我再開課。我這個人心軟，抵

不過她們三番兩次的苦求，2017 年又恢復每個月聚會一次，一直到現在。

我說這個故事，要表達的是：為什麼這些家境富裕、衣食無缺的人，如此期待我帶她們讀書，而且讀的都是哲學書？如果不是她們從閱讀通俗哲學書籍中得到養分，她們並不是閒閒沒事幹。其實這些人平時有不少應酬，而且她們交友的圈子活動不少，所以她們可以每天都非常忙碌，卻數度懇求我帶她們讀書，這可以證明這個課對她們是有幫助的。

許多物質生活豐厚的人，也許不能體會精神上富有的重要，一旦讓她們發現精神養分所產生的神奇效果，她們就無法割捨，我的這群讀書會朋友就是如此。哲學讓她們思考日常交際應酬中不會思考的東西，也讓她們品嚐到另一種甜美。物質和精神對幸福人生都很重要，她們在我的讀書會這麼多年，一定最能感同身受。

也許哲學一開始會令人感到無趣或甚至是畏懼，但是如果有適當的引導，就會慢慢感受到它的滋味是深遠雋永的。我再一次要強調的是，自古以來那麼多偉大的哲學家在思考一些一般人可能認為無聊的問題，其中一定有點道理。坦白說，作為所有動物中唯一最具有思考能力的物種，我們把大部分的腦力浪費在瑣碎的事情上，讓自己過著和一般動物差不多層次的生活，這實在有點糟蹋作為「人」的優點。所以大家可以到坊間採購一些通俗易懂的哲學書，稍微收起一下浮動的心，給哲學一點時間，也給自己的大腦一段冷靜的空間，思考一些比生活瑣事還要嚴肅的問題，也許可以因此替自己的未來，找到一個比較合理的幸福方向，長期來說，這樣的投資一定是值得的。

10 關懷他人對自己有什麼好處？

　　我們前面說過，一個有意義的人生或者幸福人生有兩個要素，一個是找到自己、做自己；另一個是關懷他人。第一個要素強調做自己，但做自己並不是自私自利，任何一個人不論有沒有獨特個性，如果想要開創一個有意義的幸福人生，都需要第二個要素，也就是說，幸福人生絕對包含關懷他人。

一、都是個人主義惹的禍？

　　「做自己」很容易和自私自利混淆，但這是兩個不同的概念。強調個體性或獨特的自我，背後的精神是一種個人主義，而個人主義並不等於自私自利。如果用哲學的專門術語，個人主義是一種形上學的主張，它認為人就像是原子一樣，是各自分離的，原子和原子之間會建立關係，但是不論這些關係多麼親密，最終還是獨立的個體。因此個人主義認為，人都是獨自存在的個體，我們如果要理解人類為什麼會形成社會，一定要先瞭解個體的特點，從這些特性，才能知道人與人之間應該如何建立良好的關係。因此，個人主義主張，個體的特性先於社會而存在，人先是一個個體，由於這樣的個體具有群性，也就是具有喜歡和其他個體親近的特性，所以才會形成社會。所以個人先於社會，理解個人的特性，才知道如何創造一個適合於這些特性的社會。

　　有人認為，人一生下來就在一個家庭之中，受到家庭教化的影

響，所以是先有家庭才有個人，因此個人的特性是由社會塑造的。但是個人主義認為，有些社會為什麼運作不良，就是因為它的設計或運作的方式違反人的特性，良好的社會必須先知道人作為一個人的特點，所以合乎人性的社會制度或設計，才可能是一個好社會，因此個人所具有的人性顯然先於社會。

如果我們理解個人主義只是一種形上學主張，強調個人的特性先於社會，就不會將它誤解為自私自利。事實上個人主義反而會導致一個當代社會幾乎普遍接受的結論，那就是每一個人都是平等、尊嚴的存在者，每一個人都是重要的，沒有一個人的生命可以被輕視或任意剝奪。自私自利當然是社會道德敗壞的一個主因，但是它和個人主義並沒有直接關係。

不能否認的是，強調個人主義的社會比較容易變成自私自利，因為一旦我們給予個人高度的尊重，很容易在人與人之間建立一道牆：重視別人的隱私，不能介入別人的事務，變成「個人自掃門前雪，休管他人瓦上霜」，每一個人各自為自己的生活負責。這樣的思維模式，似乎鼓勵自私自利，然而在邏輯上並不必然如此。一個重視個人自主性、特性，強調個人尊嚴和價值的社會，與重視道德、譴責自私自利的行為，完全相容。

俗話說：「人不自私，天誅地滅。」不可否認，自私自利也是人性極為頑強的一面，但是它只是人性的一部分，並不是全部。主張性善論的孟子，甚至否認自私是基本人性，《孟子‧公孫丑篇》說：「人皆有不忍人之心者：今人乍見孺子將入於井，皆有怵惕惻隱之心；非所以內交於孺子之父母也，非所以要譽於鄉黨朋友也，非惡其聲而然也。由是觀之：無惻隱之心，非人也；無羞惡之心，非人

也；無辭讓之心，非人也；無是非之心，非人也。」古今中外有不少思想家主張人性是善而不是惡的；但是也有思想家主張人性是利己的。一般比較可以接受的是：人性有自私的一面，但是也有利他的聲音，可見強調人性，並不必然導致鼓吹自私自利。

　　更何況人性除了利己和利他的欲望傾向之外，更重要的人性面向是人具有理性。許多西方哲學家最為重視的人性，反而是理性，因為理性恐怕才是主宰人類行為最重要的因素。即使一個具有自私傾向的人，在理性的檢視下，也可能收斂自私的欲望，而從事合乎道德上要求的行為。理性被許多哲學家當成人最重要的特性，事實上人就是在理性的引導下，發現道德的重要性。

　　向自利傾斜的個人主義是不健康的個人主義，健康的個人主義重視自己也重視別人，所以社會道德墮落不是個人主義惹的禍，而是人沒有善用理性。真正有智慧的人知道關懷他人才能增進自己的價值、創造一個有意義的人生。

二、人性的另一個面向：群性

　　雖然每一個人都是獨立的個體，但是人也具有群性或社會性(sociability)，這個特性指的是：人喜歡、而且需要和他人生活在一起；就像水會往下流、植物會向陽光的方向傾斜一樣，人會向人靠攏。人的群性或社會性至少有兩個面向：⑴人需要重要的他者(significant others)；⑵人需要和他人一起生活。先談第一個面向。

　　人一出生就在一個家庭之中，而且不像有些動物，出生不久就具有自我生存的能力，人的成長期相當長，至少需要十多年，才有能力靠自己生存，所以人必須依賴父母或親人的養育才能存活。這

種依賴，自然形成彼此極為親密的關係，所以在一個正常成長的家庭中，父母愛子女、子女愛父母，這是極為自然的事。而且幾乎對每一個人而言，家庭生活是否和諧美好，對個人生活影響很大，一旦家庭中這種親密關係遭到阻斷或破壞，會對個人造成很大的傷害，也會影響幸福生活的追求。所以通常一個美好生活，需要和親人維持良好的關係，家庭破碎或家庭生活不和諧，個人的幸福一定會打折。當然這並不表示孤兒注定不幸福，因為孤兒長大之後可能獲得珍貴的友誼，滿足群性的需求。

在個人達到可以獨立的年紀，朋友的重要性也增加，所以重要的他者會從父母、親人擴大到朋友。一個人一生如果沒有一個好朋友，他的生活應該是孤單的。我兒子小時候和我無話不談，到了高中以後就不太理我了，他的談話對象變成學校裡的同學，同儕成為他生活的重心。在他還依賴我的時候，我是他生活的焦點，因為他凡事都需要我的幫忙和協助；一旦到了不需要依賴我的年紀，我們之間的偏好或興趣或話題，就不如他和同儕接近，所以和父親相處，不如和同學在一起有趣。「代溝」有時候指的，不只是不同世代之間的想法出現差距，更明顯是指不同世代間的吸引力會減少。所以人一旦脫離父母而獨立，朋友常成為重要的他者。

沒有人不需要朋友，當父母的話題或興趣失去吸引力時，找一個可以互相談心的朋友，可以說是人的自然需求；即使家庭生活和樂的人，也需要朋友，因為友誼可以增加生活的樂趣、豐富生活的樣貌；良好的友誼關係是一件極為享受的事。所謂獨樂樂不如眾樂樂，良好的友誼生活可以使快樂加乘。

因此父母、家人和朋友是每一個人生活中不可缺少的重要他者，

人需要生活在重要他者的相互關懷中，才會是一個美好的生活，所以獨立的個體仍然需要他人，擁有良好關係的重要他者，才可能是一個令人滿意的生活。

人的群性的另一個面向是：除了重要他者之外，人需要和他人一起生活。也許一個人有了獨立能力以後，就可以脫離人群、遺世獨立，譬如躲到深山裡隱居，但是這樣的生活絕對不是最好的。除非具有特殊的宗教信仰，否則獨自一人過活的人生，很難說是一個值得祝福的幸福人生。

人必須和他人一起生活至少有兩個理由：第一個理由是前面強調過的，群體生活能夠創造更多的快樂，譬如：一個人吃飯應該沒有什麼趣味，但是如果有一位好朋友陪你一起吃，說說笑笑，絕對是一件比較快樂的事。再以打籃球為例，一個人打球，只能自己投投籃，除非是職業球員練球，否則這種投籃大概撐不了一個小時，就會覺得無聊斃了；如果有一個人陪你一對一鬥牛，趣味就增加很多；如果能湊成三對三打半場，會更好玩；如果五對五打全場，喜歡籃球的年輕人可以一打就是幾個小時。

必須和其他人一起生活的第二個理由是：我們都需要和別人合作，才可能提升生活品質。人的體力、智力、能力都是有限的，所以生活上有非常多需要別人協助的。如果只有一個人過活，為了維持生存，他每天光忙著「吃飯」這件事可能就忙不完，因為他必須自己種稻、種菜，自己製作煮飯做菜的各種器具、找柴火、還有油鹽醬醋各種佐料也要自製；如果再加上衣、住、行，光維持基本的生存就要忙翻了，不可能談生活品質。因此如果一個人除了衣食溫飽之外，想要過一個可以享有休閒、娛樂的生活，必須透過分工合

作才能達成，只有分工得宜，而且各盡其責，人才有可能擁有閒暇時間享受人生。

　　當然這一切最重要的關鍵是：「分工得宜、各盡其責。」才會是一個良好的社會。如果社會的運作不良，生活於其中的人，有可能未蒙其利先受其害。譬如：如果我們生存的社會犯罪率高，偷、搶、拐、騙經常發生，每天生活提心吊膽，任何人都很難在這樣的社會找到幸福。也就是說，即使人們必須生活在一起才能創造更多的快樂、享有更精彩的人生，但是前提是這些人必須有良好的分工，而且各盡其責、安分守己，大家一起生活的好處才能夠真正實現。

　　上面這樣的結論，已經呈現出道德和美好生活的聯結性：一個人人各盡其責、安分守己的社會，就是一個相當有道德的社會；而生活在一個道德水準比較高的社會，個人比較可能獲得幸福。如果有機會選擇，有人會選擇一個道德水準比較低的社會過活嗎？應該不會，因為大家都知道，生活在一個越有道德的社會，個人的安全和幸福就越有保障。那道德是什麼？

三、道德的定義

　　當代倫理學的研究中，大多數把「倫理」(ethics) 和「道德」(morality) 當成同義詞。但是如果要嚴格區分這兩個詞，「倫理」所涉及的範圍比「道德」更為寬廣。一般來說，涉及道德討論時，經常使用的語詞可以分為兩組：一組是對的或錯的、應該或不應該；另一組是好的或壞的、善或惡。第一組是用來描述「行為」，譬如：小張在考試時作弊，我們會說他這樣做在道德上是錯的，或者他不應該這樣做；第二組字則用來描述行為者的動機、行為所造成的結果、

以及品格，譬如：地震造成災情，小李捐錢給慈善機構協助救災，這時候我們比較關注的可能不是小李的行為，而是小李這個人，我們會說小李：心腸好、動機良善。

值得注意的是，一個道德上對的行為，並不一定出自良善的動機，以上述小李捐錢給慈善機構為例，他的行為在道德上是對的，但是從他表面上呈現出來的行為，我們無法真正知道他這樣做的動機是否良善，如果他純粹為了救災而捐出款項，動機當然是善的；但是如果他是為了沽名釣譽，他的行為仍然是對的，但動機卻不是好的。同樣的，一個道德上錯誤的行為，行為者在從事該行為時，動機不一定是惡的，譬如：一個人想要幫助別人，卻判斷錯誤，反而害了人，這樣的行為是錯的，但動機卻是善的。

如果我們分清這兩組字的正確用法，日常生活使用「善行」兩字，其實包含兩個不同的內涵，這兩個字的意思是：該行為是道德上對的，而且行為者在從事該行為時，確實是基於良善的動機。

分別這兩組語詞，我們就可以對狹義的「倫理」和「道德」進行區分，狹義的「道德」指的就是只涉及行為對錯判斷，而不去處理行為者的動機或他的品格；「倫理」則會涵蓋動機、品格這些涉及好或壞評價的領域。由於在實際生活中，一個人從事某一個行為時的真正動機是什麼，我們很難知道，所以狹義的「道德」只針對外顯的行為進行評價，在某些時候，這樣的評價也會具有一定的規範作用。我們常常說，不管出於什麼動機，動手打人就是不對的；或者法律就是法律，違法的行為即使動機良善也要受到制裁。所以只針對行為的道德評價，對一般人也可以產生一定的嚇阻效果。除非有必要，否則我們把倫理和道德當成同義詞。

　　現在簡單定義一下道德。有人認為「道德」就是：人與人之間以適當的方式互動。這樣的定義不夠清楚，什麼叫做「適當的方式」？在人與人交往的過程當中，用什麼樣方式相互對待才是適當的？當然，要完整回答這個問題，就會涉及許多不同的理論，因為不同的倫理學理論對於什麼是「人與人互動的適當方式」，會有不同的主張。

　　我們可以稍微清楚一點地來定義道德：以合作的方式與人互動，「合作」關係是一種互利關係，所以「道德」就是指一個人在從事行為時，不只考慮自己的利益，也會考慮到別人的利益。譬如：不亂丟垃圾，這是一個道德行為，因為手裡拿著垃圾實在不舒服，如果隨手亂丟，只要選擇丟在不會被發現的偏僻巷弄或山區，這對自己似乎是有利的；但是這樣做對別人不利，因為它會製造髒亂由別人承受。所以即使手上拿著垃圾很不舒服，但選擇不亂丟棄，就是因為考慮到別人的利益。

　　因此，根據這個定義，損人利己的行為就是不道德；至於損己利人則是超過道德，舉例來說，如果一個人冒著自己生命的危險去拯救一個陌生人，倫理學上稱這類行為是超義務的行為(supererogation)，因為這樣的行為是超過我們的道德義務之要求。在這裡我們要區別「道德要求」和「道德讚賞」。

　　所謂道德要求是指維繫一個社會正常運作、確保社會成員之間互助合作所必要的道德底線，譬如：在正常的情況下，不說謊、不詐欺、不偷竊、不傷害他人等道德禁令，以及幫助別人、遵守諾言、守法等道德訓令；這些規定對所有社會成員都具有強制力，生活在該社會的成員，每一個人都被要求依照這些規定而行動，違反這些

規定則會受到道德譴責。以幫助別人為例，只要不必付出太多代價或犧牲，道德會要求我們應該對需要者適時伸出援手，譬如：身體健康的年輕人在公車上應該讓座、在路上看到老太婆跌倒應該把她扶起來、鄰居發生火災時應該前往救援或打電話給消防單位，這些都是道德要求，是人們最起碼必須做到的，不這樣做的人會遭到他人或社會的道德指責。

　　相對的，道德讚賞則是道德上不會要求我們做、但是我們可以選擇做、而且做了會得到掌聲的行為。譬如：將跌倒的老太婆扶起來是應該的，這是道德要求，但是如果進一步護送她過馬路，甚至帶她去醫院做檢查、然後搭計程車送她安全到家，這些都是道德上允許你可以做，也可以不做的，因為後面這些行為已經超過道德要求的界線，而進入道德讚賞的範疇。道德並不會強制要求你去做「扶她起來」以後的額外行為，但是不論你基於什麼理由多做一點，你的行為就是值得讚賞。

　　由於道德會要求一個人必須考慮他人的利益，所以有時候行為者可能必須付出一點代價，但是道德通常不會要求人們做出很大的犧牲，道德要求所涉及的個人犧牲，應該都在人性可以接受的範圍內。但是人們永遠可以做的比一般道德上要求還要多，也就是說在關懷他人、考慮他人利益這個面向上，一個人可以多做一點，卻不能少做；而超過道德要求越多，得到的道德讚賞也越多，個人的道德成就也就越高。

四、兩人以上的互動就產生道德問題

　　美國哲學家理察‧泰勒 (Richard Taylor, 1919–2003) 提出以下的

思考實驗：

我們想像一下，如果這個世界只有機器人，機器人有理性、會推理，也有知覺能力，但是它們沒有需要、沒有目的，也沒有欲望，這樣的世界會產生善惡、好壞嗎？答案是：不會。這些機器人可以知覺到周遭發生了什麼事，可以分辨真假，也可以進行推論，但是因為它們沒有需要和目的，它們不在乎任何東西。如果下雨了，它們知道現在下雨了，但它們不會去找遮雨的地方，因為它們對保持乾燥並沒有特別偏好；如果天氣很冷，它們也會注意到這個事實，但也不會企圖去取暖，因為它們不在乎冷或暖；如果其中有一個機器人看到另一個以高速衝向它，它會推論說快要相撞了，但它不會想要閃開，因為它並沒有不想被撞到的欲望。如果它因此被撞倒，肢體受到破壞，它也只注意到這些事實，不會報復，因為它並沒有保持肢體或其他部分完整性的興趣。

顯然一個由複雜的機器人所構成的世界，是一個沒有善或惡的地方，因為它們沒有目的、沒有欲望、沒有喜歡或不喜歡，就沒有目的或欲望獲得滿足或受到挫折，所以也就沒有好的或壞的。不論這個世界是充滿陽光和美，或是黑暗和冰冷，它們雖然有能力區別冷暖，但卻無法區別善惡，因為它們沒有任何偏好或目的。

現在我們進一步假設一個世界有了一個存在者，這個存在者和我們一樣，不只具有知覺和推理能力，也有感覺、欲望和目的。一旦引進這樣的存在者，這個世界裡的某些東西就獲得好或壞的面向：這個存在者發現能滿足他需要和欲望的東西就是好的，而不能滿足或使他欲望挫折的東西就是不好的。在這個世界裡的事物不只被這個存在者知覺到，而且被分辨為對他的利益產生滿足或威脅，因此

那些能滋養和提升他的欲望的東西被視為好的，而那些挫折和威脅他的欲望的東西則被視為不好的。

顯然這個單獨存在者對好壞的判斷是絕對的，他就是好壞的標準，任何他認為是好的東西就是好的，他認為壞的就是壞的。值得注意的是，雖然因為這個人的存在而產生好或壞，但是只有一個人存在的世界，並不會出現道德上的對錯、應該或不應該。這個人發現某些事物有用或滿意，就據為己有；或發現某物具威脅而閃避它，他這樣做沒有所謂的對錯。任何他要的都是他的，除了他之外，沒有人是受益者或受害者，所以不會出現他做對或做錯這樣的概念，因為沒有人的利益會因為他所做的而受害或受益。也就是說，在只有一個人的世界，除了好壞或善惡之外，沒有標準可以決定一個行為是對或錯。他有可能基於愚笨或疏忽做出一些對自己不利的行為，但這不涉及任何錯誤，它只是疏忽或愚笨，因為他不必對任何人負責。

只要我們假想的世界中只有一個具有欲望、目的的存在者，就沒有倫理意義的對和錯或道德義務，雖然有這樣的人出現就會產生善和惡，然而如果我們在這樣的世界多引進一個這樣的人之後，對錯概念判斷的基礎就出現，因為兩個人存在的世界，就會產生目的或目標的衝突。如果其中一個人打獵抓到一隻兔子，正準備用來當成他的午餐時，卻被另一個人搶走，因為第二個人也早就飢腸轆轆。顯然，如果一個世界存在兩個或兩個以上的人，他們可能會追求相同的事物，在這種情形下，每一個人都把這個東西當成是好東西，但是如果只有一個人可以得到它，得到它的人就是挫折了別人的欲望；結果是造成衝突、導致相互侵犯，這樣的處境會對生命構成威

脅。

然而兩個擁有欲望和目的的存在者，他們之間可能產生衝突，但也可能利益一致，因為有些處境互相幫忙比互相衝突對彼此有利，譬如：如果他們遭到外力攻擊的威脅，一個人的力量無法克服，結合彼此的力量才有安全的希望；或者一個人擁有過多的馬鈴薯，而另一個人卻沒有，然而沒有馬鈴薯的人卻有過多的玉米，如果相互交換，彼此都可以獲利；或者兩人有共同的目的，如養育子女，某種合作是需要的。因此在兩個人以上的世界，如果合作是可能的，合作比衝突對彼此有利。

泰勒用這個思考實驗證明：當一個世界中的存在者具有欲望和目的時，道德上的好壞、善惡概念才會出現；而必須有兩個以上這樣的存在者，才會出現道德上對或錯的問題。兩個以上的理性存在者以合作的方式處理目的或欲望如何合理分配，就是道德；違反彼此同意、合乎互利的解決方式，就是道德上錯誤的行為。

以這種方式理解道德相當合理，可以用生活中簡單的例子說明。如果你走路不小心撞到人，最適當的處理方式是趕快向對方說聲「對不起」，如果你不說「對不起」，反而向對方大聲咆哮說：「你怎麼擋我路，滾開。」這種方式一定會產生衝突、製造不快樂的情境；說一聲「對不起」合乎合作的精神，而咆哮則是加劇人與人之間的衝突。所以任何一個理性人在這種情況下都會選擇說「對不起」，因為衝突並不是有利的處理方式，採取衝突的人顯然沒有考慮到別人的感受，結果對雙方都不好。

如果你在電影院看電影，旁邊的一對情侶每過幾分鐘就交換故事的情節，雖然聲音不是很大，但是你已經受到干擾。或者電影看

到一半的時候，有人的手機聲大作，影響現場觀眾看電影的心情，這個沒有依照規定關手機的行為，顯然是一個不道德的行為，因為行為者沒有考慮到別人的利益。

再舉個例子：一場大雨過後的下午，你走在人行道上，這時候有一部車子從你旁邊急馳而過，濺了你滿身水，你會不會生氣？如果朋友提醒你 「他並沒有超速」，你的心裡會好過一些嗎？當然不會，理由很簡單，因為他只注意到自己的利益，而沒有考慮到你的利益。

一個人在與他人互動時，如果只考慮自己的利益，不顧或傷害別人的利益或感受，受害者的心情一定會不愉快；當這樣的事情在社會上經常發生時，不愉快的人數會增加，社會怨氣蔓延，這不只威脅到社會的和諧，也可能造成人與人之間的不信任，進而危及社會的穩定。

這些生活中簡單的例子，說明道德就是兩個或兩個以上的理性人，大家都有自己的目的和欲望，在產生互動時，慢慢形成的一些合適的應對方式，也就是用合作代替衝突的互動方式，而逐漸變成有形或無形的規則或默契。所以一個人的行為如果遵守這些人際互動的適當方式，就是遵守道德；違反它們就是不道德或道德上錯誤。所以只要一個人在社會中生活，道德無所不在，除非與世隔絕，否則每一個人每天都會碰到道德問題，因為我們每天都會和他人產生互動，所以道德就像每天都要喝水一樣，雖然稀鬆平常卻無比的重要。

五、不道德比較有利？

即使我們承認，人與人相處合作比衝突好，但是為什麼不能假裝合作、佔對方以為自己會合作的便宜呢？也就是說，最理性的做法似乎是：表面上的所作所為合乎道德，但背地裡卻違反道德，只要不被人發現。這正是日常生活中許多人對道德的看法，所以在實際的人類社會中，不道德事情無日無之；可見一般通俗的道德觀似乎傾向於：不道德比較有利。

所有人都承認，要維持一個有秩序的社會，道德是必要的，但是道德對個人的行為是一項束縛和限制，不管我們喜歡或不喜歡，道德在我們想要從事行為時會形成一種壓力，它會要求並規定我們做什麼、不做什麼，所以道德使我們不能隨心所欲，不能「只要我喜歡，有什麼不可以」。道德限制了行為選擇的自由，所以道德這種東西對行為者本身有利嗎？

如果你在僻靜的巷弄發現一個錢包，裡面有現金 2 萬元，在四下無人的狀況下，你會如何處理？如果依據一般的道德規則，你絕對不應該把這筆錢據為己有，而是把它交到警察局，或者在路邊守候，等錢包的主人回頭認領，但是這樣做顯然會增加你額外的負擔和麻煩。然而如果你決定私吞，這似乎是一件對自己比較有利的行為，你既可以得到一筆為數不少的意外之財，由於四下無人，你也不必擔心別人發現你的不道德而且觸法的行為。所以在這種情況下不理會道德和法律的要求，似乎對你比較有利。

如果你勞累一天，在回家的公車上好不容易擠到一個座位，正打算閉目養神時，一位白髮蒼蒼、步履蹣跚的老太婆走到你面前，

這時候你是把眼睛趕快閉起來，假裝沒看到，還是讓位？依據一般的道德標準，你年輕力壯，工作的疲累並不是一個好藉口，所以你應該讓位。可是你心裡想著：「如果我把位子讓給她，可能就得站上半個小時。」遵守道德要求顯然對你是不利的。

　　週末晚上你正在欣賞一場精彩的球賽，結果一位朋友打電話給你，說他正和老婆吵架，希望你去他家幫忙解圍。你的心裡百般不願意，但是這是你的好友，站在朋友的道義上，你必須犧牲正在享受的休閒活動，立刻動身。顯然這時候道德上要求你做的事，會令你有些不舒服，甚至心不甘情不願。

　　不只是拾金不昧、公車讓位、友誼道義，這些一般的道德要求會令人感到困擾，也會增加許多麻煩和不便，有時候還會要求我們付出重大的代價，甚至犧牲生命。

　　2003 年春天，臺灣社會爆發 SARS 事件，臺北市和平醫院封院隔離，多位醫護人員盡忠職守，最後犧牲了寶貴的生命。在和平醫院封院前，也有醫護人員得知訊息後設法逃離，這些人為了自己的安危而擅離職守，當時受到社會輿論的譴責。如果逃離和平醫院的是一名普通病患，應該不會帶來指責的聲浪；然而根據常識道德，如果醫護人員這樣做，就是違反醫護人員的倫理規範，不容易得到社會大眾的諒解。所以即使留在醫院照顧病人會承擔極大的風險，但是這就是擔任醫護工作應該遵守的道德。可見道德在某種情況下是一種負擔，有時候甚至是一個極大的負擔。那麼為什麼人一定要遵守道德？

　　從我們自己周遭或從媒體報導就可以知道，社會上每天都有許多人在從事不道德行為，譬如：販售假貨、黑心食品、工程偷工減

料、貪汙舞弊、詐騙取財，為什麼他們要這樣做？理由很簡單：在從事這些不道德行為的人都認為這樣做對自己有利。以黑心食品為例，如果依據道德要求，過期食品應該銷毀，但是這樣做是賠本生意，所以不肖商人會把商品上的標籤更換成有效期限內，繼續販賣、欺騙消費者。如果生意人這樣做而不被發現，似乎對生意人是有利的，這表示只要不被發現，不道德行為對行為者有利。

從事不道德行為者的思維邏輯幾乎都是如此：只要幹壞事不被發現，這是有利的做法。雖然俗話說「若要人不知，除非己莫為」，但是這樣的醒世箴言在實際生活中，似乎只是「參考」用的；當不道德行為被發現的機率不高，或涉及的利益龐大時，許多人認為值得冒險。也就是說，幹壞事的人不是不知道自己的行為有可能東窗事發，所以他們一定仔細盤算過這個險是否值得冒，在利益和風險大小的考量之後，他們採取的似乎是對自己比較有利的行為。可見在日常生活中，許多人心中的想法都是：從事不道德行為是比較有利的；即使冒著被發現的危險，有時候仍然是一個明智的選擇。因此，「理性會選擇道德」的論點，對他們似乎沒有說服力。

但是有人可能認為，可是「舉頭三尺有神明」啊！然而這樣的回答方式，對一個不具有宗教信仰的人來說，很難發生作用。因此社會上幾乎每天都會出現不道德行為，除非基於無知，否則這些人在從事錯誤行為的那個時刻，一定認為這樣做對自己比較有利。惟一讓他們稍微有點猶豫的，大概就是擔心萬一被發現，因此對一般人而言，如果可以確保不道德不被發現，不道德顯然比道德有利。

在個人利益和道德之間，理性會如何選擇，這一直是 2000 多年來倫理學者探討的問題，中國古代孟子的「義利之辯」也是在處理

這個問題；西方則以柏拉圖的《理想國》和霍布斯的論述，最具代表性。哲學家的結論顯然和通俗的道德觀不一致，他們認為，即使一個人為了自己的利益，從事道德行為最終仍然是有利的，而只想利益、不重視道德的人最後對自己反而不利，也就是說，理性和道德是一致的。這樣的論證對於利己心很強的人具有說服力嗎？這個問題需要進一步探討，是下一章的主題。

11 你有隱形戒指嗎？

如果一個人唯利是圖，如何說服他遵守道德？這個問題從古希臘柏拉圖開始，一直是重要的倫理議題。如果理性是人的特點，理性一定會選擇道德嗎？這個問題太過籠統，應該可以拆解成兩個問題：⑴理性會指引人們選擇一個比較有道德的社會嗎？⑵在一個比較有道德的社會，理性會指引一個人選擇合乎道德的行為嗎？

對於第一個問題，答案應該是肯定的，理性當然會引導人們選擇一個人與人之間相互關懷、互助合作的社會，而不是一個衝突頻仍、人與人互相猜忌、敵意、仇恨瀰漫的社會，這點應該沒有人會質疑。但是對於第二個問題，答案似乎就不是那麼肯定，生活在一個比較有道德的社會之中，幹壞事如果不會被發現，似乎對行為者比較有利。當然，社會上有些幹壞事的人是思慮不周、理性不足，為了蠅頭小利卻付出極高代價，因小失大，這類不理性的行為並不是我們要思考的重點，我們要思考的是：如果一個人思慮周詳、理智清明，有什麼樣的狀況幹壞事對他是有利的？實際人生中許多人從事不道德行為，幾乎都是認為：理性會指引對行為者最有利的行為，有時候不道德行為是最佳選項。

如果純粹從利益的角度，實際社會一定存在某些特殊狀況，理性似乎會選擇不道德的行為；除非還要考慮「這一生」以外的利益，譬如：上帝懲罰或來生的報應；然而如果一個人沒有宗教信仰、不相信輪迴或來生，「這一生」的利益是他的唯一考量，我們如何說服

他遵守道德？

一、如果有隱形戒指，誰在乎道德？

　　柏拉圖的所有對話錄中，最有名、而且被最多人閱讀的應該是《理想國》，這個對話錄的主題是討論什麼是「正義」(justice)、以及從事正義的行為是否對行為者有利，而柏拉圖所謂的「正義」就是「對的行為」或合乎道德的行為。柏拉圖想要在《理想國》中證明，從事道德行為是比較有利的，所以正義者比不正義者活得快樂。其中主要的與談者是一位詭辯學家，這位詭辯學者當然是唱反調，他的論點是：一般人之所以不敢從事不道德行為，並不是因為他們喜歡道德，而是他們害怕不道德會受到懲罰，所以如果一個人從事不道德行為而不會被懲罰，這樣最有利。

　　柏拉圖的兄弟葛勞康 (Glaucon) 也介入這場討論，他表示，雖然他認為柏拉圖的主張是正確的，但是他想當魔鬼代言人，替詭辯學者的論點辯護，所以他提出一個更強的論證，希望柏拉圖能夠把他的論證駁倒，這樣才能證明有道德比較有利、正義者比不正義者快樂。在葛勞康的論證中有一個很有趣的故事，故事是這樣的：

　　蓋吉士 (Gyges) 是為利底亞 (Lydia) 國王工作的一名牧羊人，有一天當他在放牧羊群的地方，忽然來了一場暴風雨加上地震，震開了一個地洞，他被這個景象所吸引，就走下地洞，在洞裡他看到許多驚奇的事物，其中有一隻銅馬，這隻馬的中間是空的，像一扇門。蓋吉士走進這道門，看到一具比人的體形還要高大的屍體，這具屍體的手指上有一枚金戒指，蓋吉士離開時帶走這枚戒指。他戴著這

枚戒指參加牧羊人每個月的例會，這個會議是向國王報告羊群的狀況，開會期間他無意間把戒指的座盤往內轉，這時他發現他的同伴似乎看不見他，因為他們在談到他的時候，好像他人離開了一樣。蓋吉士非常驚訝，於是他再把戒指的座盤往外轉，結果他又變回可以被看見的人。蓋吉士在驚喜之餘，開始對這枚戒指進行試驗，看它是不是真的具有這樣的魔力，結果他發現每次把座盤往內轉，自己就變成隱形人，往外轉就現身。經由這個發現，他盤算出席一個向國王報告的宴會，在這宴會裡他引誘皇后，而且透過皇后的幫助，謀殺國王、取得王位。

如果你是那位牧羊人，擁有隱形戒指，會不會從事同樣的行為？在現代社會中，如果你擁有一枚隱形戒指，既不必偷，也不必搶，你會不會公然去銀行拿錢？會不會去珠寶店取走昂貴的鑽戒？會不會大搖大擺走進心儀已久的異性家中，滿足你朝思暮想的情人夢？葛勞康利用這個故事，想要論述的是：任何人只要擁有一枚隱形戒指，都會做同樣的行為：做滿足個人私欲、對自己有利的行為；不論這個人平常是大家公認的比較有道德的人，還是比較沒有道德的人。因此葛勞康試圖證明的是：道德就像一副枷鎖，禁錮每一個人內心深處狂野的私欲，一旦去除枷鎖，最真實的人性就會像脫韁的野馬，為所欲為。

葛勞康這個論證，隱含兩個重要的觀點：

第一，日常生活中一般人遵守道德，只是因為害怕從事不道德行為會被發現，因而受到懲罰，實際上沒有人會心甘情願地去從事道德行為，事實上每一個理性人最想做的，就是對自己有利的行為，

因此如果違反道德的行為對自己有利，只要確定這樣做不會被抓到、不會被懲罰，一個人即使平時都會遵守道德，在這種狀況下也會違反道德，擁有隱形戒指保證做任何事一定不會被別人發現，所以不可能被懲罰。

第二，道德本身並不是目的，只是維繫社會秩序的一個必要手段，道德本身並沒有價值，所以沒有人會為道德而道德；也就是說，道德的存在是為了維持社會和諧的運作，道德透過輿論或良心的壓力，迫使社會上每一個人遵守它所要求的規範，以確保社會的正常運作；因此人們會遵守道德，並不是喜愛道德，而是出於被迫，一旦有機會從事不道德行為而獲利，沒有人會在乎道德。

這是一個非常有趣的思考實驗，如果你真的可以隱身，你會做什麼？大部分人都會隨心所欲吧！不必考慮這樣做是對或錯、是好或壞，百無禁忌。換句話說，大多數人如果有了隱形戒指，會選擇做自己喜歡做的事，而不是做應該做的事，這表示從事道德行為並不是出於自願。當然，一定有人會反駁說，自己從事道德行為不是被迫而是自願的；詭辯學家的解釋是：一個人長期受到社會有權力者的灌輸、洗腦，道德內化的結果，使他以為自己是主動去從事合乎道德的行為，其實這樣做對自己不利；如果理性發揮作用，就會喚醒他心中真正的利益。

道德如果真的只有工具性價值（我們需要生活在一個有道德的社會），而本身並沒有什麼價值；如果有機會，顯然一個理性人不會選擇他應該做的事（道德），而是做他喜歡的事（利己）。柏拉圖當然持反對的觀點，他認為道德不只會帶來好處（工具性價值），道德本身也是有價值的，不過他的論證比較複雜。簡單一點的回應是：

雖然我們通常會選擇做我們喜歡做的事，但是如果充分運用理性思考，我們喜歡的不一定對我們有好處。

譬如一個人得了糖尿病，醫生勸他不能吃糖，但是他就是喜歡吃甜食，在這種狀況下，做他喜歡做的事並不會給他帶來好處；如果為了身體健康，他喜歡吃的東西反而是他不應該吃的。同樣的道理，道德要求的行為是人們應該做的，即使人們不一定喜歡做；但是這樣反而合乎人的理性之要求。

對柏拉圖而言，「喜歡做的」是人的欲望；「應該做的」是理性的聲音。欲望是比較低層次的靈魂，是盲目、衝動的，沒有分辨好壞的能力，所以一個人如果只聽從欲望的指令，對自己是不好的。就像糖尿病患者，喜歡吃甜食是他的欲望，但是指引他不要吃甜食則是他的理性，理性可以幫他分辨應該滿足什麼樣的欲望才是有益的。所以糖尿病者的理性禁止他吃甜食的欲望，這雖是他不喜歡做的，卻是他應該做的。

柏拉圖認為，欲望如果聽從理性的指揮，表示靈魂中具有分辨好壞能力的部分指引衝動，這樣展現出來的行為就是合乎道德，也是心靈的和諧，這對行為者是好的。這可以用儒家的說法來理解，「喜歡做的」是人欲，「應該做的」就是天理，當一個人的行為由欲望主導時，會產生「天人交戰」，因為天理就是良心，做壞事的人會良心不安。然而一個人的行為如果是出自理性的引導，就是人欲聽從內在良心的聲音，產生的狀態是「天人合一」，從事這樣行為的人會心安理得、心靈平靜，這顯然有利於行為者，所以道德本身是有價值的。

當然這樣的論證建立在柏拉圖的特殊假設：「理性引導的行為就

是合乎道德的行為」，而這個假設正是反對者不能接受的，對一個純粹只講利益的人而言，理性有時候會引導我們從事不道德的行為，因為那種狀況下違反道德才是有利的。因此對這些把理性當成只是利益計算工具的人，柏拉圖的論證似乎缺乏說服力，所以要說服這類人，顯然必須接受他們的假設：理性等於最大利益的計算；如果我們能夠證明：道德行為滿足最大利益的計算，而不道德行為反而對行為者不見得有利，這樣才能說服唯利是圖者從事道德行為。以下的討論就是從利益計算的角度，證明道德行為比不道德行為有利。

二、真實世界不可能有隱形戒指

　　從一般常識的角度來看，從事不道德行為而沒有被抓到，這似乎對行為者有利，生活充斥這類例子：考試作弊沒被發現似乎是在學校裡經常發生的事；小偷潛入民宅，偷走貴重物品，卻逃之夭夭，這種事也司空見慣。這些從事不道德行為者，結果似乎對他們是有利的。日常生活中，所有不道德行為背後都是這樣的邏輯：行為者認為這樣做對自己是有利的；但是他們也一定想過，萬一被發現怎麼辦？也許認為自己做得天衣無縫，不可能被任何人知道；也許因為利益實在太龐大值得冒險。無論如何，除了頭腦實在太笨之外，大概沒有一位從事不道德行為的人，明明知道東窗事發的機率很高還去做。

　　即使我們接受「如果做錯事不被發現，對行為者有利」這樣的說法，但是在實際生活中如何確保自己的不道德行為不會被發現呢？柏拉圖的隱形戒指不是一個好的答案，因為在真實的世界中並不存在隱形戒指，所以沒有人可以保證自己的不道德行為不會被發現。

理性人一定要確定自己可以承受被發現以後的結果，否則寄望在「不被發現」所帶來的利益，其實是不明智的。

　　但是有人可能會反駁說，可是如果冒險所能得到的利益非常大，有時候冒險反而是理性的做法。譬如：如果你一個月只賺取相當微薄的薪資，只要幫毒梟運一次毒，就可以獲得百萬元佣金，由於你從來沒有任何前科或不良記錄，通過海關時可能很容易過關，所以冒這種險是合理的。但問題是，如果被抓到呢？不只佣金被沒收，還有牢獄之災，而且可能一生就毀了。一個人在充足的理智思考下，有可能得到的結論是：世界上沒有隱形戒指、幹壞事不可能保證不被發現，從事不道德行為最後的整體結果可能是得不償失，所以冒險並不是最有利的選擇。

　　當然，如果只考慮有形的利益，在不確定的情況下，理性也可能會選擇為了重大利益而冒險，實際生活中的許多道德投機者，心裡的算盤就是如此；但是如果加入無形的利益、生命的價值，計算的天平可能就不是傾向於支持不道德的行為。這些論點會在後面的章節呈現。

三、聰明的搭便車者

　　所有人都希望自己生存的社會是一個比較有道德的社會，但是在這樣的社會中，並不是永遠遵守道德對自己有利，似乎當一個搭便車者 (free rider) 才是最聰明的選擇。

　　所謂道德上的「搭便車」，就是佔別人遵守道德的便宜，最簡單的例子是，如果四個朋友一起開一部車，車子在路上拋錨，需要下來把它推到附近的修車廠，如果沒有其他特殊理由，在道德上四個

人都應該下來推。但是如果有人假裝推車卻不用力，這種投機取巧佔別人便宜，就是搭便車的行為。

　　不肖商人就是生活中的搭便車者，譬如：用劣質油品充當食用油販售；販賣過期或農藥殘留量超標的食品。不只商人，幾乎各個行業都有人在搭便車，像工廠將廢棄物運載到偏遠山區丟棄，或建築師用低劣的建材充當高級品，而這種為了個人利益而不顧公共安全或傷害環境的事件，似乎是抓不勝抓，因為用這種方式獲利是「一本萬利」，儘管存在被發現的風險，想要靠投機致富的人，還是前仆後繼。

　　2016 年 2 月 6 日上午四時，位於臺南市永康區的維冠金龍大樓，因地震而倒塌，死亡人數 115 人、96 人受傷；相較於發生在 1999 年 9 月 21 日的「九二一」大地震，當時臺北市東星大樓倒塌，死亡 87 人，維冠大樓事件成為臺灣史上因單一建築物倒塌，造成傷亡最慘重的災難事件。芮氏 6.6 地震的襲擊，當然是一場天災，但是維冠大樓的倒塌，應該也有人禍的因素。根據報導，維冠大樓的倒塌似乎與其建造過程偷工減料、非法借牌給他人、一樓牆壁被打掉有關。偷工減料的證據在大樓倒塌後立刻現形，因為在大樓破損的梁柱中，被發現梁柱不是實心的，而且使用沙拉油桶充當支柱；所以媒體質疑，倒塌原因是梁柱所用混凝土握力不足、箍筋彎度不夠才會造成憾事，因此這次災害應該有人禍的成分存在。

　　工程偷工減料，可能造成大樓、道路、橋梁經不起地震的摧折，導致人員的重大死傷，這可能比食品安全的問題還要嚴重。但是這類事件的發生，必須正好碰到地震、颱風等重大天災，否則建築業者的不道德行為，很難立刻被揭穿，1994 年建造的維冠大樓，2016

年的地震才震出問題；如果一棟大樓在 30 年後才碰到大地震，說不定當初建造的不肖廠商早已過世，如何追究責任？類似這樣的因素，也使得許多人認為，幹壞事東窗事發的可能性雖然存在，但是那可能要到數十年後，到時候自己已經不在人世了，有什麼好怕的？

人為因素造成禍害，維冠大樓絕對不是特例，每一個社會幾乎都會出現為了個人利益而危及他人生命的事情；在我們社會，這種泯滅良知的事還是比較少出現。日常生活中常見的是比較小的不道德行為，因為一般人民雖然不會做殺人放火的壞事，但是多少也有一點搭便車的投機心理；譬如：把菸蒂丟進路邊的排水孔；四下無人時，隨手亂丟垃圾；沒有警察、沒有錄影裝置、沒有行人的路口，深夜超速、闖紅燈；考試趁老師不注意作弊；在荒郊野外撿到錢包據為己有；看到大排長龍的排隊隊伍時找機會插隊。

通常任何一個稍有理性的行為者，在打算從事搭便車行為時，考慮的無非是三項因素：(1)被逮到的機率有多高；(2)可能付出的代價有多大，以及(3)不被發現所獲得的利益是多少。只要被發現的機率不高，或者即使被抓到的代價沒有很大，或者可以得到的利益極大，搭便車行為出現的機率就很高。也就是說，行為者在經過利弊得失的全盤計算之後，似乎認為這樣做對他們是有利的，這也是搭便車行為層出不窮的原因。

四、為什麼不應該當搭便車者？

即使是搭便車者，也希望自己的社會比較有道德，但是對於自己要不要遵守道德，完全看狀況：遵守道德有利時，遵守；不利時，不遵守。道德對他而言，只是達成自己利益的一個工具。搭便車者

當然知道，比較有道德的社會對自己比較好，但是如果能佔別人有道德的便宜，對自己更好。可是這樣的如意算盤可以得逞嗎？

我們可以考慮兩個面向：⑴從個人的角度，計算搭便車行為對個人所產生的利益；⑵從社會的角度，考慮搭便車行為變成一般人的日常時，這樣的社會對搭便車者是否有利。

計算個人利益

其實搭便車者心知肚明，世界上並沒有隱形戒指，所以自己的行為有可能會被發現；但是如前所述，如果因為搭便車所獲得的利益相當龐大，理性人可能會鋌而走險，因為重大的利益值得冒險。

為了重大利益而冒險，有時候確實是理性會指引我們的行為。譬如：登山客在山中遇到一隻猛虎，從高處跳下去，即使這樣做可能跌斷腿或甚至有生命的危險，但是比起立刻被老虎咬死，這樣的求生方法顯然是理性的。這裡的冒險是為了提升存活的機會，而生命顯然比斷腿或重傷更有價值，所以值得這樣的冒險。然而如果預期獲取的重大利益是金錢，卻以冒著生命的危險來換取，這就不是理性人會做的事，因為生命比金錢更有價值。我們可以用學者所舉的一個例子來說明：

想像你是一個樂觀的外國人，在內華達州的沙漠旅行，來到美國是希望致富。你的車子過熱，所以你停在一個孤立的休息站，但禍不單行，你的 3 歲孩子被響尾蛇咬了；幸運的是，休息站有一臺電話，每打一次需要 25 分錢，而你正好有一個 25 分錢的銅板。這是賭城所在的州，所以也有一個 25 分錢一次的吃角子老虎機，上面寫著：「抓住一次機會就會贏得 10 億元！」由於你是外國人，完全

不知道贏得獎金的或然率，但是很顯然你受到誘惑，這樣推理：如果贏了，你不但可以打電話請求緊急救援，而且會立刻變成億萬富翁。但是這樣做將是愚笨的，而且冒著失去所愛者的生命之危險。在涉及潛在重大損失的情況下，理性的做法是：盡可能避免最糟的結果（你孩子的死亡），而且立刻打電話叫救護車。

　　因此，「為了重大利益而冒險」的行為，並不是全部都是理性的，關鍵在於冒什麼樣的險、獲取什麼樣的利益。所以在這裡應該要考慮的是：從個人利益來計算，從事不道德行為以便獲利，是否合乎理性？如果獲取的利益是金錢、財富、權力、地位等一般所謂「身外之物」，冒著不道德行為被發現而導致身敗名裂或毀了一生的險，這樣的行為似乎不是理性所指引的行為。

　　如果一個人極其聰明，他的不道德行為可以做到天衣無縫、幾乎很難被別人揭穿，這樣的聰明才智如果用在正途，錢可能少賺一點，但卻可以活得心安理得。這正是我們前面提到的，從父母教養子女的角度，父母不可能預先知道自己的子女是天才型的惡魔，所以不會教育子女：「幹壞事沒關係，只要不要被發現就好。」因此一樣的聰明才智，以合乎道德的方式賺錢，即使不會比用不道德的方式賺得多，但是不道德行為必須冒險，為了多一點錢而冒的險是坐牢或一生汙名，這似乎不是理性會指引的行為。也就是說，日常生活中我們熟知的那些不道德行為，行為者的理性似乎是不足的；也許這些搭便車者之中，有些人的智商很高，但顯然智慧不足。智商只是精打細算的能力，而智慧不只是對人生所追求的進行通盤、長遠的思考；而且能夠分辨「價值」的高低。

　　事實上只計算金錢、財富、權力、地位等有形價值，而忽略生

命的尊嚴、意義、愛和關懷等無形價值的人，他的理性是狹隘的。
我們前面談過，人的理性不只是工具理性：只追求有形的利益；也
會要求我們追求生命的尊嚴、價值和意義；因此當一個人安分守己
可以賺取足夠物質以維生時，為了過更奢華的生活而作奸犯科，從
人類理性的完整意義來看，其實是不理性的。因為，再一次強調，
實際世界沒有隱形戒指，不道德的搭便車者永遠要擔心自己的作為
有一天可能被揭發，精神上付出的代價遠超過物質上的獲益。

　　從事不道德行為還有另一個代價，那就是內心不安。由於人們
都是在社會的道德教化中成長，有些道德規範普及而且深入人心，
所以違反道德的行為必然會產生沉重的心理負擔；而心靈不平靜的
人不可能享有幸福的生活。除非有人幹壞事已經成了習慣，所以完
全不會有內心折磨這回事，但是經常幹壞事卻都沒有被發現，可能
性更是微乎其微，任何一個有理性的人，都不會靠這種運氣過活。

　　還有一個「利益」也是搭便車者需要計算進去的，那就是友誼。
萬一喜歡佔道德便宜的人被朋友發現他的為人，大概沒有朋友敢再
相信他，因為一個人如果唯利是圖，時機對了就可能會出賣朋友。
所以搭便車者將很難獲得真正的友誼，而一個沒有真誠友誼的人生，
不可能是有利的。

從社會的角度計算

　　如果從社會的角度來思考，搭便車的行為似乎會產生內在的不
一致。即使只考慮金錢、財富等有形的利益，由於搭便車行為能夠
獲利，一定是建立在搭便車者所處的社會是一個相當有道德的社會；
也就是說，搭便車行為能夠獲利是因為社會上大多數人都是規規矩

矩。就像詐騙會成功，是建立在社會上大多數人都會相信別人這樣的基礎上。然而一旦社會出現一個搭便車行為獲利的情況，似乎會鼓勵別人也搭便車，當搭便車的人越來越多時，社會的互信度逐漸降低、道德逐漸敗壞，最後的結果反而形成一個對搭便車者不利的社會。就像一個社會如果到處都是騙子，所有人都會提防別人所說的話，最後的結果是：騙子摧毀了自己賴以獲利的基礎。

事實上任何社會都需要法律或道德，才能維持社會秩序。我們在第四章提到英國哲學家霍布斯對自然狀態的描述，在一個沒有法律、沒有道德、人人都以利己為目標的自然狀態，最後變成一個人人自危的戰爭狀態；霍布斯的經典名著《巨靈論》(Leviathan)，就是要論證理性利己的人如何逃離自然狀態，他的解決方式是：理性人為了逃離這種狀態，必須透過契約的訂立，限制個人為所欲為的自由，這就是道德產生的原因，也是道德存在的功能。

儘管霍布斯對道德的理解比較是「工具性的」，但至少點出道德的一個重要功能：理性的人們如果要活得安心，遵守道德要求是必要條件；因為社會上多數人普遍遵守合理的道德或法律的要求，才能形成一個合理、有秩序、令人安心的社會。如果這樣的說法是合理的，只要任何人為了個人利益而違反這些規範，社會秩序將會受到危害，人們會開始相互提防，生活會變得不安；一旦違規的數量增加，法律和道德將形同具文，無法發揮它們該有的功能，這樣的社會就越來越接近自然狀態，其結果並不是理性人想要的。

以插隊為例，如果搭公車時大家都排隊，車子來了，先到的人先上車，後到的人後上，大概不會有人有意見，因為這樣很合理。如果有人後來，卻插隊到前頭，排在後頭的人心裡一定不會高興；

如果插隊的人越來越多，或插隊情況極為普遍，這時還有人會規規矩矩排隊嗎？當大家都不排隊，上車只能彼此推擠、互搶；如果每天上下班搭車，都要經歷這種推擠，心情不可能愉快；而這樣的社會也不是一個好社會。事實上這種講「力」而不講「理」的社會，也不是一個文明的社會。如果你是一個身強體壯的人，也許不怕，但是萬一你不是那麼強壯，或者萬一搭車的人是你年邁的母親，每次上車總是被擠到最後，甚至上不了車，這是一個你會選擇的社會嗎？

再以開車為例，如果你的車子行駛在一條四線道上，車子非常多，開到一個交叉路口碰到紅燈，從你估算一下車子離路口的距離，發現下一次的綠燈你還是過不了這個路口，於是你把車子開到最右邊的路肩，等於另開一線道，一下子就跑到紅綠燈前的第一排，等燈號轉綠立刻可以衝出去。也就是說，你利用不遵守交通規則，可以節省一次紅燈的時間，至於那些規規矩矩開車的人，只有多幾次紅綠燈轉換才能通過這個路口。這種以違規的方式獲利，佔其他人規規矩矩開車的便宜，也是典型的搭便車。

但是問題這麼簡單嗎？當一個人用這種方式佔便宜時，一定有人也會跟著做，不只這個路口有人會有樣學樣；前面的路口也有人會這樣做，再前面的路口也是如此。當每一個路口都出現以違規方式佔便宜的情形時，整體的車流量會變慢，搭便車者以為自己節省時間其實沒有。也許搭便車者會說，無論如何他總是比守規矩者省時間，這是對的；但是他沒有計算的是，當每一個人都守規矩時，大家都可以節省更多的時間。譬如以同樣的距離計算：如果路上開車的人全部都遵守交通規則，大家只需要 20 分鐘就可以抵達目的

地；但是如果路上出現搭便車者，即使你採取搭便車的策略，也需要 30 分鐘才能抵達；當然那些遵守規矩的人可能需要 40 分鐘。

「搭便車可以比守規矩的人早點抵達目的地」，這不是理性的選擇，因為如果大家都守規矩，大家都只需要 20 分鐘就能抵達目的地，顯然比搭便車的 30 分鐘更為有利。換句話說，如果你拒絕搭便車，也譴責所有搭便車的行為，這樣的結果更為有利，這才是最理性的選擇。這個例子證明的是：即使一個考慮自己利益的人，如果理性清明，最後會承認：自己採取合乎道德的行為、同時設法促成大家都有道德，這樣是最有利的。

當然，有人也許會反駁說，可是我們無法保證大家都不當搭便車者，一旦出現搭便車的行為，遵守道德的人就成了笨蛋，就像前面開車的例子，這種人永遠是最後抵達目的地的人。的確，純粹站在短期利益的考量，不道德確實可以獲利，但是如果從長期來看，不見得如此。

再回到開車的例子，一旦政府知道有人會違規開車，如果違規者不會受到懲罰，守法者真的會成為大笨蛋，違規者會越來越多，最後的結果可能是交通完全打結。因此，政府一定會設法防止這樣的情況發生，譬如在路口設置維護交通的警察，確保違規者不敢違規，一旦違規被攔下來，反而延遲抵達目的地的時間，而且可能還會被開交通罰款。如果在一個交通比較不繁忙、沒有警察的路口，政府可以設置錄影機，使違規者無所遁形。

以開車的例子，我們再把搭便車行為的成本整體地計算一下，最後將會發現，長期而言，這樣的行為是不利的：第一個成本是可能被警察攔截，耽擱更多時間。第二個成本是可能被罰錢。第三個

成本是政府必須挪出經費，用在交通警察的薪資、攝影器材的裝置；
而且當違規的情事越多時，警察就要越多、錄影機的密度就越高；
換句話說，防範違規行為的成本增加。這些錢都是納稅人的稅金，
本來可以作為建設之用，個人可以因此而獲益，但現在卻挪用為警
察的薪資、攝影器材的配置。第四個成本是造就一個無法互信的社
會，每一個人都會擔心別人有機會就會佔自己便宜，一個彼此不能
互相信任的社會，無形的成本更是難以估算。

五、這是你要的人生嗎？

　　2003 年，臺北市知名的律師事務所「理律」，一名職員劉偉杰利
用職務盜賣和侵佔客戶資產，獲利高達新臺幣 30 億元，「理律」差
一點因此而垮臺。劉偉杰事件震驚社會，他犯案後借道香港、潛逃
大陸，成為臺灣的十大通緝犯；到現在為止，檢調、黑道、大陸的
公安都沒有找到他，他的法律追訴期到 2017 年，現在已經期滿，所
以劉偉杰至今一直逍遙法外，可以算是一個非常成功的搭便車者。
但是劉偉杰那樣的人生值得追求嗎？

　　如果你選擇這樣的人生，首先，你要像他那樣的精明厲害，可
以逃過所有人的追查；其次，一輩子過著見不得天日、永遠回不到
自己故鄉的日子，這樣的生活，是理性人會做的選擇嗎？此外，在
案發前一年，「理律」已經將他升為「合夥人」，他選擇放棄；以劉
偉杰這樣的聰明才智，如果規規矩矩做一個大律師事務所的合夥人，
他的收入不會太差，而且他的人生就不必是東躲西藏。

　　如果理性只計算金錢，當然劉偉杰的做法是合乎理性的；但是
人的理性不會只計算金錢，理性人知道還有許多東西比金錢更有價

值，事實上只要把「心安理得」計算進去，理性應該就不會指引劉偉杰選擇侵佔公款。

　　總之，只要不可能擁有隱形戒指，不道德一定會付出代價。因此不道德行為會比較有利，只是一個一廂情願的想法；如果從一個人的一生、整體長遠的角度來思考，過一個重視道德的生活其實不會比較不利。

12 法律就好，講什麼道德！

　　法律和道德都具規範力，都會規定和限制人的行為，所以任何人只要違反法律或道德，一定會產生某種程度的壓力。法律是一種外在制裁，透過的是公權力；而道德則是一種內在制裁，透過個人的良心或輿論。法律和道德都是用來約束人的行為，一般來說比較嚴重的道德缺失，會用法律的方式加以規範，譬如：謀財害命，這不只是不道德的行為，也是法律要制裁的對象。對任何人而言，違反道德或法律，對社會都是不好的，因為法律和道德的主要功能都是維護社會秩序、確保社會的運作是和諧、穩定的。

一、當代社會為什麼比較重視法律、輕視道德？

　　現代社會由於價值觀多元，對於什麼樣的行為合乎道德或不合乎道德會產生爭議，最難解決的問題像安樂死、死刑、墮胎等，都涉及道德上的爭論，而且到目前為止，支持和反對雙方都沒有提出壓倒性的論證駁倒對方。因此有些人認為，在這種多元、歧異如此深的當代社會，道德似乎使不上力，法律反而比較重要。

　　這些觀點有一定的可信度，因為安樂死是否應該合法化、死刑是否應該廢除，這類的爭論似乎難有終止的一日，但是一個社會的法律必須做出決定，因為如果法律上不禁止安樂死，就等於允許安樂死。有些人即使明知販賣黑心食品是不道德的、闖紅燈是不應該的、偷工減料可能危及他人生命，但是由於利益的誘惑掩蓋了良心

的聲音，當道德失去作用時，似乎只能靠法律制裁才能達到遏止的效果。

此外，也有人指出，違反道德所獲得的懲罰太抽象，什麼是良心制裁？如果一個人沒有良心怎麼辦？或者良心太弱，根本不在乎別人的道德批評那又怎麼辦？至於輿論制裁，也不夠具體，只要充耳不聞或我行我素的人，輿論根本發揮不了作用。更何況「道德」在當代社會似乎已經形式化、口號化，即使一般人被問到：「道德重不重要？」大概都會說「很重要」，但是很少人真正認真關心學校有沒有做好道德教育，或政府有沒有用心執行改善道德的政策，在回答完「道德很重要」之後，幾乎所有人都會轉而關心經濟表現好不好，孩子在學校的成績有沒有進步，或是自己明年的薪水會不會增加，極少人會一直盯著道德這件事。

這些描述都是目前社會的實況，道德變成形式化可能有幾個原因：⑴道德太老生常談，失去說服力，大多數人都是說一套、做一套；⑵道德的強制力薄弱，失去改變行為的力量；⑶道德教育太空泛，除了說教之外，不知如何下手。這些可能是一般人對道德失去信心的原因；因此有些人認為，不必談道德，只要講法律就好。但是只要重視法律，就可以維持社會的和諧穩定及秩序嗎？法律就足以建構一個美好的社會嗎？答案是否定的。

不論是什麼樣的社會，永遠會有一些人的貪婪、利欲薰心遠超過良心或輿論的制裁，所以透過法律的外在制裁是絕對必要的；但是不可能有一個社會可以不要道德，只需要法律。事實上，如果想要追求或創造一個美好的社會，道德永遠比法律重要。

二、知法是常識，守法是道德

即使我們暫且假設，維持一個和諧穩定的社會，只要法律就夠了，但是這裡預設一個很重要的前提：社會上的大多數人必須普遍遵守法律的規定，也就是養成守法的習慣。然而守法並不是法律而是道德，因為知道法律和遵守法律是兩回事；最簡單的測試是，問任何一個人這樣的問題：「法律系畢業或很懂法律的人會比較守法嗎？」幾乎所有人都會說「不會」，因為在我們所熟知的社會之中，知法犯法的情事從來沒有少過；大多數人對法律人比較鮮明的印象是：熟悉法律的人比一般人更會鑽法律漏洞。可見知法和守法根本是兩回事。

2016 年 5 月《天下雜誌》針對 10 個具有指標意義的對象進行調查，結果顯示，民眾比較常接觸的對象，信任度比較高。其中「醫生」以高達 88.4% 的信任度拔得頭籌，成為臺灣人民最信賴的對象；獲得第二高信任度的是「中、小學老師」，共有 79.8% 受訪者表示信任；緊接著是「基層公務員」(72.0%) 及「警察」(70.5%) 等較貼近人民生活的公職人員。而這項調查中的不信任排行榜，第二名是「記者」，只有 34.9% 的支持度，甚至低於「政府官員」的 40.2%，至於最不信任的是哪一種人呢？答案是「法官」，民眾對法官信任的只有 28.4%。法官絕對比一般人民更懂法律，但是他們在人民心目中，卻是信任度最低的人。

2021 年 6 月群我倫理促進會的「臺灣社會信任調查」也顯示類似的結果，在這項調查中，法官的信任度也只有 43.1%，比新聞記者的 28.5% 好。如果拿來和 2016 年《天下雜誌》的調查相比較，就是

記者和法官是社會上最不被信任的兩種人，輪流爭倒數第一而已。

只是這些調查沒有把「律師」放進來，否則民眾對律師的信任度應該也不會很高。律師給一般人民的印象就是：把黑的說成白的，舌粲蓮花不是為了真理，只為了勝訴；「訟棍」應該是一般人常用來嘲諷律師的代稱。

不論律師或法官，都是社會上對法律研究最多的法律人，但是懂法律的人不一定守法，這是司法人員普遍無法得到民眾信任的關鍵。如果一個嫻熟法律條文、法律知識涉獵極廣、法律道理知之甚詳的人，卻對公平、正義一點也不關心，法律只會成為他謀利的工具。也就是說，如果精通法律的人沒有強烈的道德感、不重視公理正義，法律只是他們的搖錢樹，這樣的人在面對法律條文時，第一個想到的應該是：如何才能打贏官司、如何在爭訟中獲利，而不是什麼才是公理正義。

如果法律人普遍把法律當成賺錢工具，法律如何發揮維持社會秩序、穩定社會的功能？只要上網搜尋一下，就可以找到許多嘲諷法律人的笑話，內容包括律師專幹壞事（所以天堂幾乎沒有律師）、唯恐天下不亂（治安最差的地方律師最多）、一切向「錢」看（談話計時收費）。理論上，法律人的形象應該是公理正義的化身，但是實際上，不論在美國，還是在臺灣，法律人給人民的印象幾乎都是負面的。

在我們實際的生活中，似乎常看到有些教育程度不是很高的老實人，他們非常守規矩，雖然對法律沒有深入的瞭解，但是過馬路遵守交通規則、不義之財一介不取、做生意規規矩矩童叟無欺；然而許多缺德的法律人，反而知法犯法，或者投機取巧、鑽法律漏洞

圖利自己。所以守法是一種道德表現，只講法律不講道德，不可能建構一個守法的社會；而社會上大部分人如果不守法，法律不可能發揮安定社會的功能。但是如何訓練人民養成守法的習慣呢？只靠傳授法律條文、增加法律知識或常識，這樣是不夠的；就像一個射擊教練教人如何射擊，但是一個學徒變成一名神射手之後，可能利用射擊技術殺人。所以只強調法律知能，並不能形成一個普遍遵守法律的社會，因此培養守法的道德情操才是治本之道！

三、法律不禁止，不一定合乎道德

法律和道德雖然都是規範性的，用來限制和規定一般人民的行為，但是它們還是不一樣。通常法律是特定社會的特殊規定，有些法律所禁止的行為不一定是不道德，而法律不禁止的行為，不一定合乎道德。

根據我們社會的交通規則，如果沒有特別允許的右轉燈號，紅燈是不能右轉的；但是在美國大部分的路口，除非有特別的交通標誌的限制，否則紅燈可以右轉。所以如果一個美國人初到臺灣，開車時碰紅燈右轉，這樣就是違規，但是沒有人會說他這樣做是不道德。因為紅燈是否可以右轉，是各國或各地依照當地的交通流量、人民習慣、以及都市設計等各種考量，最後得出的結果，目的是為了維持交通的秩序和流暢，所以紅燈是否允許右轉，涉及的是效率和安全，一點也無關道德。

再舉一個曾經引起社會討論的話題，傅達仁先生是資深而且曾經是非常知名的體育主播，1960 和 1970 年代我們的少棒隊在美國威廉斯波特獲得多次冠軍，造成臺灣的棒球熱潮，傅先生當時是紅極

一時的體育主播，現在中文的許多棒球術語，都是當時他創造出來的。所以他的知名度，在當時幾乎是家喻戶曉。傅先生晚年飽受胰臟癌末期病痛的折磨，決定尋求安樂死，但是安樂死根據我們的法律是不合法的，雖然他多次上書當時的總統，但是都沒有得到正面回應。於是他遠赴瑞士，最後經過瑞士醫療機構的審查獲准，終於在 2018 年 6 月 7 日在家人的陪同下進行安樂死，享年 85 歲。

如果傅達仁先生在臺灣的醫療機構進行安樂死，一旦被查獲，該醫療單位一定會遭到嚴厲的法律制裁，因為這是違法的行為。但是為一個癌症末期、醫生宣告時日無多、每天都靠嗎啡才能止痛的病人實施安樂死，這是不道德的行為嗎？答案正好相反。「安樂死」這個詞前面已經說明過，意思是仁慈的殺人，所以安樂死反而是基於道德考量的殺人。安樂死議題之所以一直存在，就是因為人們承認，存在「生不如死」的處境，在這種情況下，死亡反而是好事。

如果是經過層層關卡嚴格檢驗和審查過後，合乎安樂死要件的案例，可以確定的是：死亡絕對是減少折磨，因此反而是一件好事。可是在安樂死不合法的國家，進行這樣的「人道」行為確是違法的。如果傅達仁先生不是到安樂死合法的國家，而是在臺灣說動了一名好友醫生，願意為他實施安樂死，他的好友願意這樣做，一定是基於不忍見他承受病痛折磨之苦，但是這樣做的結果卻是違法的，但是沒有人會認為傅先生的好友是不道德的，可見這種情況下的違反法律，並不是不道德。

再來談「法律不禁止的，不一定是道德的」。如果你週末出門散步，在路上看見一位小孩子被一部急馳的車撞倒，司機加速離去，你眼見這位孩子的右腳流血不止，不但不打電話叫救護車，反而袖

手旁觀；這是極不道德的行為，但法律卻管不到你。再舉一個例子，如果你開車經過郊外，碰到一位剛被歹徒洗劫的婦人，她攔車要求你載她一程，你卻毫無同情心、置之不理。這也是不道德行為，但是你並沒有違法。

　　事實上，在我們的日常生活中，不道德卻不違法的行為俯拾即是；因為法律所能管轄的範圍，比人與人之間互動的生活圈小太多。尤其人在私領域裡面的作為，像和家人、朋友的相處方式，很多都不是太道德的行為，但卻是法律不能觸及、有時候也不應該介入的範圍。

　　雖然有些不道德的行為會受到法律的管轄，譬如：偷竊、搶劫、詐欺、蓄意殺人等，但是法律卻無法涵蓋所有的不道德行為，譬如：說謊是不道德的行為，任何故意告訴別人虛假訊息的行為，都違反人與人互動的合作關係，然而儘管法律會制裁某些說謊行為，大部分的說謊並不會受到法律的制裁。譬如：爾詐我虞的商場策略，只要不涉及文字契約，法律不可能規定商人一定要說話算話；約會遲到以塞車為藉口，就是說謊，但是法律不可能管到朋友之間這樣的互動關係；丈夫瞞著妻子在外面花天酒地，也不屬於法律管轄的範圍。一個吝嗇、卑鄙、自私的小人，即使拔一毛而利天下而不為，但他卻可以完全不受任何法律的制裁。

　　所以一個從來沒有做過違反法律行為的人，不表示他的人品在道德上是值得肯定的，因為許多不道德行為，根本就不是法律規範的領域。同樣的道理，一個沒有觸犯法律的行為，不表示該行為合乎道德。有人說「法律是最低的道德」，指的就是：只是沒有違法，並不是在道德上值得稱讚的事；因為在某種意義上，守法只是滿足

道德的低標而已。

四、徒法不足以自行

　　我們前面談到，知道法律是常識或知識，但是遵守法律是道德，所以要成就一個有秩序、穩定、安全的社會，依賴的是社會上多數人具有守法的觀念，而從事守法的行為，則是道德的表現。然而有人可能會對這點提出質疑，認為我們只要嚴格執法，法律就可以維繫一個穩定、安全的社會，因此不需要強調道德，人民是否養成守法的習慣或道德，根本不重要，只要透過嚴格的執法，就可以達成法律的效用。

　　這樣的說法在道德教育淪為口號、道德勸說失靈的社會，似乎有些道理，透過嚴格的執法監督人民，不管人民有沒有守法的意願，只要違法，就會受到適當的法律制裁，這樣就可以維持社會秩序、維持社會穩定。但是這樣的論述有一個盲點，那就是：誰來執法？如果執法者缺乏道德，誰來監督執法者？換句話說，想用嚴格執法來代替道德呼籲，必須先滿足一個重要的前提，那就是執法者認真負責地執行自己的任務、而且公正無私。也就是說，有效執法的先決條件是執法者必須對自己的工作有一分道德承諾，如果執法者沒有道德，如何嚴格執法？所謂「徒法不足以自行」就是這個道理。

　　2010 年 7 月 13 日，特偵組「正己專案」查出四名臺灣高等法院司法人員，涉嫌在承審苗栗銅鑼科學園區開發弊案時收賄。2011 年 6 月 30 日臺北地方法院宣判，高等法院法官陳榮和求刑 18 年、蔡光治 20 年、李春地 11 年 6 個月、板橋地檢署檢察官邱茂榮 6 年。根據報導，這些人至少收受苗栗前縣長何智輝 800 萬元的賄款，這是

司法史上最大的集體貪瀆案。

　　媒體報導，臺北市警察局中山分局從 2018 年遭檢調查出，有多位警察涉嫌包庇轄區酒店之後，2021 年 1 月 7 日再查出 3 名員警收賄。根據 2022 年 6 月 23 日的媒體報導，新北市、桃園市和新竹市三地爆發 9 名員警涉嫌收賄，配合代辦業者開不實罰單，鑽《道路交通管理處罰條例》這項法規的漏洞，讓吊扣牌照的車輛變成吊銷車牌，再讓業者重新領牌上路，每輛車收取上萬元回扣，員警收賄金額可能超過新臺幣一百萬元。

　　警察和司法人員都是執法者，但是執法人員受到利益誘惑而違法情事，經常在媒體被揭露。如果法律要有效運作、產生它應有的功能，顯然必須仰賴執法者，但是如果執法者沒有道德、知法犯法，誰來監督他們？

　　2010 年 5 月 28 日，臺中市「日月生物科技公司」發生一樁命案，死者是翁奇楠，他是一名犯有綁架、強盜殺人等前科的地方角頭，假釋後金盆洗手卻遭槍擊身亡，案發時竟有 4 名員警在現場。事後調查發現，該生技公司經常有警察出入，根據一名員警的敘述，在案發前他多次前往該公司，參與打麻將、撞球、電腦遊戲或在該處沙發休息。這個事件重創警察形象和公信力，臺中警察局也遭到監察院的糾正。

　　事實上，翁奇楠命案暴露警察與黑道之間的糾結，所以政府在 2011 年 7 月 20 日將法務部的政風司，改制為「廉政署」，就是效法香港的廉政公署，目的在防貪和反貪。但是如果廉政署主要的功能是監督公務人員的貪腐，廉政署的公務員貪腐誰來監督？是不是再成立一個「太上廉政署」來監督廉政署；但是「太上廉政署」的公

務員如果貪腐誰來監督？是不是再成立一個「太上太上廉政署」？制度的建立永遠需要「人」來運作，如果人心貪婪容易受到利益的誘惑，每一個環節的人都可能出問題。

換句話說，不論監督機制多麼嚴密，每一個層級的執法者都是「人」，如果人的品格有問題、見利忘義，任何層級的執法者都可能被收買、因利益誘惑而腐化，因此任何外在的監督都是治標而不是治本。所以結論是：法律再好也無法弊絕風清，最後的關鍵還是道德；因為法律有效執行的必要條件是：執法者有一定的道德操守。如果執法者的品格有問題，法律形同具文，更糟糕的情況是：成為這些人不當獲利的工具。

五、只靠法律，代價太高

前面已經簡略提到，只靠法律的外在制裁來維護社會秩序，付出的代價會很大，現在針對這一點進一步說明。

有一次我應邀到一所大學演講，聽眾是該校的教職員，我演講的主題是道德和幸福人生之間的關係。講完之後，留時間給聽眾提問題。有一位經濟系的教授舉手表示，從經濟學的角度，人都是利己的，所以道德是空的，社會需要的是法律不是道德。

這樣的想法很普遍，這也顯示一般人對「道德」的瞭解是膚淺的。我用以下的論點回答那位經濟系的教授：「只靠法律成本太高，從經濟學的角度是不划算的。譬如：週末一家人去餐廳用餐，端出來的菜上面也許看不到蟑螂，但是有可能這盤菜在廚房熱炒時，掉進了一隻蟑螂，師傅的做法是把蟑螂拿掉，然後直接就把菜端出來，所以你雖然沒有吃到蟑螂，但可能吃到蟑螂的排泄物；或者如果炒

菜的師傅不但認識你，而且討厭你，所以他邊炒菜邊在你要吃的菜上面吐口水。如果你不想吃到這樣的菜，必須寄望於廚師有點道德。如果不講道德，你如何保證自己不會吃到被廚子汙染的食物？」

如果想要避免這樣的事情發生，又拒絕依賴道德良心、只靠法律的外在制裁，唯一的做法是：在每一家餐廳或食堂的廚房，至少設置一名警察，監督廚房裡的工作人員有沒有注意衛生。但是如果這樣做，我們需要多少警察才夠？人力成本有多高？

更何況不止餐廳或食堂需要這樣的監督人員，每一家生產單位，如果要確保在製造產品時不做手腳，也都需要設置監督人員，因為即使政府設立各種檢查機制，每種產品都會受到抽驗，但是有些不道德行為是無法檢驗的，譬如：前面提到的例子，廚師在菜裡吐口水，檢驗是沒有用的。食品製造最容易出現這個問題，許多食品在製造過程中，環境和素材可能是汙染的，譬如：製造者在製造過程中沒有把手洗乾淨、或水質不好，但是只要利用化學藥劑，就可以符合檢驗標準。因此製造者的道德良心，似乎才能保證我們真正能夠吃的心安。

以交通為例，如果人民沒有養成守法的道德，開車在路上，只要有機會就不守規矩，只靠法律要怎麼做？很簡單，警察可以抓這些違規的行為，然而如果要確保警察能抓到違規者，我們一定需要很多警察。想想看，一個社會要有多少警察、多少攝影裝置，才可能完全遏止違法的行為？

亂丟垃圾顯然是缺乏公德心，但是如果只講法律、不談道德，如何防止這類的缺德行為？我們需要多少警察才能產生有效的嚇阻作用？我常常用這個例子開玩笑，要抓到亂丟垃圾的缺德鬼，臺灣

2300 萬人口，可能需要 1000 萬個警察，而 1000 萬個警察裡面可能要有 500 萬名必須監督另外 500 萬，因為警察也會亂丟垃圾。如果加上每一個行業、每一個人的其他不道德行為，都是採用法律制裁，最後可能必須全民都是警察吧！

馬英九先生在擔任臺北市長時，我是臺北市政顧問的總召集人，經常參加每兩週舉行一次的治安會報，一般人民最擔心、也最可能發生在自己身上的犯罪是偷竊。從長期的統計數據顯示，臺北市發生偷竊事件的尖峰時間是下午四點到六點，這個時段發生偷竊事件的頻率，不是第一高峰就是第二高峰。有一次我和馬英九市長開玩笑說，這段時間為什麼是偷竊的高峰，因為這段時間正是下班尖峰時間、交通繁忙，警察都在路上指揮交通，沒空抓小偷了。這雖然是一個玩笑話，但是其實有幾分道理。所以如果只靠法律不靠道德，人力成本高，成效有限。

如果再加上前面論述的「徒法不足以自行」，強調法律的有效性必須建立在執法者的道德操守上，警察如果沒有道德，執法可以睜一隻眼、閉一隻眼，利用這種方式上下其手，法律可以發揮它應有的功能嗎？因此只想靠法律來維持社會的和諧穩定，無疑是將問題簡化。

更何況每增加一個監督機制，人事、行政設備的成本就會增加。只要計算一下一般人民在防範別人不道德行為所付出的代價，就可以理解這個道理。現在一般家庭的大門都要上好幾道鎖，許多家庭要裝上鐵窗，有些家庭把安全維護部分交給保全公司；有錢人家甚至雇用自己的警衛。如果一個社會的道德意識強烈，這些用來防範別人不道德的花費，都可以省了。歐洲許多國家的大眾運輸系統不

必設置管理員，它們依靠的就是人民普遍的公德心，因而節省了許多的人事成本；這就是道德能夠產生的正面價值。

我們的結論很明顯：不靠道德只靠法律，成本太高了！

六、只是沒有違法，並不是一個好社會

如前所述，日常生活中有許多不道德的行為並不違法，有許多的生活領域是法律無法管、甚至不該管的，這表示在一個只由法律管轄的社會中，允許相當多不道德行為的存在，這樣的社會是一個好社會嗎？

以私領域為例，根據現行的法律，只要不涉及家暴或不當管教等違反法律規定的行為，一個人如何對待自己的妻子和子女，政府不能介入。如果一位丈夫非常自我中心，對待妻子一點也不尊重，動不動就發脾氣罵人，不顧妻子的想法和感受；每天晚歸，電話也不打，或者寧願在外面縱情聲色，也不願意花時間經營家庭，更不用說用心培養親子感情。這樣的人顯然不是一個好丈夫，這樣的家庭也不是好家庭。但是如果除了法律的約束之外，這樣的人不會受到左鄰右舍的道德譴責，這是我們期待的美好社會嗎？

或者在家庭管教方面，有人對子女極為縱容、教養出來的孩子不知感恩，這顯然也沒有違法，但是這樣的管教方式好嗎？如果一個社會有許多這樣的家庭，這會是一個好社會嗎？

如果你的朋友約會經常遲到，法律能管這件事嗎？這不但不是法律管轄的範圍，即使法律想管也沒法管，約會遲到完全不違法，只是缺德而已：對人不夠尊重。如果一個社會中的人們沒有養成彼此尊重的品德，這樣的社會當然不是一個好社會。

　　如果你穿著普通，走進一家名牌服飾店閒逛，店裡的服務員用一副不屑的眼光看你，因為從衣著衡量你的經濟能力，認為你根本買不起店裡的任何一件服飾。當你看到這種充滿歧視的眼光時，心裡一定很不是滋味，這位店員雖然很不禮貌、有些失德，但是他並沒有違法，難道你知道他這樣做沒有違法，心裡會好一點嗎？應該不會。

　　我在回答那位「只要法律不要道德」的經濟系教授時，曾經舉了這樣的例子，我說，假設教授有一位年僅 7 歲的兒子，不小心掉進路邊的小池塘，池塘的水並不是很深，一名路人經過不但沒有相救，還拿出手機拍攝這位小朋友垂死掙扎的樣子。根據我們現在的法律，路人並沒有違法，我請問那位教授：他對這位路人完全不會怪罪或不滿嗎？因為他主張只要沒有違法就好，不必談道德。即使舉手之勞就可以救人，卻見死不救，這樣的行為雖然沒有違法，但可以完全無所謂嗎？即使等待救援的是自己的兒子，對方不救也沒關係嗎？

　　事實上一個社會如果老太婆跌倒沒有人扶、公車上的弱者沒有人讓位、舉手之勞的救人行為沒有人去做，雖然這些行為都沒有違法，但是這樣的社會絕對不是好社會。以下我們舉幾個令人心寒的例子，這些都沒有違法，但是如果發生在我們生活的社會，沒有人會歌頌這樣的社會。

　　1964 年 3 月 13 日，一位住在紐約市皇后區的夜歸女子叫做凱蒂·吉諾維斯 (Kitty Genovese)，她在自家附近被刺死。根據報導，她的鄰居一共有 38 人，親眼目睹這個慘劇發生或聽到她的求救聲，卻沒有一個人採取行動。這 38 人顯然都沒有違法。

　　2004 年 10 月 11 日，國道一號發生重大車禍，一輛小客車行經臺南的麻豆路段，被後方聯結車追撞起火燃燒，車內祖孫三代 5 個人，只有一對 8 歲的雙胞胎兄弟及時被救出。蔡先生一家開兩部車從高雄要搬到桃園，因麻豆路段路肩施工，蔡太太才一減速就被聯結車追撞，蔡太太、婆婆和九歲的長子，活活被燒死，蔡先生因為不同車而逃過一劫。家屬無法理解的是，為什麼當時沒有多一些過路人幫幫他們。

　　2005 年 1 月 10 日凌晨 1 點 50 分，臺北市仁愛醫院急診室接獲一名病患，年僅 4 歲的邱姓女童，當時邱小妹妹意識模糊，昏迷指數 7，心跳正常。後來因為到處找不到病床，沒有醫院願意收留，最後輾轉被送至臺中梧棲的童綜合醫院，才有空床位。送達時間是上午 7 點 30 分，上午 8 點緊急開刀，在右腦取出 80 c.c. 的血塊，昏迷指數 4，有生命危險，經過幾日搶救，最後在 1 月 20 日宣布腦死。邱小妹妹的病情如此緊迫，卻被當成人球一樣被各家醫院踢來踢去，最後拖過搶救的黃金時刻，這些推說沒有病床的醫護人員，都沒有違法。

　　2007 年 3 月 3 日榮總外科部主任魏拙夫，開車行經臺北市承德路六段，忽然心臟病發，下車向路人求救，卻沒有人理睬。幸好兩名巡邏員警經過，其中一名認識魏醫師，立刻將情況通報勤務中心，最後攔下一部路過的救護車，魏醫師雖氣若游絲，仍然指示救護車上的人，如何替自己進行專業救護。平時救人無數的醫生，當自己需要別人幫忙時，卻無人理他，如果不是碰到認識他的人，可能就此送命，這些相應不理的路人也都沒有違法。

　　2011 年 10 月 13 日，年僅 2 歲的王悅（小悅悅）在廣東佛山相

繼被兩輛車輾壓，7 分鐘內有 18 名路人目睹這場車禍，卻視而不見，漠然離去，最後由一名拾荒阿姨伸手援救。10 月 21 日小悅悅在醫院全力搶救下，仍告不治。這個事件引發大陸網友熱烈討論，但這 18 名路人也沒有違法。

　　顯然只是沒有違法，並不是一個好社會；因為沒有違反法律要求只是滿足最低的道德標準，這樣的社會仍然不是一個值得我們追求、會令我們滿意的社會。法律是冰冷的，道德是溫熱的；一個道德感濃厚的社會，才是一個有溫度的社會，而生活在其中的人也比較容易產生幸福感。

13 品德是什麼？

我們從小讀了很多歷史故事，像南宋「精忠報國」的岳飛，遭到與金人勾結的秦檜陷害，最後以「莫須有」的罪名被處死。一般人一定會說，秦檜是奸臣、大壞蛋；但現在有人認為，秦檜是幫皇帝揹黑鍋。

第二次世界大戰期間，希特勒進行的種族滅絕行動，虐殺了將近 600 萬猶太人；而且他的集中營對待囚犯的殘忍，令人髮指。希特勒不只是壞人，而且是一個邪惡的人。

2021 年 12 月 28 日，藝人宋少卿酒駕撞上計程車，遭移送法辦，這已經是他第五次酒駕被逮，輿論一片撻伐聲。酒醉駕車是非常缺德的事，它讓許多無辜者在不知不覺中陷入險境。但是宋少卿是大壞蛋嗎？也許宋少卿唯一無法自制的缺點就是愛喝酒和過度自信，以為喝了酒還是有能力開車。這些當然是很大的缺點，但我們可以只因為這樣的缺點就說他是壞人嗎？

即使真的是幫皇帝揹黑鍋，秦檜至少是幫兇，所以應該不是好人；希特勒肯定是極為不道德的人；但是酒醉被逮的人呢？我們似乎很難斷定曾經酒駕的人是好人還是壞人，因為要判定一個人是好人或壞人，可能需要針對一個人的更多特質進行整體的評估。然而日常生活中，在電視上看到一則新聞報導，我們就給新聞中的角色貼上「好人」或「壞人」的標籤，這樣似乎太粗糙了！

所以在探討品德和幸福的關係之前，我們必須先解釋一些道德

上常用的名詞，譬如：人格、品格、品德、好人或壞人。

一、人格和品格

「人格」(personality) 指的是一個人與生俱來的特質，譬如：我們說小張個性很隨和，小王比較急性子，小李是一個樂天派；如果這些特性是天生的、而不是後天修練的結果，我們稱為人格特質。當然性子比較急的人，也許可以經由後天的修養而有所改善，但是俗話說：「江山易改，本性難移。」天生的特質要完全改變，幾乎是不太可能。

我講話的速度很快，有些臺大學生在期末評論上常常會提到這點，他們說我說話太快，他們要抄筆記都來不及，有時候抄了上句，下句就接不上了；由於哲學課程的內容很有邏輯性，為了抄上一句話，聽不到下一句，接下來就聽不太懂，所以他們希望我能夠把講話速度放慢。每學期一開始，我都會提醒自己，講話速度不要太快。剛開始上課時，這個提醒也許發揮一點作用，但是不久我就故態復萌；只有腦子想到「慢一點」時，才會慢下來，如果沒想到，就又飛快了起來。我必須承認，要讓我把講話速度慢下來，實在很難做到，除非有人不斷提醒，否則我就是快。像每次錄音時，旁邊的友人一再提醒我，但我還是常常三個字用兩個字的速度講話，有時候字句含糊，被要求重錄。

有些人你聽他講話，越聽越急，因為他講起話來慢條斯理，有些訊息是聽者急著要知道的，但是不論聽者怎麼催他趕快說，他還是不急不徐，非把每一個字都咬得非常清楚不可。人格特質是天生的，並不是自己可以選擇的，不只講話速度，傾向於樂觀還是悲觀；

內向還是外向；這些主要是一個人的人格特質，不論自己喜歡或不喜歡，大概很難改變。

我曾經說過，我是一個非常內向害羞的人，許多人過去經常在電視的談話性節目上看到我侃侃而談，一定不相信我是這樣的人；但是我自己最清楚，這樣的性格一直不變，不論我在社會上多麼活躍，我的性格始終都是如此。到現在為止，能躲開的交際應酬我盡量不去，即使情勢所迫非去不可，到了那裡，我面對陌生人，經常手足無措，不知如何開口與人交談；直到有人問我一些我熟悉的問題，我立刻變得口若懸河、滔滔不絕，緊繃的神經才開始放鬆。因為我就是內向怕生的人，這就是我人格的特質，不管我喜不喜歡，就是這樣。

所以人格特質是天生的，但品格 (character) 則不同，品格是後天養成的。什麼是品格？我們經常會聽到有人稱讚別人慷慨、仁慈、正直、誠懇、正義，也會聽到有人被別人批評為吝嗇、貪婪、狡猾、殘暴，這些都是品格，被稱讚的那些品格是好的品格，我們把良好的品格稱為「品德」；而會被人咒罵的品格就是不好的品格。沒有人天生就具有壞品格或好品格，這些特質都是後天學習所造成的。

如果人格是一個人很難改變的先天特質；品格則是一個人很難改變的後天特質。每一種品格對應一個類型的行為，譬如：誠信品格對應的是不說謊、不欺騙的行為；仁慈對應的是關心別人、照顧別人、願意為別人付出；吝嗇則是對應一毛不拔、出手小氣。所以品格是人們在面對涉及道德處境時，會採取的行為傾向或習性。所謂「行為傾向或習性」就像人格特質一樣，擁有某種品格的人，幾乎會以該品格所對應的行為，展現在相關的道德情境中。譬如：一

個慷慨的人與朋友在餐廳聚餐時，通常會搶著付錢；而吝嗇的人則是等著別人去付賬。也就是說，在碰到可以展現出「慷慨」這個特質的情境，慷慨的人就會固定做出某種行為。

由於具有某種品格的人，會習慣性地從事該品格對應的行為，所以如果我們對某人有正確而且深刻的認識，知道他具有某種品格，通常可以在某種道德情境中預測他會做出什麼樣的行為。我的小姨子是一個非常慷慨的人，每次家族在餐廳聚會，她都會搶著去付錢；所以只要我們叫的菜快要上完了，就會看她起身，我們都知道她要做什麼。因此每次和她聚餐一定要一再強調「今天不歸妳付錢」，如果不在事前強硬表達我們的意願，她就會在所有人動作之前，把賬都付清。樂於付錢已經成為她和親友吃飯的習性，她習慣這樣做，而且就像是她的第二天性，自然就會這樣做，因為她已經養成慷慨的品格，這個習性使她在可以展現慷慨的情境時，很自然地去從事合乎慷慨的行為。

因此一旦我們確定知道某人具有某種品格，就幾乎可以確定他在某種情境下會做出什麼樣的行為。所以要瞭解一個人，必須瞭解他的品格。

二、品德和道德

一個人的品格是好或壞，就看他養成的行為習性是好的還是壞的。如果一個人養成從事不道德行為的習性，就是壞的習性或壞品格；譬如：沒有充足理由的經常性說謊就是壞品格。如果一個人養成從事道德行為的習性，就是好品格或品德，譬如：面對他人的苦難都會展現同情心就是良好的品格。

　　如前所述，通常「倫理」和「道德」這兩個詞被當成同義詞，但是如果要仔細區別，「道德」指的是行為的對錯，所以狹義的道德概念只針對「行為」進行評價。譬如：小張昨天和朋友約會無故遲到，這在道德上是一個錯誤或不應該的行為，一般來說，如果小張沒有特殊理由，和別人約會不應該遲到，所以我們針對「小張約會遲到」這個行為的道德評價是：他不應該這樣做，或他這樣做是錯的。狹義的道德只處理行為，評價它們是對或錯，應該或不應該。

　　當我們進行品格的評價的時候，就不只是針對行為。如果小張不是只有昨天約會無故遲到，而是經常如此或每次與人約會都會遲到，如果約會無故遲到變成小張根深蒂固的習慣，或無故遲到已經成為他的習性，我們會說他「不守時或沒有誠信」，當我們這樣說時，已經不是在評論「他昨天遲到」這個行為，而是認定他這個人具有的特質。換句話說，品格評價的對象是針對「這個人」，我們在評論「小張」是一個什麼樣的人。

　　所以我們進行狹義的「道德」評量時，針對的是單一的行為；然而當我們進行品格的評價時，對象不是單一的行為，而是針對一個人在從事某種行為的普遍傾向或趨勢，涉及的是：我們認定這個人具有某些特質。因此進行品格評價時，所涉及的已經不只是外顯的行為，而且包括支持這個外顯行為背後的理由或動機。

　　根據媒體報導，2016 年 6 月，福州一名年輕女子搭巴士時因讓座問題與一名老伯爭執，這名女子不甘被罵，反擊對方說：「我來月經要寫在臉上嗎？」影片引起網民熱議，有些網民認為讓座並不是道德義務，直斥老伯倚老賣老。讓座是不是道德義務雖然在網路上引起一般民眾的爭論，但是從倫理學理論來看，如果不是有特別的

理由，在公車上讓座給長者應該是一種道德義務。只從她不讓座的行為，也許我們會認定她這樣做是不應該的，但是如果我們知道她不讓座的理由，也許我們會收回我們的判斷，更不會因此認定她的品格不佳。

其實我們沒有辦法單從這個事件，判斷這名女子的品格如何，也許她的身體確實非常不舒服，所以不讓座理由是充分的；但是也有可能身體不適只是一個藉口，她心裡根本沒有想過要讓座，只是眾目睽睽下，沒有適當理由會遭民眾圍剿；甚至有可能她即使平時身體狀況良好時，也不會讓座。但是在這個新聞事件中，這名女子表面上的作為似乎是不應該的，然而我們卻無法判斷她的品格如何；因為判斷品格所涉及的訊息，遠超過外顯的行為。

2009 年 12 月，桃園市有一名男子和妻子分居後，靠著打零工撫養罹患糖尿病的女兒，但是每個月龐大的醫療費無法支付，於是這名男子跑到附近的工地偷取鋼筋，想賣錢付醫藥費，還沒得手就被抓到。這名父親愛他女兒的故事情節，會令人落淚。偷竊在道德上當然是錯誤的行為，是不應該做的，但是我們絕對不會說這位父親的品格是低劣的，因為他去偷鋼筋的理由和動機是為了籌措女兒的醫藥費，所以動機是良善的。基於良善動機卻做出不道德的行為，顯然在道德上是有瑕疵的，但是這種人的品格不見得是卑劣的。

可見品格的好壞和行為的對錯，有時候並不一致。一個動機良善的人，有時候可能做出違反道德的行為；而一個品格低劣的人，有時候可能做出來的行為是合乎道德的，司法體系中常常運用的「汙點證人」就是一個例子。有些刑事案件的共犯為了減輕自己的罪行，配合偵察單位轉為汙點證人，將案情和盤托出。汙點證人的作為有

助於案情的水落石出，減少司法資源的無謂浪費，也讓公理正義得以伸張。但是這些人會這樣做的動機，當然是為了自己的刑期可以縮減，因此即使他們這樣做是對的，但是我們不能說他們的品格是高尚的。為了自己少坐一點牢，這是純粹基於利己的考量，並不是什麼高貴的動機。所以當我們對一個人進行「品格」的評斷時，不是只考慮一個人做了什麼，而且也要考慮他是基於什麼樣的動機這樣做。

　　總而言之，一個人如果經常從事某一個類型的道德行為，他很可能具有該行為類型對應的品格。所以品德和道德有其相關性，但是判斷一個行為是否合乎道德比較容易，而判斷行為者是否具有相對應的品格則比較複雜，因為它涉及的不只是行為的對錯，還包括行為者在從事該行為時的理由和動機。

三、一個行為不能決定一種品格

　　如果品格的好壞和行為的對錯不一定一致，表示品格良好的人有時候可能做錯事，而品格不佳的人有時候卻可能做出合乎道德的行為，所以我們不能只從一個人所做的一個行為，就決定這個人的品格。

　　吳敦義先生在 2017 年當選中國國民黨的主席，許多對他懷有惡意或敵意的電視名嘴或民進黨支持者，經常用嘲諷的語氣稱他為「白賊義」。所謂「白賊」指的是一個人慣於說謊，也就是缺乏誠信的品格。為什麼有人會給吳敦義先生冠上一個這麼令人難堪的綽號？

　　根據吳敦義自己的說法，這是因為他在 1990 至 1997 年擔任高雄市長時，當時的高層承諾要讓前高雄市長王玉雲的大兒子擔任副

市長，但是被吳拒絕，因此王玉雲挾怨報復，所以叫他「白賊義」。但是民進黨的說法是，吳敦義擔任高雄市長被綠營的議員質疑政見沒有兌現，所以在議會裡罵他「白賊義」，這個綽號才在民間開始流傳。

　　叫一個人「白賊」是極為羞辱的事，等於說他講的話完全不能採信，品格極為低劣，不論吳敦義被冠上「白賊義」的理由是哪一個版本才是正確的，我們根據前面兩種理由之一，就稱呼吳敦義先生是「白賊義」，這樣合適嗎？

　　以吳敦義自己的說法，如果國民黨高層曾經答應王玉雲給他的兒子擔任高雄市的副市長，吳敦義原本同意後來卻拒絕，這樣可以稱他是一個沒有誠信的人嗎？即使吳敦義確實違反諾言，但是我們不能因為有人說了一次謊言，就立刻斷定一個人沒有誠信。

　　前面已經說過，品格是指一個人養成從事某種行為的習性，所以只做一次的行為不能決定一種品格。如果一個人說一次謊，就是沒有誠信的品格，那麼「誠信」這個品格可以從字典裡刪除，因為實際人生中應該沒有人一輩子沒說過謊，因此這兩個字根本沒有適用的對象。我在電視的政論節目上，碰到名嘴用「白賊義」稱呼吳敦義時，我會問他們：「在座當中有人一輩子沒說過謊嗎？請舉手！如果沒有人沒說過謊，吳敦義先生說一次謊就叫他白賊，在座可能全部都是白賊。」

　　我們每一個人一生當中難免會說謊，有些謊言是善意的；譬如：去探望一位生病朋友時，大部分人大概都會對他說「你今天氣色真好」，其實他的氣色並不好，這種謊言是一種安慰鼓勵的話。還是應該誠實的說：「你的氣色很差，大概活不了多久了吧！」這種實話太

不得體了，因此，沒有人會認為說善意謊言的人是白賊。

　　但是即使不是善意的謊言，我們也不會因為別人說了一次謊，就斷定他缺乏誠信的品格。熟識我的朋友通常認為我算是一個有誠信的人，但是我不但過去說過謊，而且以後一定還會再犯。我最常說的謊是：「沒空」、「這不是我的專長」。譬如：有人邀請我演講，如果我覺得路途實在太遠，或聽眾不適合，我通常會回答說：「沒空」，其實我有空，但不想答應邀約；所以回答「沒空」，完全是不實的謊言。此外，學術界難免會被邀請擔任論文審查，有些論文的內容雖然和我的研究領域相關，然而並不是完全相關，為了不想浪費時間，這樣的邀請我通常都拒絕，拒絕的理由是「這不是我的研究專長」。這樣的說法其實不是很誠實，因為雖然論文內容不是完全相關，但是在臺灣學術界我如果以專業理由拒絕審查，大概很難找到更適合的審查者。

　　儘管我沒有說實話，但是一般人大概不會說我「白賊」，因為並不是每一件事情都要說實話，才是一個具有誠信品格的人。每一種品格都可以區分核心和邊緣地帶，通常決定一個人是否具有某種品格，指的是他有沒有抵觸該品格核心部分所要求的行為。譬如：在法庭上說謊、詐騙取財、考試作弊，這些行為是「誠信」的核心；至於「怕太太生氣，騙她今晚應酬只喝一點點酒」，這是「誠信」的邊緣，沒有人會因為這樣的謊言而斷定他沒有誠信。

　　至於民進黨說，吳敦義的政見跳票，所以叫他「白賊義」，也是錯用了品格這個詞。政治人物政見無法兌現理由可能很多，也可能即使兌現了，反對政黨故意雞蛋裡挑骨頭，只有他在提出政見時明明知道做不到，故意欺騙選民，這才比較接近「白賊」。事實上，政

治跳票也屬於「誠信」這個品格的邊緣地帶，不能因為這點就斷定吳敦義是「白賊」。

同樣的，一個人如果做了一個誠實的行為，我們也不能認定他就是一個具有誠信品格的人；譬如：在法庭上願意作為汙點證人的人，只是因為他們想減輕刑責，並不是因為他們具有誠信的品格。有些生意人對外宣揚，他們做生意的理念是「童叟無欺」，這並不能證明他們真的在乎誠信，有可能只是標榜「童叟無欺」可以得到較好的商譽，生意會更發達；因此只是把「誠實」當成是經商的最佳策略，並不是為誠實而誠實，誠實只是賺錢的工具而已。生意人這樣做雖然合乎道德，但是動機卻是個人利益考量，因此並不具有誠信的品格。

如果一位多年不見的小學同學忽然來找你，請你去餐廳吃飯，充分展現出慷慨的行為，但你不能立刻就斷定他是一個慷慨的人，因為他請你吃飯也許另有所圖，可能要向你借錢，也可能需要你其他方面的協助。總之，每一個品格對應某一種行為，但是做了一次合乎該品格的行為，並不能證明行為者確實具有相對應的品格。品格比行為複雜。

四、瞭解一個人的品格，需要相當多的觀察

一個行為不能決定一種品格，因為品格不只是行為，還包括行為者在從事該行為時的動機；所以慷慨的人不只是與別人分享，而且樂於分享，而不是另有所圖。但是俗話說「人心海底針」，沒有人是別人肚子裡的蛔蟲，我們如何知道一個人的真正動機是什麼呢？我們惟一能觀察到的，就是別人展現出來的行為，因此想要知道一

個人有沒有品格，還是只能從行為入手。我們可以在不同時間、不同地點、不同處境，觀察一個人的所作所為是否出現一致性，以此推斷他是不是具有某種品格。也就是說，我們只能從行為者的行為是否已經成為習性，來推敲他的品格。

事實上，要判斷一個人是否具有某種品格並不容易，因為品格的判斷完全依賴外顯的行為，一個人的外顯的行為即使經常是一致的，我們也不能因此認定他具有某種品格。當然，如果小張經常展現幫助別人的行為，我們大概會認為他是仁慈善良的人，但是也有可能小張永遠只在別人看得見的時候，才表現出助人的行為。我們一般所謂的偽君子，就是這種人。偽君子永遠在人前才會表現出合乎道德的行為，所以即使我們看到小張的時候，他都在做善事，我們仍然無法確認他是仁慈的人，還是偽君子。因為真正仁慈的人，必須具有仁慈的動機，而偽君子只在表面的行為和仁慈者一樣，但是他的動機並不是為了幫助別人、解決別人的困難，而是希望博得好的名聲或其他的利益。

所以嚴格地說，即使是行為養成一種固定類型，也不等同於品格；行為一致性是品格的必要條件但不是充分條件，也就是說，具有仁慈品格的人，幫助別人一定是他相當穩固的行為類型；但是固定會幫助別人的人，並不保證他具有仁慈的品格，因為他可能不具有仁慈者具有的動機。也就是說，理論上有可能一個人並不擁有對應的動機，卻一致地展現出仁慈的行為；就像一個精緻的機器人，它可以透過輸入的程式，在所有需要展現出仁慈行為的情境時，它的表現和真正仁慈的人一模一樣，但是由於它不具有仁慈的動機，所以我們不能說它具有仁慈的品格。

　　但是一般來說，一個人如果能在不同情境表現出一致的仁慈行為，我們通常會認定他具有仁慈的品格；因為偽君子要永遠不被揭穿難度也很高，而且當一個偽君子也很辛苦，能夠在人前一套、人後一套的人，他的心理經常會產生自我衝突，要維持這種雙重人格、還能理智清明是一件相當困難的事。因此，如果一個人在行為上表現一致性，一般來說，我們應該可以認定他養成某種行為的習性、具有某種品格。

　　然而在日常生活中，從一個人的行為習性理解他的品格，還是有一定的難度。因為我們平時和他人接觸或交往，觀察到的都是孤立的行為，除非是朝夕相處的親人或朋友，否則很難知道某一個行為是不是從一個習性所導出的；有時候即使是很熟的朋友，我們也有可能錯誤的判斷他的品格。有些朋友交往很久，在某些關鍵時刻才發現自己並不瞭解他，因為品格涉及動機，「知人知面不知心」最能說明這種情況，所以要瞭解一個人的品格，在實際生活中並不是一件容易的事。老一輩常常勸告涉世未深的後輩說：「害人之心不可有，防人之心不可無」，也是這個道理，只從表面的行為，並不能斷定一個人的品格如何，因為行為背後的動機才是關鍵。

五、什麼樣的人才是好人？

　　我們常常說某某人是好人，某某人是壞人，這樣的說法並不精確；所謂的好人是沒有做過錯事、而所謂的壞人是沒幹過好事的人嗎？美國第三任總統傑佛遜 (Thomas Jefferson, 1743–1826) 是美國獨立宣言的起草人，他在公共領域的成就是世人所肯定的，但是他的私生活卻有很大的爭議，據說他和他的奴隸僕人之間有染，並生下

孩子。孫中山先生是兩岸推崇的革命先行者，他就讀的是西醫書院，身為醫生，卻不忍中國人民在滿清末年不堪的處境，從事推翻滿清的工作，鼓吹革命、喚醒民眾，這是一件誅九族的造反行動，他也因此被清廷四處追捕、長年流亡海外，經過十次革命失敗，最後終於推翻滿清。他對中國社會的貢獻無庸置疑，但是他的私生活也不是清白的。應該沒有人會懷疑傑佛遜和孫中山是好人，但是他們也曾經做過違反道德的行為。

相對的，即使是一般認定的「壞人」，一輩子應該至少也幹過一件好事，俗話常說「虎毒不食子」，意思是再壞的人也可能愛護自己的家人或親人，因此所謂的壞人，也可能做出合乎道德的行為。希特勒的殘忍，稱他為屠夫、壞蛋應該不會有人質疑。但是希特勒沒幹過好事嗎？希特勒在德國第一次世界大戰失敗後上任，當時德國的經濟瀕臨崩潰，通貨膨脹非常嚴重，希特勒不但大幅降低失業率，也使德國經濟快速復甦，他對德國的貢獻也是他後來能贏得民心、掌控德國的理由。也有人指出，希特勒討厭抽菸，所以他是世界上第一個發起禁菸運動的人；此外，他是素食主義者，不吃肉、熱愛動物，世界上第一個保護動物的法案也源自於希特勒。

前總統陳水扁因為貪汙曾經坐過牢，這是眾人皆知的事，但是知情的人都知道阿扁並不貪財，他可能是因為太愛妻子，妻子的話言聽計從，所以才惹來牢獄之災。阿扁是好人還是壞人？

前面我們提到，行為是外顯的，判斷一個行為是道德上對或錯，相對的比較容易；而要判斷一個人是否具有某種品格，則是一件比較不容易的事，因為品格的判斷不只涉及行為，還涉及行為者的動機。事實上要判斷一個人是好人還是壞人，比判斷他是否具有某種

品格還要難，因為品格有很多種，有些人具有某些品格，卻缺乏其他。譬如：一個慷慨的人可能很好色，一個守法的人可能很小氣，一個誠實的人可能不太仁慈，如果每一個人都有些不完美，我們如何認定好人或壞人呢？

當然，如果一個人擁有所有的良好品格，一定是一個好人，但是這種人是完美的聖人，在現實世界中大概不存在這樣的人，「人非聖賢，孰能無過」，孔子說：「若聖與仁，則吾豈敢？」可見孔子也不敢稱自己為聖人。更何況如果我們要求的好人是：擁有所有的品德，這更是絕對不可能的事。譬如：證嚴法師、印度的德蕾莎修女是公認的慈善家，沒有人會認為她們不是好人，但是她們也不是擁有所有的品德。她們一定是仁慈、善良、慷慨的，但是她們至少沒有展現過「正義」這個品德，因為正義或不正義常常涉及政治領域的制度或政策，然而她們並不介入政治事務，所以政經制度上的不公平，完全不是她們關心的對象，因此即使世人公認的好人，也不是擁有所有的品德。

我比較傾向於不把人簡化成好人或壞人，因為人是複雜的，每一個人都有好的一面，也有不好的一面，如果一定要用好人、壞人來區分，也許可以採取這種方式：一個人擁有的好品格多於壞品格，就可以稱為好人；壞品格多於好品格則是壞人。但是這樣的說法還是有點籠統，比較明確一點的評論方式是：對人類或社會的貢獻正面多於負面的人就是好人，負面多於正面的則是壞人。如果有一個人平常品性不端，但是可能在重要的關口犧牲自己的性命，拯救了全村，小惡和大善相抵，這個人對社會的貢獻是正面的；平時為惡的人只要改邪歸正，從此也可以變成是一個好人，佛家「放下屠刀，

立地成佛」就是這個道理。

最後要強調的是，最好盡量避免使用「好人」或「壞人」，來對「人」進行道德評論，因為這樣太過簡化；而且如果判斷一個人是否具有某種品格本身就很困難，則判斷一整個人更容易出錯，最好是就事論事。使用「一個人是好人或壞人」的說法，有時候可能會誤導，因為某些事可能正好是某一個好人的缺點，他在面對這種事情反而比較會做錯；而某些事情可能是某個壞人的長處，他在這件事上可能所做的是對的。可以想像的是，如果「好人」不是品格完美的，有的好人比較容易被金錢誘惑而偏離正軌、有的比較容易被美色引誘；完全不會做錯事的人是絕對稀有的，使用好人或壞人，在進行實際的道德判斷時，似乎不具有太大的意義。

六、辛德勒的故事

舉一個實際的例子，進一步說明好人或壞人很難評價。

第二次世界大戰後，以色列在耶路撒冷郊外的山丘上，建立一座國家大屠殺紀念館，為了紀念納粹大屠殺的受害者以及曾經幫助他們的人。紀念館前面有一條樹木夾道的正義大道，每一棵樹代表一個在納粹期間不顧生命危險拯救猶太人的人，只有那些助人而不求回報或不為利益的人，才有資格並列於正義大道的兩旁。即使經過嚴格的篩選，漫長的正義大道仍然無法容納所有需要被種下的行道樹。那裡現在有超過 6 千棵樹，而且一定還有很多無名的恩人尚未被揭露，表示即使在那麼恐怖的年代，人心的善良並沒有被死亡的陰影遮蔽。

在這個紀念館中，最知名的英雄是瓦倫堡 (Raoul Wallenberg)，

他是瑞典的生意人，1944 年奉瑞典政府之命，進入匈牙利首都布達佩斯，透過外交手段，直接或間接保住 12 萬名猶太人的性命。另一位猶太人的重要救命恩人是辛德勒 (Oskar Schindler, 1908–1974)，辛德勒也是生意人，他是出生於捷克的德國人。

1993 年由著名的美國導演史帝芬史匹柏所導演的一部電影，片名叫《辛德勒的名單》(*Schindler's List*)，這部電影獲得最佳電影、最佳導演等七個奧斯卡獎項，三個金球獎；2007 年美國電影學會將它列在百年百大電影榜的第八位 。這部電影的情節就是描述辛德勒在第二次大戰期間拯救猶太人的故事。

第二次世界大戰初期，辛德勒熱情地支持納粹運動以及德國併吞捷克的主張，納粹軍隊進入波蘭後，他接管了波蘭第二大城克拉科夫 (Cracow) 的一家猶太人的工廠，所以他是以戰爭獲利者的身分來到波蘭，鮮明地穿戴著納粹的標記。戰爭前，辛德勒明白表示對納粹軍事目標的同情和支持，所以曾經在波蘭南部以推銷員的身分，當過德軍情報部門的間諜；辛德勒到克拉科夫其實是為了發戰爭財，他透過接管的工廠，生產東西賣給德軍而獲得龐大的利益。

但是當納粹開始逮捕克拉科夫的猶太人到集中營時，辛德勒以生產報國的理由，保護工廠裡的猶太籍工人；當成群的猶太人被送進運牛的列車時，辛德勒及時出現在月臺上，以賄賂或威脅的手段，要求釋放具有生產技術的工人；他甚至秘密旅行到布達佩斯，與地下工作人員會面，以取得納粹滅絕行動的消息。俄國軍隊在戰爭結束前攻打波蘭的時候，他把工廠和全部的工人遷往他自己蓋的「勞改營」，這是全歐洲唯一沒有任何猶太人挨打、做勞役、餓死或被槍決的勞改營。辛德勒的做法充滿了危險，他曾兩度被蓋世太保逮捕。

在第二次世界大戰結束之前，辛德勒還是公開扮演納粹的角色，但是卻在情感、願望和行動上，將自己與納粹的理想分離。1944 年 7 月 20 日的晚上，他和他的猶太工人在一起時，他希望聽到希特勒死亡的新聞；在戰爭的最後一個月，他讓他的彈藥工廠生產出沒有用的彈藥。

戰爭結束，辛德勒庇護的工人至少有 1200 人活了下來，如果沒有辛德勒，這些人應該很難活命。從平時甚至戰後的日常生活觀察，辛德勒就是一個平凡無奇的人，但是他在適當時機展現出英雄式的利他精神。俗話說「救人一命勝造七級浮屠」，辛德勒不只救人，而且他是在冒自己生命危險的狀況下救人。辛德勒早期的投機商人、納粹支持者的形象，因為他的作為而全面改觀，應該沒有人可以否認，辛德勒在道德上的成就超乎常人。

有一次他和一位集中營的納粹軍官賭博，他把當晚贏來的錢，拿來換取這位殘暴軍官的猶太女傭，他提出來的理由是：他需要一位熟練家事的女傭，其實他的真正用意是營救這位猶太婦女的生命。然而在實際生活中，辛德勒是一個好賭、好酒的人，而且他在性關係中對女人不忠，這似乎長期折磨著支持他的妻子；此外他對自己不正義的財富沒有良心不安；雖然他不是那種會不誠實而出賣朋友的人，但是他對誠實本身並不在乎，他輕易地說謊，也很有技巧地佔秘密警察普遍腐化的便宜，而且和納粹軍官維持不真誠的友誼。

除了在戰爭期間所展現的勇敢和超人的仁慈之外，辛德勒在品格上顯然有不少缺點，這樣的人是好人嗎？沒有人會否認，戰爭期間的辛德勒是一名道德英雄；但是平時的辛德勒，似乎很難算得上是一個好人。也許戰爭和納粹的大屠殺，激發出他仁慈的品性。那

麼辛德勒到底是好人還是壞人？這似乎是一個難題，如果冒生命救一個陌生人是一件極大的道德成就，辛德勒多次從事這樣的救人行動，道德上的卓越表現應該勝過他所有不道德的行為，因此一般人可能會認為，戰爭六年的表現，足以掩蓋辛德勒平時生活中不太道德的形象。

　　辛德勒的故事再次證明：好人或壞人的說法，簡化了道德的複雜性。

14 品德與幸福——亞里斯多德的觀點

對於品格，亞里斯多德是最早、最有系統的研究者，亞里斯多德的倫理理論中最重要的語詞是德行 (virtue)，這個詞在古希臘是「卓越」的意思，在任何方面表現卓越，都可以稱為德行，譬如：相貌姣好、跑得很快、投籃的準確率高、體格健壯，這些都是德行。因此從亞里斯多德的用法，我們可以區分道德上的卓越和非道德方面的卓越，而道德上的卓越就是品格良好，也就是品德。由於我們關注的是道德和幸福的關係，所以不談非道德方面的卓越。

亞里斯多德於西元前 384 年出生，他的父親是馬其頓國王的御醫。這個背景對亞里斯多德未來偏重自然與經驗科學的研究傾向，具有重要的影響。亞里斯多德雖然不是雅典人，但他畢生的多數時間都待在雅典。他在西元前 367 年 17 歲時來到雅典，在柏拉圖的學院學習長達 20 年之久，直到柏拉圖於西元前 347 年過世為止。

雅典在當時是地中海的文化中心，雅典公民對年輕的亞里斯多德並沒有好印象，理由有二：⑴他來自希臘北方的馬其頓，是一個鄉村孩子，顯然缺乏文化的細緻感。但雅典人這個偏見是錯誤的，亞里斯多德的父母都是醫生，父親還是馬其頓國王的宮廷大夫，宮廷圈不可能是不文明的，而且他們對教育的重視從送亞里斯多德到雅典，就可以證明。⑵亞里斯多德不受歡迎是因為他和馬其頓皇室的關係，馬其頓有軍事野心，不斷進行軍事擴充，事實上馬其頓後來佔領大部分的希臘，包括雅典最後也被它征服。

　　在柏拉圖的學院裡，亞里斯多德展現過人的才智以及堅毅的學習精神。據說他曾經製作一個用來叫醒自己的機器，以避免睡眠太多，打斷了做研究的時間。柏拉圖死後，學院由柏拉圖的侄子繼續主持，亞里斯多德更加孤立，覺得自己的主張與主事者不合，又不願屈居其下，於是他選擇離開雅典。

　　後來亞里斯多德應當時馬其頓國王之邀，進入馬其頓宮廷擔任私人教師，負責教導當時年僅 13 歲的王子，即後來的亞歷山大大帝 (Alexander the Great)。在亞歷山大登基後，亞里斯多德結束了他的授業；亞歷山大重建了亞里斯多德的故鄉，以感謝他的教導，但師生之間的關係卻日漸淡薄。亞歷山大於西元前 334 年東征，亞里斯多德再度回到雅典，受到亞歷山大指派之攝政王的保護。

　　回到雅典以後的亞里斯多德，在雅典東北郊的利西塢 (Lyceum) 創立了自己的學院，該學院除了從事教學與研究的工作外，還設有圖書館，堪稱史上第一座圖書館。其中不但收藏了相當多書籍，還藏有許多生物標本、手稿和地圖。由於亞里斯多德常和學生在學院的迴廊裡邊散步邊討論哲理，因而他和其門徒得到「逍遙學派」(the Peripatetics) 的雅號。

　　亞里斯多德在利西塢教了 11 年，這是他生命中創作力最豐富、最有成就的時期，但不幸的是，西元前 323 年亞歷山大突然死亡，希臘各城邦隨即掀起反馬其頓的浪潮，雅典人也發現這是去除馬其頓攝政王最好的時機，在這種反馬其頓的浪潮中，亞里斯多德再次受到政治災難的打擊。和蘇格拉底被指控的罪名一樣，他被控不忠、「褻瀆神明」。為了避免步上蘇格拉底命運的後塵，亞里斯多德離開雅典。據傳聞，亞里斯多德曾說，他這麼做是為了不讓雅典人二度

迫害哲學家。西元前 322 年，亞里斯多德因病過世，享年 62 歲。

一、品德和技能的類比

　　亞里斯多德在解釋品格時，最常拿「技能」進行類比，他認為品格不是天生的，而是像技能一樣是經由後天的訓練、養成習慣而得到的。因為自然的本性不可能經由訓練而改變，所以把一顆小石頭往上拋，它自然會往下掉，我們不可能靠訓練，使石頭變成往上移動。因此品格的養成就像琴藝或烹飪技巧一樣，是經由適當的訓練培養出來的。

　　當然，在形成品格的材質上，有些人具有天生優勢，譬如：有些人天生就比較有同情心或心地比較善良，所以他們在形成「仁慈」這個品德上具有一些先天的優勢。就像樹木，有些樹種用來當建築材料，在先天上比其他樹種佳。天生的好品質亞里斯多德稱為自然德行 (natural virtue)，但並不是品德，這些天生的好品質必須經過後天的訓練，才可能成為真正的品德。就像璞玉，天生的材質很好，但是必須經過琢磨才可能顯露光芒。

　　如果用技能作類比會更清楚，即使經過同樣的訓練，有些人投籃就比其他人準確，雖然勤能補拙，但是天分對運動員的成就還是具有一定的影響。然而如果一個人具有籃球或鋼琴天分，卻從來不練習，也不可能成為傑出的籃球員或鋼琴家。要成為一名傑出的鋼琴家，除了天分之外，必須不斷的練習、長時間的努力；所以品格就像技能一樣，主要是靠後天的培養。

　　但是品格不同於技能，因為技能優劣完全由其成果決定，但是品格的好壞並不是完全由其表現的行為決定。譬如：一名鋼琴師是

否優秀，完全決定於他彈奏曲目的表現；一位籃球員是不是好的籃球員，完全由他在籃球場上表現的數據決定；一名建築師是否傑出，就看他建造出來的房舍或橋梁是否安全、穩固、美觀。然而我們要認定一個人是否具有良好品格，不只看他是否在適當時機展現出適當的行為，而且也要看他是否擁有適當的情感和正當的動機。

以慷慨這個品德為例，一般而言，所謂慷慨是願意將自己所擁有的東西分享給別人，但是並不是所有與別人分享的行為都可以稱為慷慨，展現慷慨的行為涉及在正當的情況、付出正當量的正當東西、基於正當理由，分享給正當的人；所謂「正當的量」在許多情形是「我可以負擔的量」，如果一個人明明不是很富有，與一群朋友在高檔餐廳聚餐時卻搶著付錢，這是打腫臉充胖子，不是慷慨。同樣的，家庭負擔沉重的人在聖誕節沒有送禮物給更有錢的朋友，並不算吝嗇或不慷慨；如果確知朋友根本就想佔便宜，而拒絕當冤大頭，這也不算吝嗇或不慷慨；而且慷慨不會要求我們幫助那些懶骨頭或援助揮金如土的人。

展現仁慈這個品格的行為也一樣，不只是幫助別人而已，幫助別人也要看時間、情境、對象是否適當。所以一個真正具有仁慈品格的人，不只在適當情境幫助他人，而且他幫助的對象是真正需要幫助的人，並且他在幫助別人時絕對沒有心不甘情不願，真正仁慈的人心理上不會有任何一絲的勉強；此外，在從事仁慈的行為時，行為者的起心動念就是單純的助人，懷有任何一點額外企圖的助人行為，譬如：渴望得到報酬或好名聲，都不是真正的仁慈。

所以一個人要展現某一種品德時，需要充分運用他的理性，對他的行為所涉及的人、事、時、地、物進行慎思，然後做出合宜的

判斷，這就是亞里斯多德所謂的「實用智慧」(practical wisdom)。因此，每一個品德包含著智慧，顯然有品德的人不是濫好人、不是冤大頭，更不是鄉愿，而是以智慧來處理和應付日常生活事務的人。

二、品德合乎「中庸」之道

　　根據亞里斯多德的觀點，人的理性充分應用到實際生活中，就會產生實用智慧，而這正是品德的展現；從另一個角度來說，品德也可以說成：人的非理性部分受到理性的節制，或者人的欲望、興趣、偏好和情感的表達，聽從理性指揮的結果，這種情況下的情感或欲望就是適度的。對亞里斯多德而言，人的情緒如憤怒、歡笑，或者食色的欲望，都可以展現出來，只要這些情感或欲望是適度就可以。以憤怒為例，當一個人碰到不公不義的事情會生氣，這是「正義」這個品德的適當展現，所以我們會說他「義憤填膺」；如果一個人對這樣的事情不會生氣或無感，我們會認為他缺少正義感。因此，「生氣」這樣的情感只要在理性指引下產生，則是品德的一個面向。

　　問題是：什麼叫做適當的欲望或情感呢？亞里斯多德提出所謂的「中庸」的說法。什麼是中庸？中庸是由理性或實用智慧所定義，品德就是兩種惡（過和不及）的中庸狀態。根據亞里斯多德的說法，品格的卓越與否涉及情感和行動，一個人在呈現情感和行動時，可能會有過多、不足或中庸的表現，譬如：面對危險的情境，每個人都會產生恐懼感，但是恐懼的量可能太多、太少，也可能是適量。一個人在適當時間、適當情境、對適當的人、以適當的動機和適當的方式，擁有適量的情感或行為表現，才是中庸，也是良好品格的顯示。所以面對危險情境的過度恐懼就是懦弱，太少恐懼是魯莽，

適當恐懼是勇敢，勇敢才是品德。

　　但是這不是主張：有一個固定量的恐懼，當面臨危險時呈現這個定量的恐懼就是勇敢。不同的情境、不同的人、不同的時間，展現勇敢行為的情感狀態並不一樣，一個小孩掉到波濤洶湧的大浪中和掉到小池塘，一個打算拯救他的人，心中所需要克服恐懼的量是不同的。在這兩種情境中，同樣是救人行為，行為者這樣做都顯示他們具有仁慈的心腸，但是我們不會說進入小池塘救人的行為是勇敢的。然而如果目擊小孩掉到小池塘的人不會游泳，他卻願意冒險救人，這種情況下也許我們會說他很勇敢，所以亞里斯多德主張品德的中庸是相對於不同的人。

　　我們需要進一步說明的是：中庸的標準因人而異。如果一個孩子溺水的地方只是一個小池塘，而目擊者是身高 180 公分的大漢，救人就是他的義務，他如果在這種情況下不去救人，一定會受到大眾的道德譴責；但是如果目擊者是一位 7 歲的孩童，應該沒有人認為他應該跳下水去救人。所以「救人」這個行為，對 180 公分的大漢是合乎中庸的表現，對那位 7 歲孩童則是太過。

　　如果這位孩子掉進波濤洶湧的大海之中，而目擊者是游泳健將，跳下去救人也許是中庸的表現，但是對一個不太會游泳的人，要求他在這種情況下去救人，就是要求太多，不合乎中庸原則。如果品德是展現合乎中庸的行為，不同的人在不同的情境，中庸會要求不同的行為，因此中庸的標準因人而異。

三、品德不是例行公事，涉及生活智慧

　　品德為什麼包含智慧？一個有品德的人在處理生活事務時，雖

然是基於他的習性，但這並不像例行公事；由於生活情境不是一成不變，每一次面對的新事件都存在不同的變數，因此什麼叫做合乎中庸，會因情境不同而不同，所以合乎品德的行為也不是一成不變，每一個特殊情境都需要判斷，正確的判斷需要智慧，所以實用智慧是品德的要素。

舉一個例子說明。假設小張具有勇敢的品德，譬如：他在等公車時看到有人插隊會挺身而出，要求插隊者按規矩排隊。但是如果小張碰到一名搶匪，拿著槍指著他，威脅他把身上的現金和值錢的東西交出來，否則對方會開槍；這時候勇敢的小張應該斥責搶匪，告訴他搶錢是不對的嗎？勇敢的人在這種情況下應該毫無畏懼、絕不把身上的財物交給搶匪嗎？答案應該是否定的。

勇敢的人面對令人害怕的事情時，會展現出適度的害怕，但是如果歹徒拿著槍指著小張，小張膽子夠大，不但不怕，還反過來痛罵搶匪，這似乎不是勇敢的表現，而比較接近魯莽，因為他恐懼的量太少了。所以一個勇敢的人，在面對不同狀況的恐懼情境時，必須判斷應該如何做才是勇敢，害怕程度的過猶不及都不是品德。

至於何種情境的挺身而出才算「勇敢」，必須針對個案進行審慎的考慮，即使是制止別人插隊，也不是所有這類行為都是勇敢。如果小張遇到的是一群凶神惡煞似的混混插隊，對方人多勢眾，這時候小張出面要求他們不要插隊，可能面臨被對方痛打一頓的危險，因此在這種情況下的制止別人插隊就是缺乏智慧，所以也不是勇敢的行為。這種情境如果現場有警察，應該找警察來處理；如果沒有，也許忍氣吞聲並不是不勇敢，所謂「識時務者為俊傑」，才是有智慧的做法。

　　根據前面的討論，每一種品德的展現，並不像有一條規則，要求人們從事固定的行為。由於每一個情境的因素都不相同，所以必須透過智慧的判斷，才知道在該情境中做出什麼樣的行為才合乎品德的要求。因此，合乎品德的行為不是例行公事，因此並不是永遠不說謊叫誠信，永遠不害怕叫勇敢，永遠都願意與別人分享自己所擁有的東西叫慷慨。同樣的，仁慈這個品德也不會要求你永遠幫助別人，仁慈的人必須分辨什麼樣的人、在什麼樣狀況下才值得幫助。可見擁有品德的人，必須具有正確判斷的能力，這需要智慧，所以亞里斯多德才會說，擁有品德的人就是擁有實用智慧。

四、如何達成「中庸」？

　　《尚書》裡面有一段話：「人心惟危，道心惟微，惟精惟一，允執厥中。」這段話的意思大致是說：人的私欲貪念很容易使人墮落，必須專心一致走中庸之道，才能掌握正道。由於人性本來就有黑暗的一面，沒有人會否認自私、貪婪是人性非常頑強的欲望，也是人類背離道德良心最重要的根源，所以如何克服這些人性的劣根性，走向中庸之道，是一個很重要的課題。亞里斯多德提出三個實用性的原則，告訴我們如何達成中庸。

　　第一個原則是：遠離和中庸最對立的那個極端；第二個原則是：注意我們自己最容易犯錯的那個極端；第三個原則是：對快樂的事要格外小心。以下分別進一步說明。

　　「中庸」是介於「過」和「不及」兩個極端之間，每一個品德和兩極之間的距離不是固定的，有的品德離「過」比較近，有的則離「不及」比較近，也就是說，過和不及都是錯誤的行為，但是有

一個極端比另一個更為錯誤。由於「道心惟微」，所以要達到中庸是很難的，因此第一個原則告訴我們，我們可以採取次佳途徑，方法就是遠離最對立的那個極端。以「勇敢」為例，它的過和不及分別是魯莽和懦弱，如前所述，一個人如果在面對令人害怕的情境時，過度害怕就是膽小或懦弱；過度不害怕就是魯莽。而和「勇敢」最對立的不是魯莽，而是懦弱；也就是說，懦弱離勇敢這個品德的距離比較遠，而魯莽離勇敢比較近，因此我們如果要養成勇敢的品德，最需要遠離的是懦弱，這樣比較能夠接近勇敢。

　　以孩子的品德培養為例，我們如果要培養孩子勇敢的品德，最需要注意的是克服孩子膽小的傾向。一般認為，做錯事認錯是勇敢的一個面向；因此培養孩子認錯的勇氣，也是培養勇敢品德的一部分。通常做錯事的人最可能的傾向是沒有膽量承認自己的錯誤，所以提高孩子認錯的勇氣，是培養孩子具有勇敢品德最需要注意的。也許可以透過各種讚許或獎勵的方式，對待公開認錯的孩子，以培養孩子認錯的勇氣。當然，孩子做錯事必須得到適度的懲罰，才能制止他們一錯再錯，但是這和認錯得到鼓勵是兩回事，因為認錯本身也是一個行為，而且是一個合乎道德的行為，當然應該得到鼓勵和讚賞。

　　第二個原則特別針對的是個別差異，由於我們每一個人與生俱來的特質並不完全相同，所以在和品德對立的兩個極端中，有人容易犯的錯誤是太過，有人則是不及。這可以從不同事情帶來的快樂和痛苦中，發現自己比較傾向哪一個極端；為了達到中庸的目標，必須把自己擺到相反的方向，遠離自己容易被包圍的錯誤，這樣才會向中庸靠近。舉例來說，有人喝酒不知節制，有人則是花錢比較

不知節制，前者應該減少應酬，以免喝酒傷身；後者則應該減少逛百貨公司。現在的電腦或手機遊戲實在太好玩、太容易使人上癮，但是天天沉浸在電玩之中，顯然不是明智的，因此喜歡玩電腦或手機遊戲的人應該設法減少遊戲時間。事實上，每一個人最清楚自己會被哪種東西誘惑而不知節制，亞里斯多德告訴我們的就是：設法遠離這樣的東西，才是有智慧的做法。這個原則如果應用到兒童的品德教育，就是必須針對孩子的個別差異，因材施教。

第三個原則比較容易理解，我們必須特別注意令人快樂的事物和情感，因為快樂會干擾我們的判斷，所以將快樂擱置一邊比較不易犯錯。俗話常說「被快樂沖昏了頭」，這表示人們在快樂的時候，腦筋比較不容易清醒，我們常常因為沉浸在快樂之中，而忘了或忽略許多更重要的事，這大概是每一個人都多少會有的經驗，譬如：一位家庭主婦接到朋友的電話，聊得太開心了，忘了廚房的爐火還開著。朋友請的晚餐太好吃了，大快朵頤的結果，忘了體重會增加。

快樂會讓人失去理智，就是亞里斯多德的告誡。

五、品德是幸福的必要條件

從亞里斯多德對品德定義，似乎不難得到這樣的結論：品德和人生幸福密切相關；因為品德是有智慧地處理或經營人生，而一個人如果生活中充滿了智慧，他的人生應該是幸福的。

亞里斯多德認為，人類的任何活動都有目的性。譬如：醫學，它是以健康為目的；法律以正義為目的；同樣的，任何一個行為者自願從事某一個行為或選擇時，都是為了達成某些目的，而且認為這個目的是有價值的或是好的。如果看到一個人在跑步，問他為什

麼要跑步？他的答案可能是：運動或趕公車；如果接著問：為什麼要運動或趕公車？他可能回答說：減肥或趕上班。為什麼要減肥或趕上班？這樣的問題可以一直問下去，一個目的是為了另一個目的，但是這個目的系列不可能無限延伸，亞里斯多德認為，人類活動最終或最高的目的就是幸福。亞里斯多德的想法是，如果不存在最終目的，則我們永遠可以繼續問：「這樣做是為了什麼？」甚至「幸福是為了什麼？」如果這樣，則我們的任何行動都會失去依據和意義。

　　在實際人生中，有許多值得人們追求的目標，譬如：健康、感情、家庭、財富、名譽，而這些目標有時候會產生衝突，當一個人在面對魚與熊掌無法兼得的情況下，思考自己應該如何取捨時，不論他的判斷是否正確，似乎所有的考量都會以「幸福」為目標；也就是說，他在目標或價值衝突狀況下的思考點是：應該怎麼做比較接近幸福，所以亞里斯多德的「幸福」就是從一個人整體生命的角度，作為他在採取行動時的指引。

　　譬如：有人為了賺更多錢而拚命工作，最後失去健康或失去陪孩子成長的機會，一般人都會認為這是不明智的；因為錢再多，如果失去健康、失去陪孩子成長，這不是幸福人生，可見以「幸福」作為人生的最終目標，合乎一般人的直覺。但是令人疑惑的是：亞里斯多德論述一個一般人早已經接受的論點，意義又是什麼？理由是：如果幸福是人的終極目的，人如果想要追求幸福、獲得幸福，必須善用人特有的理性，因為錯誤的判斷可能使一個人以為自己的選擇是通往幸福的路，結果卻和幸福背道而馳。也就是說，人都渴望得到幸福，但是錯誤的判斷會失去幸福。而在人類生活中善用理性就是實用智慧，如果缺乏實用智慧，幸福只是幻想；因此，由於

品德包含智慧，顯然擁有品德是獲得幸福所必要的。

　　但是亞里斯多德的觀點立刻會令人質疑的是：具有良好品格的人是道德上的表現卓越，一般人稱為「好人」，但是好人和幸福人生怎麼會相關？因為在一般的想法中，好人和美好生活是兩回事：「一個好人生活卻過得不好」，這句話似乎一點也不矛盾。

　　以醫生為例。如果一名好醫生是醫術高明、視病如親，結果可能因此造成找他看病的人越來越多，他的工作負荷量越來越大，不只身體過度勞累、甚至沒有很多時間陪伴家人，這個結果對這位醫生本身似乎不是好的。相對的，醫術不特別高明的醫生，病人數量少，自己的時間比較多，事業和家庭都可以兼顧，也有時間運動、休閒。所以好醫生似乎對病人好，但對自己並不好。同樣的道理，亞里斯多德主張好人對自己是好的，似乎缺乏說服力；反而比較可信的是：當一個好人對別人是好的，但是對自己不一定好，可能常常是不好。

　　所有這些質疑，都是因為在一般的觀念中，「好人」的「好」是道德意義的好，而過好生活的「好」，則不具有道德意義，這兩者並沒有必然關係，所以俗話才會出現「好人沒好報」、「好人不長命、禍害遺千年」這樣的說法。因此亞里斯多德從道德上做一個好人，要推論出這樣的好人就會享有美好的生活或幸福人生，似乎缺乏足夠的經驗證據。

　　亞里斯多德如何回應這樣的挑戰？他可能會強調，挑戰者忘了好人是具有實用智慧的人，譬如一名好醫生絕不只是醫術高明，也必須是心地善良，但是一名心地善良、具有智慧的醫生，不會讓自己花費在看病人的時間、體力超過自己所能負荷；具有實用智慧的

醫生，雖然關心病人健康，但也知道自己身體健康的重要性，如果自己身體不健康，不能幫助更多病人；他也不可能不知道家庭生活、子女教育的重要性，因此他一定會在工作、家庭和個人健康之間作出最明智的均衡。所以有這樣的好醫生對社會當然是好的，對自己也是好的。對社會好的理由很清楚，對自己是好的理由是：好醫生可以幫助更多人恢復健康，可以因此提升自己存在的價值；而且從物質層面來看，好醫生應該也會名利雙收。因此作為一個好人、好醫生，對自己也是好的。

至於「好人沒好報」這類的俗語，具有一定的真實成分，亞里斯多德不必否定好人有時候不會有好報。因為亞里斯多德的主張是：品德只是幸福的必要條件，並不是充分條件；如果品德是幸福的充分條件，表示一個人只要擁有品德，就保證他的人生一定是幸福的。但是對亞里斯多德而言，好人有時候沒有好報的原因，並不是因為他是好人，而是因為好人也可能碰到不好的運氣，而影響他的幸福。譬如：一個好人也可能在路上被酒醉駕車的人撞斷了腿，或更嚴重的傷勢使他終身殘疾；好人的家也可能在強烈地震的震央，造成屋毀、親人亡故，這對他的人生當然是一個重大的打擊。也就是說，亞里斯多德承認，極大的壞運氣有可能造成品格良好的人變成不幸福；而運氣的好壞，並不是人所能掌控的。

亞里斯多德承認，品德並不是幸福的充分條件，幸福人生除了品德之外，還需要一些外在條件，譬如：金錢、食物、安全的房舍、健康和運氣等。但是品德為什麼是幸福的必要條件呢？必要條件的意思是：一個人如果沒有品德一定不幸福，因為品德是構成幸福人生的必要元素。我們在前面的章節舉了許多實際的例子：美國股市

套利王波斯基、阿扁前總統女婿趙建銘、前行政院秘書長林益世的故事，都證明「沒有品德一定不幸福」，那些透過不道德方法獲得財富或名位的人，最後是鋃鐺入獄、前途毀於一旦，以不幸福收場。

可以用「運氣」這個外在條件來進一步說明。亞里斯多德認為，任何人都可能遭逢惡運的打擊，有品德和沒有品德的人在這點上並沒有差別，但是差別在於他們如何應付惡運。一個真正善良的人不會淪落到悲慘的境地，因為他會採取最佳的行為，適當地應付命運的打擊。換句話說，即使人難免受到命運的擺弄，但是一個以品德主導自己生活的人，比較不會被惡運所動搖，所以他的幸福也比較不會受到外在因素的影響。

舉例來說：如果有兩個人同時應徵某家公司的一項職務，他們在經過面試後，兩個人都沒有被錄用。假設他們的知識和能力相當，但是品德修養不同。他們對這件事情的結果，會因為品德的差異而產生不同的反應。品德比較不好的人可能會抱怨這個職位早就內定，不然就說主試者沒有眼光，或是對自己有偏見；而品德比較好的人一定會先檢討自己，認為自己的努力不夠，或一定是某些部分的表現不夠理想，或應徵者中有人比自己更適任。缺少品德而只會抱怨的人，把自己的失敗歸罪於他人，這種永遠都是別人錯的態度，使得他即使有下一次的機會，機會也很可能會從他身邊溜走，因為他不會自我改善。而有品德、懂得自我反省的人，會因為每次的失敗而獲得成長，所謂「機會是留給已經準備好的人」，他下次會成功的機率就比較高。

如果壞運氣是每一個人都可能碰上的，一個人有沒有品德，對他在面對不幸時會產生不同的反應，具有品德的人會把惡運轉變成

未來的機會，危機就是轉機；而沒有品德的人，如果遭到惡運的打擊，卻不能從逆境中獲得智慧，他的危機永遠不會是轉機。也就是說，同樣遭逢惡運，有品德的人會過得比沒有品德的人好。

2007 年 7 月 23 日上午臺大教授謝煥儒騎腳踏車前往學校途中，在水源快速路外側的馬場町河濱公園，被一位減刑出獄的人活活打死。謝教授平時為人平易近人、教學認真，曾經得過兩次教學優良獎，深受同學的愛戴，謝教授的死亡令人扼腕，但是令人動容的是謝教授妻子張美瑛女士處理這件事情的態度。當臺大學生和同事到謝教授靈前上香時，本身也是慈濟志工的張女士向他們致意時表示，她告訴先生和孩子，要用包容的心化解仇恨，因為原諒別人就是善待自己。

張女士是一個很有品德的人，她知道再多的仇恨也挽回不了丈夫的生命，只會增加心靈的苦惱，當她決定放下仇恨，她的心就寬了。這樣做是一件極為困難的事，人都會有報復心，尤其至親所引起的仇恨更是熾烈而難以化解。然而一個無法化解仇恨的人，他的生活永遠停留在過去，仇恨的怒火天天盤據在心頭，這樣的日子每一天都是煎熬和折磨，顯然和幸福背道而馳。相較之下，張女士的品德決定了她面對挫折和打擊的態度，她的包容使她可以拋開過去、展望未來。她的人生即使有過悲情，當她選擇包容的那一刻，已經把悲情留在過去，而不讓它無限擴大到全部的未來，所以她的未來沒有悲情，仍然可以充滿著歡樂和希望。

《品格的力量》(Character) 這本書曾經提到：「一個收入雖然少但卻能控制欲望的人不會貧窮；良好品格使人在逆境中也看到希望。」這說明一個人的品格可以改變他的處境，當一個人處境悲慘

時，如果只會抱怨運氣不好、責備別人不對，也無法改變現狀，只會讓自己每天都沉浸在不愉快的心情中。有智慧和品德的人就會轉念、改變心情，所以有人說：「感恩是幸福的秘訣」；凡事喜歡抱怨的人，永遠先想到的是自己沒有的，而懂得感恩的人先想到的，則是自己已經擁有的，感恩的人總是覺得自己已經擁有很多，夠好了；而抱怨的人永遠覺得不夠。口袋裡都只剩 100 元的兩個人，一個會說：我怎麼只有 100 元，另一個則會說：還好，我還有 100 元。用不同的態度面對同樣事情，感恩的人心情是正向的、充滿希望的，而怨天尤人的人，心情則是灰色的、不快樂的。

即使每餐只有粗茶淡飯的人，如果知道全世界每年有幾百萬兒童因為飢餓而死亡，相較於這些兒童，粗茶淡飯已經夠多夠好、值得感恩了！如果用這樣的心情看待自己、面對人生的憂苦愁煩，每一天都有可能活得很快樂，這就是「知足常樂」的道理。知足是一種品德，有品德的人顯然比較容易快樂。

人生是否幸福，難免會受到運氣的影響，但是一個有品德的人可以減少壞運氣對幸福的不利影響。品德就像一個緩衝器，可以減弱運氣對生活的衝擊；換句話說，有品德的人可以承受或忍受的生活樣式比較寬廣，「世事多變，我心有主」，一個人只要掌握人生應該如何活的大方向，儘管世事難料，也很難動搖。因此如果一個人的生命態度正確而且堅定，比較不容易被運氣或其他外在因素左右；所以有品德的人即使運氣不好，也可以把不幸降到最低。

六、品德是幸福最穩定的元素

亞里斯多德不只認為品德是幸福的必要元素，而且是最穩定的

元素，因為一個人是不是、要不要擁有品德，完全是自己可以決定的，所以如果幸福要掌握在自己手中，品德就是追求幸福最重要、最穩定的因素。周處除三害的故事可以說明這一點。

　　周處是三國時代東吳的義興（今日江蘇的宜興縣）人，年輕時個子高、力氣大，父親早死，自小就沒人管束，成天在外面遊蕩，不肯讀書；而且脾氣又強悍，動不動就出拳打人，甚至動刀使槍，義興地方的百姓都害怕他。義興鄰近的南山有一隻白額猛虎，經常出來傷害百姓和家畜，當地獵戶也無法制服。當地的長橋下，有一條大蛟（一種鱷魚）出沒無常。義興人稱周處、南山白額虎、長橋大蛟為義興「三害」。這三害之中，最令百姓感到頭痛的還是周處。

　　有一次，周處在外面看見人們都悶悶不樂。他找了一個老年人問：「今年收成不錯，為什麼大夥那樣愁眉苦臉呢？」老人沒好氣地回答：「三害還沒有除掉，怎樣高興得起來！」周處第一次聽到「三害」這個名稱，就問：「你指的是什麼三害？」老人說：「南山的白額虎，長橋的蛟，加上你，不就是三害嗎？」周處吃了一驚，原來鄉間百姓都把他當作像虎、蛟一般的大害。他沉吟了一會，說：「這樣吧，既然大家都為『三害』苦惱，我把它們除掉。」

　　於是周處上山殺了猛虎，並入河和大蛟纏鬥了三天三夜。在他還沒有回到家時，村人議論紛紛，認為這下子周處和蛟一定兩敗俱傷，都死在河底裡了。本來大家以為周處能殺死猛虎、大蛟，已經不錯了；這回「三害」都除掉，大家喜出望外。街頭巷尾，一提起這件事，都是喜氣洋洋，互相慶賀。周處回到家裡，知道他離家三天，村人以為他死了，反而很高興；這件事使他意識到自己被村人痛恨的程度。所以從此痛改前非，最後還做到晉朝的官員。

　　周處的故事證明，只要下定決心，壞人也可以一夕之間變成好人，所以要不要做一個有品德的人，完全在自己的一念之間。可以用廚藝和食材來比喻，如果一個人的廚藝不佳，即使擁有山珍海味，再好的食材也會被他糟蹋掉；但是如果一個人的廚藝高明，即使食材不怎麼樣，也可以做出美味。食材是外在條件，能不能擁有好的食材，有時候要靠運氣；而廚藝則是靠自己，一個人的廚藝是否高明，除了少許的天分外，90%都決定於個人的努力。所以品德就像廚藝一樣，面對各種可能的處境，可以創造出可能的最佳結果。

　　根據亞里斯多德的論證，幸福人生是由品德和其他一些有利的外在條件構成的，也就是說，品德加上運氣之善，就足以保證幸福。但是在這些構成幸福的要素之中，品德是最重要、最穩定的元素。如果幸福必須是安全穩定的、不是某些很容易從我們身上拿走的東西，則外在善雖然是構成幸福的元素，但不是幸福最重要的元素，因為外在善的獲得需要運氣，所以是不穩定的。美麗的夕陽、浪漫的夜晚、龐大的財富或榮耀，這些都是美好的東西，但是它們很容易從我們身上消失，所以它們不能確保幸福，因為幸福不是短暫的。

　　因此幸福應該是我們自己的東西，很難從我們身上帶走，所以幸福的核心絕對不是發生在我們身上的事，而是我們主動去做的事、以及我們如何處理發生在我們身上的事之方法，換句話說，構成幸福的核心是：我們面對人間事的態度和品格。

　　舉例來說，一個只有小學程度的人，大概只能找到一些卑微的工作，譬如幫別人清理房子。但是他如果把清潔工作當成一份志業，認為這項工作可以讓他的僱主及其家人，因為居家環境整潔舒適而心情愉快，這對社會也是一項貢獻。因為智力不足或家境清寒，所

以只能讀到小學，這是發生在這位清潔工身上的事，而他以讓僱主愉悅的態度投入清潔工作，則是他主動做的、是他處理發生在他身上的事之方式。這樣的態度使他不只專注、認真、盡責，而且感到滿足、有意義。所以是他的工作態度，創造了他的工作的價值，使他在工作中得到享受。

即使處境非常惡劣的人，如果態度正確，也不會讓自己被惡運摧毀。詹姆士·史塔克代爾 (James Stockdale, 1923–2005) 是美國的一名將軍，他在越戰期間被捕，在北越集中營關了超過七年，囚禁期間，他遭到不可想像的折磨，以及過著毫無尊嚴的生活。他之所以能夠活下來，就是閱讀斯多噶學派一位哲學家著作給他的啟示，這位學者幫他理解到，最大的傷害不是背部受傷，而是背叛他的理想和袍澤，以及自我崩潰。他存活下來證明一件事：不讓自己被摧毀的力量，其實是掌握在自己手中。所以壞運氣可以打擊一個人，但是真正摧毀一個人的，並不是壞運氣，而是自己：失去生命正確態度的人，很容易成為命運的傀儡，任其擺布。

如果幸福必須是穩定的，一個人如果能夠掌握攸關幸福的穩定因素，就比較可能確保幸福，而在所有構成幸福的元素之中，只有品德操之在己，所以品德是獲得幸福最穩定的元素。

七、當代學者的觀點

當代許多倫理學者是亞里斯多德的追隨者，他們對於品德的主張，值得我們參考。

品德是一種社會智力

美國堪薩斯大學哲學系教授南西·史諾 (Nancy E. Snow) 認為，

品德可以被當成一種社會智力 (social intelligence)，不同於學術智力 (academic intelligence)；前者是處理人際關係的智力；後者則是做學問的能力。一個具有社會智力的人可以在人際關係中展現聰明才智，因此史諾稱具有社會智力的人「會做人」，對比於具有較高學術智力的人「會讀書」。

顯然一個擁有較高社會智力的人，可以有效地解決他在社會生活中面對的各種問題，這樣的人擁有社會參與的知識、技術和能力。更精確的說，社會智力是理解和處理人的能力，它使一個人熟練於與他人相處，對社會的種種刺激和暗示具有敏銳性，也對別人的情緒、脾氣和品格具有洞察力。具有這樣能力的人，有助於達成比較好的人際結果，所以擁有較高社會智力的人，可以使自己成為社會生活中的成功者。

社會智力不只是純粹認知的能力，因為要在人際關係和社會生活中成功，必須包括同理心，也就是理解他人的情感或情緒的能力。因此社會智力是一個複雜的能力，同時具有知性和感性的成分，行為者可以透過社會智力，不論在家庭生活、生涯規劃、社會參與上，都可以成功地實現他所期待的目標。

從以上的說明，我們不難發現，社會智力可以被拿來追求任何一個社會目標，不論是道德上善的、惡的或無關善惡。也就是說，社會智力可以為善，也可以為惡，不論目標是什麼，社會智力都可以成功的達成目標。這裡顯然可以看出社會智力和實用智慧的差別，一個具有社會智力的人，追求的目標可能是不道德的，而擁有實用智慧的人不可能追求邪惡的目標。因此所謂品德是一種社會智力，指的就是以善為目標的社會智力才是品德。

　　舉例來說：故事的場景在一家飯店，四位朋友要慶祝另一位朋友的生日。至今仍然小姑獨處的婷婷過 35 歲的生日，四個朋友一起幫她慶生。在餐會期間有人開始嘲弄婷婷的年紀，起先是開玩笑，婷婷也不介意，可是玩笑卻越開越離譜，婷婷越來越不安，而且顯得很挫折，甚至有點要哭了。假設其中一位朋友湘湘具有仁慈的品德，她看到婷婷的困境，敏銳地知道自己應該做什麼，她用適當的方式安撫婷婷，並設法改變話題，轉移大家的注意力，讓婷婷有一個恢復平靜的機會。

　　湘湘的仁慈，展現一種社會智力（目標是善的），她成功化解婷婷的窘境。但並不是所有想要化解這個困境的人都能成功，譬如：如果湘湘的處理方式是大聲叫大家不要再嘲弄婷婷了，雖然可以達到「婷婷不再被嘲弄」的目標，但是整個慶生會的氣氛一定會很僵，一場歡樂的聚會可能會以不快收場。如果她要求嘲弄婷婷的所有人向婷婷道歉，婷婷可能更難堪。所以如果湘湘真正具有仁慈的品德，在這種場景上，她的敏銳度和實用智慧，使她有能力分辨需要做什麼才能化解婷婷的困境，同時不會毀了整個歡樂的場景。所以湘湘的仁慈是一種社會智力，使她具有處理社會難題必要的知識、判斷和行為能力。而湘湘會這樣做，完全因為她想達到一個目標：減輕朋友的困境，這個目標是善的，也是這個目標影響她如何看待處境、如何處置困境、以及如何有效的行動。

　　有些人可能玩笑開過頭了，卻渾然不覺，這種人就是社會智力不足；但也有人明知故犯，這種人可能具有足夠的社會智力，我們假設另一個朋友大偉就是這種人。大偉明知「婷婷快要哭了」，他不但沒有把這個事實當成停止嘲弄的理由，反而加碼，想要進一步嘲

笑、直到婷婷崩潰為止，因為他想要達到的目標是：犧牲別人取樂
自己。所以大偉的目標是惡的，而惡也是社會智力的一種形式，它
使大偉能夠有效的執行某些行為，達成邪惡的目標。

　　因此，聰明的壞蛋和有智慧的好人都具有社會智力，都能有效
達成他們想要追求的目標，唯一的差別是：好人的目標是善的，壞
人的目標則是惡的。從「社會智力」這個概念，可以進一步呼應前
面我們對品德的說明：品德不是例行公事，特殊情境需要智慧來判
斷應該做什麼；此外，從事道德行為的人不是笨蛋，他們的動機和
目標就是關懷別人，即使明知這樣做對自己不一定有利。

品德是一種過生活的方式

　　英國倫理學者安娜斯 (Julia Annas) 在處理品德和幸福之間的關
係時，區別兩個概念，一個是「生活的環境」(the circumstances of a
life)，另一個則是「過生活」(the living of a life)，她認為品德是一種
過生活的方式。

　　「生活的環境」會因人而異，一個人的生活環境是指這個人生
活中的一些因素，它們的存在並不在個人的控制之下。譬如：年紀、
長相、基因傾向、性別、身高；顯然沒有人能夠決定自己的基因構
成，夢想成為美國 NBA 籃球明星的人，當然希望長得和姚明一樣
高，但是這是自己無能為力的事。每一個人出生時的特殊血緣、文
化和語言，也不是自己能控制的；也沒有人能夠決定自己的父母是
誰、出生的家境如何。所有這些個人無法掌控的因素，卻成為他生
命中無法抹去的成分。所以一個人不可能讓自己的年齡比現在小幾
歲，也不可能改變自己的出身；雖然透過整型可以改變外貌，但是

不論如何整型，也不可能長得完全像潘安一樣帥；整型也許可以在原本的樣貌下做一點改變，但絕對不可能變成另一個人。

不只這些與生俱來的東西是人無法掌控的，今天在路上會遇到誰、搭的公車會不會中途拋錨、家裡會不會停電、地震和颱風的危害會不會降臨自己的身上，這些圍繞在自己周遭、足以影響到個人生活的變化，也不是操之在己。

每一個人每一天都必須在先天及後天的許多不可掌握的因素中生活，這就是我們生活的環境，是個人無能為力的部分。

至於過生活的方式，則是可以自己決定的，一個人要如何過生活，就是他如何處理他自己所面對的生活環境。譬如，雖然一個人不能改變他與生俱來的基因特性：生性易怒，但是他如何處理這個易怒的本性，則是決定在自己；同樣的，一個人雖然不能決定自己的父母是誰，但是如何處理和父母的關係則是自己可以決定的。我經常拿自己的名字開玩笑，我叫「林火旺」，這是一個很俗氣的名字，但是我需要因為有一個這麼俗氣的名字而感到丟臉嗎？不必，因為該丟臉的是我的爸爸，因為名字是他取的；其實他也沒什麼好丟臉的，因為他沒有讀什麼書，取這麼俗氣的名字不是很正常嗎？我沒有辦法決定我的父母是誰，這是我生下來就注定的，也成為我的生活環境的一部分；但是我卻可以用許多種的方式，處理我無法改變的因素。譬如很多人改名，就是因為不喜歡父母取的名字；我從來沒想過改名，因為我認為名字代表我的出身。

同樣的，任何人也不能選擇自己出生在什麼樣的文化中，譬如：要成為哪一國人並不是個人可以決定的，如果一個人在臺灣出生，即使長大後設法移民到美國，最後拿到美國國籍，這也無法改變他

原來的血緣和文化，他只是在政治上變成美國人，文化上永遠是「華人」。文化上是一個臺灣人這項事實，就是他生活環境中的一個不可改變的因素，但是他如何面對和處理這項因素，則是操之在己。譬如：他可以選擇移民，也可以選擇不移民；換句話說，雖然他不能決定自己是不是臺灣人，但是他如何面對自己的出身則是決定在他。

用一個比喻，生活的環境就是一個人必須經營的材料，而過生活則是經營這些材料來製造產品，如果一個人能夠把生活過得很好，就是有技巧地把經營材料這件事做得好；也就是說，一個人生活要過得好，就像是把所有的材料做一個熟練和聰明的組合，最後產生很好的結果。這個比喻所顯示的意義是：同樣的材料可以被技巧地使用，也可能拙劣地使用。同樣是一塊黏土，技巧好的人可以捏出一隻維妙維肖、可愛的小狗，技巧差的人，捏出來的東西四不像。而「技巧」就是處理事情的能力，技巧好壞決定在自己。

亞里斯多德的品德和技能的類比，在這裡可以派上用場。根據安娜斯的說法，擁有品德的人等於是在經營生活環境上擁有良好技能的人，因此品德是過生活的方式，它不是生活環境的一部分，而是處理生活環境的方法。就像我前面說過的，我的名字很難聽、很俗氣，這不是我可以決定的，但是我如何處理它、面對它，則是我可以決定的。我在農村出生，村子裡大多數人和我父親一樣，不是農民就是漁夫，識字的人並不多，所以我的小學同班同學，很多人的名字和我一樣俗氣，現在我發現其中有許多人都改了名字；而我堅決不改，這就是每一個人處理自己不能控制的東西的方法不同。品德就是以有技巧、熟練的方法和態度處理生活環境，得到的結果當然是好的。

　　「生活環境」是發生在人身上的事，不是操之在己；而一個人如何面對和處理「生活環境」，則是他「過生活」的方式和態度，這完全操之在己。因此，人生幸福的關鍵不是擁有多少，而是如何面對多或少。以金錢為例，錢不是多就好，而是要會使用；錢多亂用，結果反而害了自己，前面提到富二代的下場就是最好的證明。正確處理自己所擁有的或所沒有的，就是品德，所以品德是過生活的一種方式，而且是使生活過得好的方式。

亞里斯多德的原則

　　美國哈佛大學哲學系教授羅爾斯 (John Rawls, 1921–2002) 不是一個亞里斯多德學派的學者，但在他的《正義論》(*A Theory of Justice*) 書中介紹了所謂「亞里斯多德的原則」，這個原則是：在其他情形相同下，人們會喜歡他們既有才能的展現，而且展現才能所獲得的享受，會因為能力的增強或複雜性的增加，得到的享受越多。換句話說，人們對某件事越專精越能得到快樂，而且對兩項做得一樣好的活動，需要較複雜而且精細分辨的活動，會比較受人們喜愛。也許越複雜的活動越令人享受，主要是因為它們可以滿足不同種類的欲望、以及新奇的經驗，給予人們發揮智力、技巧和創新的空間；而且它們也激發預測和驚奇的快樂；此外，越複雜的活動的整體形式和結構發展，常常是非常美妙、引人入勝。相對的，比較簡單的活動，缺少可以展現個人風格的可能性，而複雜性活動不只允許個人風格，甚至要求個人的特殊表現。

　　這個原則似乎很合乎人性，譬如：籃球越打越好的人，打球所產生的樂趣就越大；因為成就感越高，人的快感就越多。此外，如

果這位球員打敗的是同班同學，快感不會太多；如果他打敗校隊，一定比較快樂；如果他參加亞洲運動會得到冠軍，興奮的程度一定嗨翻了天。因為隨著對手的實力增強，他的技巧的細膩度一定要更進一層，因此得到的成就感和快感也更高。

再舉一個例子，如果一名大學生教一名小學三年級生數學，他大概不會因為解出某一道數學題而感到快樂，因為小學三年級的數學對他並不難，解決易如反掌的數學題，沒有什麼成就感，當然談不上快感。但是如果他解出一題他的同學都做不出來的微積分習題，一定會很有成就感和快感。

此外，亞里斯多德原則也可以解釋，單調的工作很難產生快樂；在一家手機工廠生產線上的工人，整天做著同樣的動作，不會有成就感，當然也不容易從這樣的例行公事中獲得喜悅。

亞里斯多德原則是一個動機原則，它解釋我們許多的主要欲望，而且說明我們為什麼比較喜歡做某事，而不喜歡做其他的事。許多人在接受訓練時是一件很辛苦的事，譬如：運動員，但是為什麼他們願意接受嚴格的訓練、承受反覆練習的辛苦和壓力，理由可能是過去有學習成功的經驗，以及現在經歷到活動滿足的經驗，運動員願意忍受訓練的苦，因為他們期待得到更多技藝後的更大滿足。

亞里斯多德原則的一個附帶效果是，當我們目睹他人的優越技術表現，也可以得到極大滿足，甚至引發我們學習開發同樣能力的欲望。臺灣的少棒隊在 1970 年代，連續在美國的少棒賽中取得冠軍以後，社會掀起一陣棒球熱，不只各級學校成立棒球隊，社區稍微空曠的地方，也常常可以看到孩子們拿磚塊當壘包，在克難的場地上玩得有模有樣、不亦樂乎。

　　亞里斯多德原則可以用來說明，品德為什麼會帶來快樂、促進幸福。舉一個例子，我常常問學生：「半夜兩點鐘，如果你開車經過一個路口，碰到紅燈，四下無人，也沒有警察、沒有照相設備，你闖不闖？」多數人的答案應該是肯定的，但是我絕對遵守紅綠燈的規定，即使沒有人看到、沒有人知道，我也是這樣做。半夜開車不闖紅燈，當然有我的理由，不過當學生問我為什麼，如果我只想簡單回答時，我的說法是：「闖和不闖，哪一個比較容易？不闖比較難，所以我選擇做比較難的事。」半夜不闖紅燈，必須克制自己的私欲，是比較不容易的事。但是我另一層理由是：在面對違規的誘惑下堅持遵守規定，精神上很有成就感，沒有人會佩服闖紅燈的人，但不闖的人則會被另眼相看。

　　同樣的邏輯，作一個只為自己利益著想的人也是比較容易的事，當自己的利益和別人的利益衝突時，還會替別人著想，顯然是一件比較不容易的事。有人形容腳踏車是臺大之癌，因為數量過多，方便的停車場不敷使用，校園內到處亂停的情況頗為嚴重。許多學生為了趕上課時間，明明沒有停車空間了，卻硬擠進課堂大樓前面的停車場，由於硬塞進去，使得已經停在那裡的車子很難進出。道德會要求一個人在停車的時候，必須考慮別人的車子是否容易進出，但是為了個人的利益和方便，顯然是只要自己方便、不必管別人方不方便。因此從事道德行為比不道德行為難，然而道德行為會得到別人的肯定和尊敬，被別人肯定和尊敬，則會使個人產生自我價值感，有些人會覺得自己活著是有價值的，其中的一個因素是：活著對別人有用。

　　我經常用這個思考實驗測試學生：「閉著眼睛想想看，假設你現

在死了，除了家人之外，沒有人覺得難過，表示你白活了，因為你活著對別人沒有任何用處。」從事任何行為只為自己著想，這樣的思維模式似乎是人的動物本性，是最容易的行為傾向，所謂「人不自私，天誅地滅」，但是一個人能克制自私利己的心，而考慮到別人的利益，則是一種比較複雜的思維模式，也是有教養的道德人特有的思考方式。

　　一般來說，每一個人都知道自己的利益是什麼，也知道如何做才能對自己有利，所以利己的行為比較容易；相對的，當別人的利益和自己的利益衝突時還能為別人設身處地，這是比較不容易做到的事；除此之外，道德行為的目的是促進更多人的快樂和幸福，所以也是一件比較複雜、需要細緻分辨和智慧判斷的事；因此根據亞里斯多德原則，道德行為比不道德行為更能獲得較大的成就感和快感。

15 生命的尊嚴和價值

——康德的道德學說

前面曾經論述，人類特有的理性會要求一個人要活得有尊嚴、有意義、有價值，康德應該是這方面最重要的論述者。

康德於 1724 年出生在東普魯士的科尼斯堡（現在俄羅斯的加里寧格勒）。他的父親是一位製馬鞍的工匠，家境窮困，居住的地方是一個工人階級區；他從小生長在基督教虔信派的家庭環境裡，虔信派強調愛、內心的平靜、勤勉、真誠、對上帝的虔誠、以秩序作為人生的最高價值，這樣的宗教信仰深刻地影響了康德的哲學思想。

康德不曾到外地遊歷或教學，從出生到死亡一直都待在家鄉東普魯士。他就讀的是當地的高中和大學；雖然當了 30 幾年教授，但一直待在名不見經傳的科尼斯堡大學。然而，他的哲學視野卻沒有因此而受限。康德終生未娶，有兩次差點就要步入結婚禮堂，但是都因為他的猶豫不決而錯失良機。

康德最為人傳頌的便是他嚴謹規律的生活：他每天早上 5 點起床，5 點到 6 點喝茶（據傳聞，康德雖喜歡喝茶，但卻規定自己每天只能喝一杯茶、而且只放兩片茶葉）、抽菸斗（他規定自己每天只能抽一斗菸），並思考他一天要做的事；6 點到 7 點準備授課內容；授課一般從 7 點或 8 點開始，於 9 點到 10 點結束；接著他便埋首寫作，直到午餐時間為止；午餐過後獨自外出散步一小時；下午和晚

上皆用於閱讀和思考；10 點上床就寢。這樣的規律生活千篇一律，少有例外。

據說他每天下午 3 點 30 分準時從家門口走出來散步，分毫不差、風雨無阻，以致於鄰居便以他出門的時間來調整自己的鐘錶。或許正是因為這種有規律的生活方式，康德很少受到疾病的折磨。不過康德是一個非常好交際的人，十分健談，經常邀請客人與他共進晚餐。

1797 年，康德辭去教職，潛心著述。直到過世為止，他都沒有中斷研究與寫作的工作。康德於 1804 年辭世，享年 80 歲，死後安葬在故鄉科尼斯堡。他的墓碑上刻著他最常被後人引用的一段話：「有兩樣事物我越是經常反思它們，便越覺得讚嘆和敬畏：那就是我頭頂上的星空與我內心裡的道德律。」

康德在哲學史中是絕對不能忽略的哲學家。他最具代表性的著作是所謂的三大批判：《純粹理性批判》、《實踐理性批判》、《判斷力批判》，內容涉及知識論、形上學、倫理學和美學。三大批判相互關連，體系嚴謹、艱深難懂，不但是康德哲學的研究者必須研讀、也是充滿爭議的題材。康德對後世哲學的貢獻在於：他指出了一條道路，讓哲學走出了理性主義和經驗主義爭執不休的僵局。

康德是自己理論的典型實踐者，譬如他在死前一個禮拜，由於眼睛已經看不見，精神無法集中，在體力極端虛弱的情形下，當醫生來看他時，他仍然堅持醫生先坐下後，自己才坐下。對於這樣做的理由，他費了很大的力氣說：「人性尚未離我而去。」這句話幾乎已經傳達了康德道德學說的核心：展現出道德行為，才證明自己是一個「人」！

一、道德是良心的聲音

康德認為道德並沒有專家，一般人基本上對道德的掌握是可靠的，所以他強調他的道德哲學是建立在「一般的道德意識」。康德認為只要具有一般的理性能力，任何人都知道自己應盡的義務是什麼，哲學家對於道德並沒有比一般人更具有洞察力。但是由於一般人對道德理解缺乏清楚和適當的表達能力，所以不能保持對道德真理的信仰，因此哲學家的工作是清楚、精確地指出那些已經內存於每一個人理性結構中的最高道德規範。

對康德而言，道德有兩個特性，也因為這兩個特性，他把道德規則稱為道德律 (moral law)：⑴普遍性：道德律是約束所有理性的存在者，毫無疑問地人類是受到道德律的管理和束縛，但是如果有上帝、天使或魔鬼存在，道德律也適用於祂們；⑵必然性：道德律要求所有理性存在者必須以某種方式行動。

由於道德律適用於所有理性存在者，人類也具有理性，所以也是道德律適用的對象，但是人類除了理性之外，還有欲望和需求，因此感受到道德律對自己像是一種束縛或限制，因為人的有些欲望會受到道德律的禁止，所以道德律對人而言像是一道命令，康德稱為無上命令 (categorical imperative)，換句話說，道德律對人類行為的指引，是以一種命令的形式呈現。

根據康德的解釋，由於人不是完全理性的存在者，所以人類並不是永遠依據理性而行動。如果有一種存在者（譬如神或上帝），它們的起心動念完全由理性決定，則這種存在者所從事的行為，自然合乎道德，一點也不勉強，所以道德對這種存在者並不是約束或限

制，就像水會往下流一樣，是自然而然的事。但是人的起心動念不是永遠依照理性，所以人的行為就可能違反理性，因此客觀法則對這類存在者的意志就構成一種限制，也就是它對人的意志下了命令。

康德認為，人如果依照理性而行動，人的行為就合乎道德；但是如果人的所作所為出於欲望或偏好，就會偏離理性、違反道德。人的理性就是人唯一具有的神的特質，把理性應用在實際生活中，康德稱此為實踐理性，根據實踐理性而行動，就是實現了人的道德義務。

前面曾經提到，康德的實踐理性類似儒家所謂的「良心」，人的良心知道自己該做什麼、不該做什麼，但是於人還有欲望，所以人的行為也可能被欲望掌控，這樣的結果就是不道德的行為。古人常用「天理」和「人欲」，表示人心有兩種主導行為的力量，一個就是良心，一個就是物欲，所以當我們面臨名利誘惑時會產生「天人交戰」，天就是良心的聲音，而人就是人的私欲。所以康德所謂道德是依照理性而行動，換成傳統儒家的說法就是依照良心而行。良心的聲音對人構成一種命令，因為人可能被欲望帶著走。

總之，道德對具有七情六慾的人類而言，像是一道「命令」：良心或理性命令欲望服從，因此如果一個人經常傾聽良心的聲音，就能做出合乎道德的行為；被欲望帶著走就會違反道德。康德認為，人的欲望或偏好因人而異，但是人的理性或良心所指引的行為都是相同的，因此道德原則是理性的命令、是客觀的原則。

二、道德與人的尊嚴、價值

根據康德的主張，人的理性指引人們從事的行為，就是合乎道

德的行為；但是具體地說，理性會指引什麼樣的行為呢？其中一個最重要的命令是：我們在對待人性 (humanity) 時，不論是對自己或任何一個別人，絕對不能當成只是手段，而永遠要同時當成目的。換句話說，如果我們把任何一個人當成只是手段或工具，這樣的行為就是違反理性或良心的要求，就是不道德的行為。

需要先說明的是，這個形式中所謂的「人性」(humanity) 並不是指人的自然本性 (human nature)，而是指使人之所以為人的特點，對康德而言，人之所異於其他動物的特點就是理性或良心。康德認為沒有人完全缺乏道德感，當一個人完全喪失道德感的能力時，人性就消解為純粹的動物性；換句話說，人一旦失去道德能力，就是失去人的特性，只剩下動物性；這時候的人，等於是動物而不是人，孟子的「人之所以異於禽獸者幾希」也是這樣的意思。所以這裡所謂的「人性」，是指人之所以為人的特點，而對康德而言，這個特點最重要的是：人是一個「道德人」。

另一個需要解釋的是，什麼叫做「絕對不能把人當成只是手段、永遠要同時當成目的」？「只是」這項但書非常重要，因為康德不排除人與人之間的合作，彼此互為工具的功能，譬如：郵差幫我們送信、銀行行員幫我們存款、清道夫幫我們打掃街道，這些人似乎因為我們需要傳送訊息、處理金錢、街道整潔，所以他們的工作是為了實現我們的欲望而存在，從這個角度來看，他們是我們的工具。「把人永遠當成目的，而不只是手段」強調的是：儘管人與人之間的互動常常是工具性的，但是要尊敬彼此所具有的人性尊嚴，因為只要是人，本身就是目的，都應該被當成人、而不只是別人的工具或手段。

　　事實上康德認為人之所以具有尊嚴，就是因為人擁有理性，而這個特點使得每一個人都應該被他人視為目的對待。譬如：郵差幫我們送信，當我們寄信的時候，我們好像把郵差當成工具，但是這樣並沒有違反人是目的的原則，因為我們沒有把郵差當成「只是」工具，我們所期待於郵差的，正符合他的意志，因為郵差知道幫我們送信是他的義務。然而如果我們面對一個郵差，把信往他身上一丟，以不屑的語氣說：「把信拿去！」這時候我們對待郵差的態度就是把他當成只是工具，而沒有尊重他也是一個人，送信只是一個尊嚴的存在者執行他職務所應盡的義務而已，郵差仍然是一個人，值得以人的方式對待，因此以不尊重的行為對待郵差，就是道德上不允許的行為。

　　再舉一個例子，由於我和太太的工作都很忙碌，所以雇用一位女士每週到家裡做家事，從事打掃、洗衣等工作。我們不只對待這位女士客氣、有禮貌，也要求孩子在她離開時，一定要對她說一聲「謝謝」。雖然這位女士必須從事這種傭人的工作謀生，她工作的內容也許可以稱為卑微，但是她作為一個人一點也不卑微：因為只要透過正當方式、沒有違反任何道德義務的謀生行為，都是值得肯定的。這位女士也許沒有讀什麼書，但是作為一個人，她和任何人一樣的尊貴，因為她具有從事道德行為的能力，就這一點而言，她就值得尊敬。

　　2018 年 6 月 25 日一則電視新聞報導，描述一名貨車司機開車到加油站加油，加完油後服務員向他收錢，他把手往地下一指，服務員不明白他的用意，他再向地下指一次，原來他把油錢放在地下，要服務員彎腰撿起來。事後電視記者詢問這位服務員，她表示，大

家都是在工作賺錢，應該相互尊重。許多受訪者也有同樣的感受，認為這樣的行為是對人不尊重。這名貨車司機的行為違反道德，如果用康德的說法，他把加油站的那位服務員當成只是工具。

「把人當成只是工具」可以理解為：把人當成只是滿足他人喜好或欲望的工具；而「把人當成目的」則可以理解為：尊敬他是一個具有理性、可以實踐道德行為的尊嚴存在者；這樣的人本身就具有價值。譬如：強暴、綁票勒贖等行為，都是把人當成只是工具。強暴犯完全將受害者當成只是滿足個人性欲的工具；而綁票者則將被綁票者當成只是得到贖金的一個手段。這些行為都沒有將別人也當成目的，所以根據康德的觀點，它們都是道德上錯誤的行為。從這裡直接可以得到的論點是：奴隸制度是不道德的，因為把人當成純粹工具、當成次等人，完全違反康德的「人是目的」原則。

康德認為，人之所以值得尊敬，就是因為人擁有理性，也因為這個特性，人不應該被當成只是工具。事實上從這樣的論點可以推出另一個觀點：人是平等、尊嚴的存在者。人是平等的，不是指人的智商、能力、財富、地位是平等的，在這些方面人顯然是不平等的；但是如果人之所以為人的特點是理性或良心或道德能力，則每一個人的這項特點是一樣的，沒有人生來良心比別人多、從事道德的能力比別人強，所以孟子說「人人皆可以為堯舜」，顏淵說：「舜何人也？予何人也？有為者亦若是。」意思是：所有人都有成為聖賢的「潛能」這一點上，人是平等的。換句話說，道德心是人人平等，關鍵在於一個人有沒有正視自己的道德潛能。

至於人是尊嚴的存在者，也是因為人的理性和道德潛能，如果每一個人都可能實現極高的道德成就，針對這一點，人就是值得尊

敬。而一個理性人也希望自己得到尊敬，除非特殊狀況，沒有人願意對他人卑躬屈膝、沒有人願意低人一等。如果一個身強體壯的男子，好吃懶做，每天靠乞討為生，這樣的人完全失去作為一個人的尊嚴；應該很少人會認為這樣的人活著有太高的價值。當然，並不是乞丐就沒有價值，如果一個人在特殊條件下，乞討是他唯一謀生的方法，當一個乞丐也許不丟臉；如果這位乞丐撿到行人遺失的錢包，交到警察局去，反而是一個值得尊敬的人，因為他的作為合乎理性或良心的要求，展現出人之所以為人的特點。人只要所作所為像「人」就值得尊敬，合乎道德的行為正是一個人夠格當「人」的證據。

　　從另一個角度來看，由於每一個人都具有從事道德行為的能力，所以無論一個人多麼墮落，他仍然具有無限的潛在價值，可以從墮落中重生，而完成自我救贖。所以「人是目的」是一個客觀目的，所有理性人都希望自己是目的而不只是手段或工具；所有理性人都會追求活得有尊嚴，因為放棄人的尊嚴等於放棄人作為人的特點。

三、道德自律和人的價值

　　根據康德的觀點，雖然道德律規範每一個理性存在者，但是道德律的強制性是源於我們自己的理性或良心，也就是說，道德對我們的約束和限制是我們自己約束自己，所以是自律 (autonomy)。我們不需要依賴上帝、國家、文化、父母等外在權威，來決定道德律，我們自己就可以發現道德律的本質，道德律就是根據我們自己的理性或良心所制訂的，因此遵守道德律就是遵守自己制訂的法則。康德之所以主張道德不是哲學家的專利，每一個人都知道什麼是他的

道德義務，正是因為他認為：道德會要求我們做什麼，每一個人的理性都清楚明白。因此人的理性不只指示我們遵守道德，也制訂道德規範，事實上這也是人具有無限或絕對價值的根源。

自律的相反是他律 (heteronomy)，如果一個人的行為是由外在因素或外在權威所推動，他的行為就是他律。我們可以從行為的發號施令者是出自是理性或良心，還是利益、興趣或喜好，進一步理解自律和他律的區別。

康德使用「偏好」(inclination) 這個詞來表達所有的利益、欲望、興趣，對康德而言，雖然這些偏好都來自於自己，但是所有的偏好都不是自己選擇的結果，而是受制於因果法則，所以如果我的偏好決定了行為的目的，再由這個目的決定行為的原則，這就是他律而不是自律，因為嚴格來說，偏好不是自己決定的。所以偏好決定的行為就不是自律而是他律。

如果是理性（或良心）自身決定行為的命令，則表示這個命令不是以任何主觀的目的（偏好所選擇的目的就是主觀目的）作為前提，而是實踐理性自身呈現在命令之中，這就是無上命令，也是道德義務。

為什麼由偏好決定就是他律，由理性或良心決定就是自律？這需要進一步說明。對康德而言，人所具有的喜好、欲望、興趣和利益，這些因素完全受到現象界因果法則的決定，並不是人自己所能掌控的，就像人的美醜、智商，並不是人自由選擇的結果，而是遺傳、文化或環境所造成，人的欲望和興趣也是受遺傳和環境等生物法則、自然法則的限制和決定。譬如：小張喜歡吃甜食，喜歡甜而不是酸的口味，並不是小張選擇的，小張不可能立刻決定「從現在

開始我改變口味，變成喜歡吃酸的」，小張喜歡甜食可能是因為小張的基因造成的，或者是小張從小生長的文化或環境影響了他。因此人的欲望或偏好並不是人自由選擇的結果，而是外在於人所能掌握的因素決定的。因此由偏好決定的行為，就不是真正由自己決定，所以是他律。

　　至於由理性決定才是自己決定，因為一個人即使受到遺傳基因、文化和環境的影響，甚至受到教育、訓練的洗腦，種種外在因素都可能影響人的決定，但是如果人的行為最終是由理性決定，就是由內在於自己的因素決定。人類最重要的特點是，不論出身背景如何，人的理性可以跳脫自己所處的環境、文化，從客觀公正的角度反省自己，也就是說人的理性能力可以跳出因果影響，把自己當成批判和反思的對象，所以理性不受制於任何因果關係，完全可以自主運作，因此由理性所做的決定是真正的自己在做決定，換句話說，由理性所要求的行為就是自己要求自己的行為，所以是自律。

　　用良心代替理性來說明也許更容易理解。舉例來說：一名小偷偷走窮人家隔天的買菜錢，最後被逮到，失主對著他說：「請你摸著良心，我們這樣的家境你也偷得下去！」失主訴求的是，如果小偷做事憑良心，就不會偷他家的錢。顯然小偷的偷錢行為是受到金錢的誘惑，因此他的偷竊行為嚴格地說是由「金錢」決定，是外在因素而不是內在因素決定，這就是他律，所以是不道德的。失主的說法蘊涵著：如果小偷根據良心，就不會偷錢了，這表示小偷「自己」有能力決定不偷，而這個由良心決定的行為才是自律的行為，也才合乎道德要求。

　　同樣的例子，如果這名小偷潛入失主家，發現這個家實在太窮

了，即使桌上的錢包垂手可得，他還是打消偷竊念頭，揚長而去。這種情況也許可以用「盜亦有道」來形容，因為偷取窮人財物，讓小偷的「良心」過不去，所以「不偷」是良心的決定，而良心是自己要求自己，因此是自律、合乎道德。

　　對康德而言，如果人的行為完全受制於外在因素，則人只具有市場價格，外在因素的改變會改變人的價值；所以從受制於外在因素的角度來看，人沒有所謂的尊嚴。舉例來說：受到眾多男士競相追求的一位美麗女子，男士喜歡她只是因為她長得美；而她的美麗是與生俱來，不是自我選擇的結果。如果別人重視的只是她的外貌，則等她年華老去，她的「身價」就下降，所以她的美麗只具有市場價格；換句話說，由於她的外表會隨著時間而改變，所以她的重要性也跟著改變。事實上，重視她外表的人，並沒有重視這位女子本身，並沒有將她當成本身是目的，而只是滿足個人喜好的工具。

　　道德自律一方面表示行為者是自我決定行為實踐的法則，是自我規範；另一方面則表示人可以從事異於動物本能的道德行為，可以獨立於利益、欲望等因素的影響，不受生物或經驗性的決定。因此道德自律不只證明人是自由的，也證明人類高於一般動物而存在。而這一切都是因為人擁有的理性，也因為這個理性，使人具有高貴、內在的價值。

　　自律原則顯示的是人的尊嚴和價值，因此人本身就是目的。

四、人是無價的

　　人是尊嚴存在者的另一個面向是：人是價值的存在者，尊嚴、價值不同於市場價格；人不是商品或貨物，所以不能用價格衡量，

任何貨物或商品都有價格，只要價格對了，就可以進行交易。但人不能被拿來交易，因為人是無價的。這點顯示出康德學說對人的高度肯定，這對人的信心是一個極大的鼓舞。

根據康德的觀點，把人當成可以討價還價的商品，就是忽視人的價值。如果一位知名的女演員只要有人出的價錢令她滿意，就願意陪人吃飯，這樣的行為不管價碼多高，都是作賤自己，因為這位演員拿自己的尊嚴與金錢交換。哈佛大學教授沈代爾稱這樣的行為是腐化或墮落，一個人把比較有價值的東西換取比較沒有價值的東西就是墮落。簡單地說，人是非賣品，因為人的尊嚴和價值相較於市場價格是無價的。事實上當代社會所謂「人權」的思維，都和這樣的概念相關。

人為什麼那麼尊貴？人為什麼不同於其他的動物？康德認為，人和其他動物最大的差別就是人具有神聖的本質，也就是人具有理性或良心，這個神聖本質使人的行為不同於一般動物。

人類以外的其他動物，譬如螞蟻，好像會出現類似人類的道德行為，但是牠們的行為並不是基於有意識的選擇，而是生物本性的自然反應。螞蟻有兵蟻、工蟻，當敵人來襲、蟻巢遭到破壞時，兵蟻會出去應戰，工蟻就修補或構築新巢，牠們展現的很像是分工合作的道德行為，但是牠們這樣做並不是有意識的，而是出自生物本能。所以築巢的工蟻不會管出去打仗的兵蟻有沒有回來，工蟻所從事的就是牠的生物結構自然會做的事，兵蟻也是如此。也就是說，其他動物成員之間的擬似道德行為，多半出自生物性的本能，而不是理性選擇的結果。

相對的，人的道德行為則是經由人的理性選擇。1992 年 5 月 15

日，臺北市私立健康幼稚園舉辦校外旅遊教學活動，途中遊覽車起火爆炸，在危急間司機先開啟右前門讓乘客逃離，並往後座欲開啟安全門；但因間距太小，而且安全門把手年久失修，反鎖卡住而無法打開，於是司機踢破安全門玻璃先行爬出車外。事發當時，幼兒園老師林靖娟原本已經離開遊覽車，但為了救小孩子，一次又一次地衝進車裡。有 7 個小朋友被先後救出，可是當她再度轉身抱住其他孩子時，「砰」的一聲，遊覽車前端爆炸，受困車內的所有人全部喪命。

當大火被撲滅時，遊覽車被燒毀得只剩下骨架。法醫檢查現場時發現，早已被燒得焦黑的林靖娟老師，在死前還抱著 4 個小孩，她試圖用自己的身體阻擋火勢，保護年幼的孩子們。這場悲劇共有 23 人葬身火窟，包括當時刑事局長侯友宜的獨子。

林靖娟老師的事蹟震撼人心，她的行為絕對不是失去理性，而是出自孟子所謂的不忍人之心。人之所以可貴、不同於其他動物的地方就在這裡，一個人明明知道所從事的行為不一定對自己有利、甚至對自己不利，但是該做的還是去做，因為這樣做對別人有好處。人會有意識的選擇不利於自己的道德行為，這就是人獨特的地方。所以康德認為，一個人如果從事不道德行為，就和動物沒有差別；不道德行為通常是損人利己，純粹出於利己心而行動，展現的只是人的生物性。因此一個整天所思所想都只考慮自己利益的人，就是理性或良心陷溺、喪失人之所以為人的特點。所以一個從事不道德行為的人展現的是動物性，而不是人性。

一個商人為了多賺點錢而出售黑心食品，或一名工程師為了節省成本而偷工減料，或者一名官員貪汙或接受賄賂，都是為了金錢

而出賣良心；這表示這些人是可以被金錢收買，所以是把自己當成是有價格的商品。但是康德認為人的尊嚴是不能販賣的，因為人是無價的，人具有的是「價值」，而不是「價格」，把自己價格化的人是糟蹋自己、羞辱自己，也是沈代爾的腐化或墮落。

　　人是無價的，關鍵就是道德心或良心。康德這樣的觀點，對每一個人都是一種肯定，尤其對貧窮、愚笨、醜陋、職業卑微，世俗上認為條件不佳的人，更是一個極大的鼓舞，因為人的價值不在於外在的條件，而是內在良善的本質。任何人，不論出身多麼寒微、外在條件多麼低劣，都可以成為有價值的存在者，只要他所作所為出自良心、合乎道德。所以一個人要不要成為一個有價值的人，決定權完全在自己，這和孔子在《論語‧述而篇》說：「我欲仁，斯仁至矣。」的精神不謀而合，一個人要不要從事道德行為，完全存乎一心，也就是這顆善良的心，使人成為無價的、尊嚴的存在者。

　　康德的道德理論讓每一個人都充滿信心，面對任何人，不論達官顯要或社會名流，都可以抬頭挺胸，因為在道德上，沒有人低人一等，每一個人都可以是無價的。

五、死有重於泰山有輕於鴻毛

　　西漢司馬遷在〈報任少卿書〉中說：「人固有一死，或重於泰山，或輕於鴻毛，用之所趨異也。」這句話的意思是：人一定會死，但是死要死的有意義，有些人的死亡意義重大，有些人的死則是輕視生命；差別就在於目的是什麼、為何而死，康德的觀點可以進一步彰顯這個道理。對康德而言，人的生命本身是有價值的，所以死也要死的有價值；無價值的死亡，就是浪費生命。

　　臺灣社會 15 至 24 歲青少年自殺問題，成為社會的一個隱憂。這類青少年面對的問題大多是情感的困擾，少數是因為課業不好而無法承受長輩的壓力，但是無論如何，基於這些不值得與生命相匹配的理由而選擇死亡，這樣的死似乎缺少價值，不值得鼓勵。在探索生命的意義和價值之中，課業是最微不足道的小事，沒有人因為功課比較好而比較幸福的；只是功課不好、父母或長輩的壓力大而結束生命，顯然是非常不理性的作為。

　　至於愛情，一個人在沒有談戀愛以前如果可以活得好好的，為什麼戀愛失敗就活不下去了？當然，失戀在感情上一定是極大的打擊，挫折、沮喪、萬念俱灰的感覺可能油然而生，但是如果根據亞里斯多德或康德的觀點，人最主要的特點是理性，理性掌控情感才能活出自主性；所以有智慧的人不能讓情感泛濫成災。如果純粹從戀愛的角度來看，不只「天涯何處無芳草」是事實，而且即使戀愛成功的人，最後的結局也不一定幸福，看看現代社會的高離婚率就知道了。感情挫敗的人如果轉念一想：「說不定失戀反而是一件好事，因為那個離我而去的人可能遲早也會離去，晚離不如早離，因為晚點離開所造成的傷害會更大、更深。」；也許想開了，心情立刻變得海闊天空！

　　蘇格拉底的死亡應該可以稱為「重於泰山」，他在面對死刑執行、喝下毒酒時神色自若，因為與其逃亡到國外、過著躲躲藏藏沒有尊嚴的生活，他寧願選擇為真理而死。

　　我年輕時，國文課本裡有革命烈士林覺民 (1887–1911) 的〈與妻訣別書〉。林覺民在 1907 年到日本留學，攻讀哲學，1911 年響應黃興的號召回中國參加黃花崗起義，受傷被捕，從容就義，是黃花崗

七十二烈士之一。林覺民抱著必死的決心參加這場戰役，他在 1911 年 3 月 26 日，也就是黃花崗起義前三天，寫了這篇感人肺腑的信給他的妻子，其中有一段是這樣寫的：「吾至愛汝，即此愛汝一念，使吾勇於就死也。吾自遇汝以來，常願天下有情人都成眷屬；然遍地腥羶，滿街狼犬，稱心快意，幾家能夠？語云：『仁者老吾老以及人之老，幼吾幼以及人之幼。』吾充吾愛汝之心，助天下人愛其所愛，所以敢先汝而死，不顧汝也。」

林覺民是一名留學生，可見在人民生活普遍困苦的滿清末年，他的家境應該不是很差。他選擇從日本回到中國參加革命，知道自己是九死一生，所以寫了一封信與他深愛的妻子道別。蘇格拉底是被判死刑，林覺民則是主動選擇必死之路，兩個人都一樣的理直氣壯；蘇格拉底不怕死的原因是他不想違反國家法律、不想違反道德、想要活的有尊嚴，林覺民則希望自己的死能換來更多天下有情人都成眷屬。他們兩個人選擇死亡的理由都是為了更高遠的目的，所以這樣死屬於重於泰山的死。

康德的學說顯然支持這樣的死亡方式，因為一個人如果違反道德而苟且偷生，就是沒有尊嚴的活。對於蘇格拉底的情況，康德會認為人的尊嚴比肉體的存活更有價值，因為苟且的活等於丟棄「人」的特點，落入一般的動物，這樣的活似乎沒有價值。對於林覺民，康德可能會說：林覺民所追求的是一個崇高的道德理想；如果人本身就是目的、價值，林覺民的做法是希望經由自己的犧牲，可以換來更多人活得像人、成就更多的目的自身和價值。

蘇格拉底活到 70 歲。林覺民死的時候只有 24 歲，顯然是英年早逝，但是如果人的死亡是必然的，死得其時，彰顯的是林覺民存

在的價值。林覺民選擇死亡絕對不是一時衝動,而是深思熟慮的結
果;他的選擇值得尊敬。人的理性有時候會選擇尊嚴、意義、價值
勝過生命,蘇格拉底、林覺民就是見證者!

16 不當命運的奴隸

　　亞里斯多德主張品德是幸福的必要條件，而不是充分條件；但是蘇格拉底和他的追隨者斯多噶學派卻主張品德是幸福的充分條件，他們認為，一個人只要有了品德，就可以確保人生是幸福的。這樣的想法似乎和一般人的道德直覺相去甚遠，因為沒有人可以保證一生可以永遠免於惡運的打擊。但是這麼簡單的道理，蘇格拉底和斯多噶學派會不知道嗎？事實上，即使這一派對於品德和幸福的主張有點匪夷所思，但是成為一個哲學理論，一定有它系統性的思考。雖然斯多噶學派的觀點比較不容易被一般人接受，但是探討他們為何主張品德足以保證幸福的理由，對我們仍然會有一些啟發。事實上，如果可以汲取充分條件派的智慧，有助於提升幸福追求的自主性。關於斯多噶學派的觀點，將以最具代表性的人物伊比克蒂德斯 (Epictetus, c. 55–c. 135 A.D.) 的論述來說明。

一、造化弄人

　　人能活著，多多少少要靠一點運氣。我有一位好友，多年前和友人搭飛機到蘭嶼，結果飛機失事，他的朋友當場身亡，而我這位好友卻只是輕傷，後來當了某國立大學的校長。飛機失事的生還者絕對是好運氣，如果一個人的運氣太背，即使行走在路上，也可能飛來橫禍。2009 年 6 月 2 日，在外商電腦公司上班、36 歲的黃國賓，傍晚騎著機車載太太回家途中，被流彈擊中，他又騎了一公里

後才告訴太太身體不適。他把車停好後，立刻失去意識，送到醫院時已經沒有生命跡象，醫生檢查發現致命的是一顆子彈貫穿右肩、深入胸膛。騎車在路上卻遭遇這種飛來橫禍，多麼差的運氣啊！

　　2017 年 1 月 21 日我生命中遭逢一次重擊。與我交往 20 年，志同道合的好友台灣水泥公司董事長辜成允，參加晶華飯店的一場婚宴，宴會結束，下樓梯時不慎摔倒，當晚送醫已經重度昏迷，1 月 23 日早上六點多往生。友人事後調閱錄影帶發現，他摔跤的地點離地面只有四階的高度。一個平時身體健康、事業如日中天、關懷而且具體回饋社會的企業家，就像開一個大玩笑一樣，摔了一跤就和親友告別；如果他搭電梯、如果他隨著友人一起離開、如果他摔倒碰撞的部位不是腦幹，一切就完全不同。另一位我和辜成允的共同好友，清華大學教授、《科學月刊》總編輯李家維，於 2017 年 11 月 21 日深夜，車子墜落十層樓高的山谷，32 小時才獲救，幾乎毫髮無傷。一個從四階樓梯高摔倒、一個從 30 公尺高掉下去，前者反而致命，後者安然無恙，這只能說：天威難測！

　　2021 年 4 月 2 日上午 7 時 16 分，清明連假第一天，一輛開往臺東、滿載 498 人的 408 次太魯閣號從樹林發車，行經花蓮的清水隧道，突然撞擊落軌的工程車，列車出軌後造成 49 人死亡、213 人受傷，這是臺灣 73 年來最大的火車災難事件。東吳大學校長潘維大，本來已經買好了這個班次列車，忽然心血來潮，覺得自己年紀大了，不需要這麼早抵達活動現場，於是臨時告訴他的秘書，改搭下一班列車。何來的心血來潮？如果不是一念之轉，他的人生可能完全改觀。

　　幾乎沒有人可以擺脫運氣的玩弄，所以想要追求一個美好人生，

如何處理運氣問題，這應該是每一個人必修的課題。運氣可以分兩種：一種是先天的，一個人的長相、智商、膚色、種族、性別，甚至害羞還是生性活潑、內向還是外向、脾氣溫和還是暴躁等心理特質，不管喜不喜歡，都是一生下來老天爺就塞給我們的特點，這些特質幾乎是人無法改變的；我們可以稱這種無法改變的先天運氣為「命」，所以一個人長得醜、身材不高，只能說是命中注定。

另一種運氣是後天的，在路上走會不會被野狗追咬、出外旅遊搭乘的遊覽車會不會出車禍、進入職場會碰到什麼樣的老闆和同事；這些似乎也不是掌握在人的手中，我們可以稱這種後天運氣為「運」。運氣好的時候，說不定有人在窮困潦倒時，忽然時來運轉中了大獎，一夕致富。

先天的運氣是固定的，比較好處理：就是認了。「認命」不是消極，反而是積極的態度。當一個人承認自己醜時，就不要參加選美，否則會自取其辱；不要找和美醜有關的工作，否則會經常挫折。醜人也有醜人可以走的路、找到適合的人生理想；更重要的是，一個人的品格是否卓越，完全和美醜無關，長相醜陋的人也可能贏得別人真心的敬重、關懷和愛。十九世紀法國文學家雨果的小說《鐘樓怪人》裡的男主角可以證明：外形極為醜陋的加西莫多，常常被人們誤認為惡魔，但是實際上他的內心是善良、慷慨的。故事中另一位貴族出身的菲比斯外表英俊，卻為人虛偽、自私、缺德、不值得信任。

雖然說人不可貌相，但是不可否認的是，外表出眾、面貌姣好的人總是看起來比較舒服，容易令人產生想要親近的欲望。所以如果一個人長很醜，第一時間就被拒絕，如何交到異性朋友？長得醜

不就失去談戀愛的機會嗎？其實不會，如果一個人外表醜陋、內心善良，要得到別人的欣賞和肯定，只是需要比一般人更長的時間而已，所謂「日久見人心」，只要相處久了，內在的優點自然會慢慢被發現，逐漸扭轉別人對你的刻板印象。

我自己就是一個例子。我太太在大學時代和我交往，她曾經說我是全臺大第二醜，但是後來是她主動追我。難道是因為我太太自己也是醜得沒人要嗎？錯了，不論從任何人的眼光來看，我太太絕對是美女級的。當年的臺大外文系是大學聯考乙組的第一志願，所以她不只成績亮眼，追她的也大有人在，可是她選擇了我。在那個年代，女生主動追男生是極為少有的事，但是我太太的想法是，她不要等別人來挑，而是要選她自己要的；後來她的學術研究中包括女性主義，強調女性的獨立、自覺，原來早在學生時代就埋下種子。

在 1970 年代的臺灣，我太太選我當男友其實是一件阻力重重的事，因為她是所謂的外省第二代，父親是湖南人，隨著軍隊在 1949 年來到臺灣，母親則是從山東逃難到臺灣，他們家在臺灣沒有任何親戚；我太太是長女，如果將來結一門親家，以後彼此可以來往，應該是他們家相當渴望的事。但是我的父母不會講國語，她的父母不會講臺語，加上我家貧窮，讀的科系看起來又沒有什麼前途；所以她在和我交往的過程中，家人質疑的聲音不斷，但是她堅持她的選擇。在大學時代，我的外在條件真的是乏善可陳，她欣賞我的，顯然是內在而不是外在。

事實上一個人的內在是持久的，外在則會隨著環境而改變。如果一個女生被一個男生喜歡，完全是因為長得美麗；過一陣子這個男生如果對女生說：「我要和妳分手，因為我找到比妳更漂亮的女

生。」這時候女生的回應應該是「合理合理、應該應該」，因為對方喜歡自己的理由已經被另一個人取代；同樣的，如果一個女生喜歡一個男生的原因是對方家境富有，過一陣子女生可能對男生說：「我要和你分手，因為我找到比你更有錢的男生。」男方的回應也應該是：「合理合理、應該應該。」長得美麗或英俊、家裡有錢、風趣幽默，這些特質都可以被取代，而且這些條件也可能因為運氣不好而喪失，因此一個人如果想要找到長期不變的友誼，內在特質才是關鍵。

　　事實上醜已經醜了，抱怨也無法改變這個事實，設法讓自己的內在變美才是改變命運的良方。所以先天的運氣只要認命，真誠的面對自己、做自己，一樣可以找到適合自己的路。相反的，如果你長的帥、聰明，這並不是你努力的結果，而是命好，所以沒什麼好驕傲的；但是如果你能善用這些先天的優勢，多做點有益社會的事，一定可以為你的人生加分！

　　但是後天的運氣就比較難處理，因為沒有人知道下一刻會在自己身上發生什麼事，沒有人可以事先準備惡運的降臨。也許儒家「盡性知命」的態度值得學習，只要盡人事，其他大概只能聽天命了。所以對於後天的運氣，必須承認造化弄人，在某種程度上，人不得不成為命運的奴隸。

二、盡人事、聽天命

　　不論一個人多麼有智慧，運氣還是會威脅他幸福的追求，雖然品德可以改善某些壞運氣，但是沒有人可以化解全部的惡運，因此如何處理運氣，仍然是幸福人生不能忽視的問題。儒家處理運氣的

態度是「盡性知命」，所謂「性」，指的是屬於人的能力範圍之內的東西，而「命」則是超出能力之外，就是屬於運氣管轄的範圍。盡性知命比較通俗的說法就是：盡人事聽天命，這個觀點的主要精神是告訴我們，一個人不論從事任何事情，都要先盡一己之力，一旦盡力了，其他的事情就不必管了，因為剩下的都屬於「命」的範圍，也就是說，對於自己能力所不能及的部分，擔心也沒有用。

　　如果進一步分析，在這種生活態度中，盡性的「盡」，以及知命的「知」最為關鍵，「知」的意思就是：每一個人必須知道哪些是自己可以努力的，哪些不是；超出一個人能力之外的事，就是個人的極限，由於每一個人的資質、體力不同，所以會有不同的極限點，對小張而言，數學考及格是極限，對小李可能考 90 分才是極限。認清自己的極限在哪裡，超出極限的部分就不是自己可以負責的，因此也是自己不必憂心的事。

　　但是這樣的說法會成為那些好逸惡勞者偷懶的藉口嗎？譬如小張只要多用點功，數學就可以考 80 分，但是他告訴父母 60 分是他的極限，能考 60 分已經要謝天謝地了，誰叫爸媽遺傳給他的基因智商只有如此，因此考不到 80 分不能怪他。但是以「命」作為不努力藉口的小張，忽略了儒家還有「盡」人事這個教誨，盡人事的「盡」指的是：只要是在自己能力範圍可以做到的，就必須全力以赴、盡心盡力；任何一個人必須真正盡了力，但是還是做不到的，才可以說那是他的極限。

　　這樣的觀點承認人的有限性，也強調人的可能性，這對每一個人在追求一個比較美好的人生來說，的確是一個相當務實的忠告。

　　儒家的「知命」並不是宿命論，宿命論者強調人事的一切努力

都是白費力氣，因為一切早就天注定。宿命論否定人的努力可以造成改變，只能等待命運的降臨。但是儒家的「知命」並不是把一切都推給「命」，而是承認有「命」、承認有些事是人力所不能及，至於要用什麼樣的態度面對「命」呢？儒家提出來的是「知」：人必須知道有些東西是人做不到的，所以不必為這些東西牽掛，因為這些東西是發生在我們身上的事，我們完全無能為力，牽掛也是無用。至於人力所能及的部分，則必須「盡」，也就是窮盡一己之力，努力再努力。

俗話說「只問耕耘不問收獲」，就是這樣的態度，一個人一天要耕耘多少小時是自己可以決定的，所以要盡力；但是不論他工作多麼努力，最後的結果並不是他可以完全掌控的，一個地震或颱風，所有汗水結晶可能化為烏有，如果他每天都在擔心會不會有地震或颱風，只有徒增自己的煩惱，地震或颱風不會因為人的擔憂而不發生。「杞人憂天」就是沒有分清什麼是我們可以管的、什麼是我們不必管或管了也沒有用的。

因此「盡人事、聽天命」的重點在「盡人事」，關注的是人主動可以做的部分，這是一個比較合理的人生態度。一個人只要在自己可以控制的部分，努力做好，至於這樣做會不會得到好結果，就不是人力所能控制的，也不應該成為人關注的焦點。因此重要的不是行為的結果，而是做了什麼樣的行為。

三、惡運可以奪走有品德者的幸福

亞里斯多德認為品德無法保證幸福，這是建立在他的經驗知識上，他舉了特洛伊國王普里阿摩斯 (Priam) 的例子，證明好人碰到很

壞的運氣時，也是不幸福的。普里阿摩斯是一個正直的人，但是他最後喪失了一切：他在特洛伊戰爭中落敗，失去了王國、家庭，而且他的兒子赫克特 (Hector) 被希臘的第一勇士阿基里斯 (Achilles) 所殺，然後他自己在一個不忠的謀殺中被奪走生命。亞里斯多德指出，普里阿摩斯是一個真正的好人，但是他的人生是不幸福的。這個例子應該可以證明，幸福很容易受到運氣的傷害，當運氣所造成的是重大傷害時，一個品格再好的人，也無法阻擋惡運撞擊而遭致不幸。

　　一般的壞運氣，譬如：考試當天生病，所以考試成績不佳；或應徵一個工作時，面試的考官正好是曾經被自己得罪的人，這些運氣對幸福的影響不大，只要有好品德，都可以克服這些壞運氣對幸福的威脅；但是如果運氣極差，傷害夠大，品德再好的人也很難得到幸福，普里阿摩斯就是一個例子，亞里斯多德因此主張品德只能是幸福的必要條件，而不是充分條件。

　　美國作家哈波‧李 (Harper Lee, 1926–2016) 在 1960 年出版了一本獲得普立茲獎的小說，書名叫 *To Kill a Mockingbird*，後來改編成電影，臺灣譯成《梅岡城故事》，大陸的譯名是《殺死一隻知更鳥》。小說的核心是描述一個小鎮的律師阿提卡斯‧費奇 (Atticus Finch) 為黑人湯姆‧羅賓遜 (Tom Robinson) 辯護的一場戰爭。羅賓遜被惡意指控強暴一名白人女性，在奴隸制取消後數十年的美國南方，這項指控幾乎確定是致命的。費奇知道這種情形，但仍然全身投入為羅賓遜辯護。這個故事呈現了人類的邪惡：愚笨的殘酷、無意義的仇恨、明顯的不正義，但是它同時也呈現了人類的善良：費奇願意在龐大的壓力下挺身而出，為正義而戰。

其中一幕場景扣人心弦。費奇有一天晚上在監獄的路旁，面對前來抗議的暴民；這些暴民指責費奇背叛他們，他們認為費奇不應該為像羅賓遜這樣的人辯護：以當時的社會氛圍，白人不只對黑人充滿歧視，而且認定羅賓遜一定真的做了壞事。當暴民逼近孤單、手無寸鐵的費奇時，費奇只能告訴他們，希望他們回家。費奇的孩子當時也溜進城裡，想要看父親在半夜能做什麼，他的女兒遇到一些她認識的暴民，熱烈地和他們寒暄，並向他們的家人問好，清純和親切的力量，瓦解了暴民的氣焰，最後他們全部都回家了。這一幕顯現的是勇氣和純真對抗著邪惡，而邪惡動搖了，當晚是善良勝利了！

如果故事就此結束，我們應該可以稱費奇是一個幸福的人，因為他找到某些可以為之而活（甚至為之而死）的東西，而且他也這樣做；但是故事並不是在那裡結束。費奇不只被他的鄰居痛恨，而且他的子女差點被謀殺；此外，雖然他努力找到一堆對羅賓遜有利的證據，但是他還是輸了官司；更糟的是，羅賓遜放棄對正義的期望，在監禁中想要逃跑，最後遭到射殺。這個故事的結局顯然是邪惡戰勝善良。因此，從整個故事來看費奇這個人，我們可以說他是善良的，但卻很難說他是幸福的。

這個故事的總結是：幸福並不屬於每一個值得擁有它的人，應該得到幸福的人，並沒有真正得到屬於他們的幸福。因為我們雖然是行為的主體但也是客體；作為行為的主體，我們可以主動選擇從事什麼樣的行為；但是作為客體，我們所能得到的結果，常常是被動的接受命運的擺布。

實際人生有許多類似的故事，教導我們一個很簡單的道理：如

果品德是幸福所必要的，其他種類的善也是幸福人生不可少的，譬如那些我們無法掌控的外在條件：金錢、健康、環境，我們可以簡稱為運氣之善；如果運氣太差，再好的人也可能不幸福。

四、伊比克蒂德斯怎麼說？

伊比克蒂德斯是出生在小亞細亞西南方的一名奴隸，後來被羅馬的一位有錢人買走；回到自由之身後，他在羅馬研究斯多噶學派的哲學，並成為教導斯多噶哲學的一名老師。在他身為奴隸的時候，因為一次嚴重的受傷使他變成跛腳。更不幸的是，西元 90 年義大利的君主驅逐所有哲學家，於是伊比克蒂德斯遭到放逐。雖然他曾經是一個殘障的奴隸，然後被放逐，伊比克蒂德斯並不認為他的故事是不正常的，相反的，他的哲學開始的前提是：我們每一個人都是不斷戰鬥，對抗自由的攻擊。伊比克蒂德斯的著作充滿了有關奴隸、監禁、放逐、勒索、政治無力感、被官僚強迫的討論；以及鄉愁、過敏、頭痛、激辯，這些是我們日常生活中經驗到、卻完全無力控制的處境。

伊比克蒂德斯的自我觀是他整個哲學的核心，也就是說，他對於「我」做了一個清楚的定義。他指出，有些東西操之在我，有些不是。意見、衝動、欲望、厭惡，任何屬於我們自己行為的東西，都是操之在我；至於身體、財產、名譽、職位，則是不屬於我們自己行為的東西，就不是操之在我。如果只有屬於你自己的才是你自己，不屬於你自己的不是你自己，則沒有人可以強迫你、阻礙你，你將不會做任何違反你意志的事，因此沒有人會傷害你，因為沒有傷害會影響你。換句話說，伊比克蒂德斯把自己能力能夠控制的東

西當成「我」，那個東西就是：自己選擇和決定的能力，而不在自己選擇能力之內的就不屬於「我」，這樣的「我」永遠不會受到別人的傷害。

顯然，伊比克蒂德斯的自我觀承繼蘇格拉底的主張，柏拉圖的《申辯篇》描述蘇格拉底在法庭接受審判時的辯護、定罪、宣判，這個場景引人注目。蘇格拉底在其中不斷表示，由於他沒有做錯事，所以沒有人可以傷害他；他告訴陪審員，一個人應該確保自己所做的事是對的，而不只是延長自己的生命。所以他堅信，雖然他可能被放逐或甚至被殺害，這對他仍然沒有造成傷害，他說善良隔絕了傷害；也就是說，好人不可能被傷害，不論在活著的時候或死亡。蘇格拉底的想法等於是說：品德是幸福的充分條件，做一個好人就是獲得幸福人生的保證，斯多噶學派繼承了這樣的觀念，伊比克蒂德斯的論證充分展現蘇格拉底的思想。

人是什麼樣的存在者呢？根據伊比克蒂德斯的觀點，人的存在，沒有任何東西比他的選擇力更至高無上，選擇本身使人免於被奴役和宰制。因為選擇的本質就是自由，不會受到強迫，所有其他則會受到阻礙和強迫，即使是人的身體也會受到他人暴力的限制和束縛。換句話說，伊比克蒂德斯把人的選擇力當成人最重要的特質，失去這種能力等於失去人的本質。

但是選擇一定是自由、完全不受限制和約束的嗎？我們一般人可能很難同意這一點，因為日常生活中，我們的選擇常常受到環境的限制，譬如：如果我的財力有限，想要買房子或買車子的選項就會受到限制，我的財力買不起賓士轎車，等於賓士轎車不是我可以選擇的一個選項；如果一個小混混拿著刀威脅我，要我把口袋裡的

錢掏出來，我大概也沒有選擇的餘地，所以人的選擇怎麼可能是自由的呢？

　　但是伊比克蒂德斯的說法是，任何受制於阻礙、強迫或剝奪的東西都不是自己的，只有不受阻礙的才是自己的。因此依據這樣的觀點，我不能選擇賓士轎車，所以賓士轎車就不是我的，這似乎有點道理；但是如果小混混拿刀恐嚇取財，我的身體可以受到威脅，所以我的身體也不是我自己的，這點似乎比較難令人接受。然而伊比克蒂德斯的觀點正是如此，小混混可以威脅「我的」身體，但並不能威脅「我」；小混混可以傷害的是「我的」身體，但不可能傷害到「我」，由於身體不是「我」的一部分，所以「我」仍然可以選擇身體要不要被傷害；只有當我想要保護我的身體時，我才會別無選擇。因此什麼是「我」自己的呢？伊比克蒂德斯的回答是：意念的適當使用。也就是說，我決定要做什麼這樣的意念，完全是我自己決定的，不可能受到任何阻礙。

　　顯然伊比克蒂德斯區分「我」和「我的」，「我」完全等於選擇力，而「我的」則可以包括所有其他東西，不只手錶、電腦、手機、衣服是「我的」，不在「我」之內，身體也只是「我的」，不在「我」之內。因此，小混混的刀可以傷害我的身體，卻永遠不可能傷害到我；因為我可以拒絕小混混的威脅、選擇身體受傷害，但是因為身體不屬於「我」，即使小混混最後把我殺死了，也是我選擇不受威脅的結果，他絕對無法強迫我不做這樣的選擇。

　　伊比克蒂德斯說，選擇就是「我」的全部，這樣的自我觀如果用當代學者丹尼爾・羅素 (Daniel Russell) 的用語，叫形式化自我觀 (formalized conception of the self)，因為「我」等於「選擇力」，沒有

任何具體的內容，這樣的「我」一定是自由的。只要是我無法掌控、使我不自由的東西都不是「我」，基於這樣的觀點所以身體不屬於「自我」的一部分。

在這樣的精神之下，伊比克蒂德斯說：我必然會死，但是一定要呻吟的死嗎？也一定要悲傷嗎？有任何人可以阻止我帶著微笑、懷著好心情和平靜的面對死亡嗎？在他的想法中，暴君可以銬住我們的腳，可以把我們監禁，甚至可以砍我們的頭，但是當我們的身體在遭受這些無法抵擋的迫害時，我們的意念還是自由的，由於身體會受到阻礙和限制，所以身體不是「自我」的一部分，暴君可以迫害我的身體，但是我們的心裡可以唾棄暴君、可以問心無愧、死而無憾，我們對待暴君的這些意念和想法，是我的選擇、是我可以自由決定的；再強有力的暴君，也無法管我腦袋裡怎麼想。換句話說，暴君可以用暴力威脅人的身體，但卻無法威脅人的心靈。

這種說法有幾分道理，孔子在《論語‧子罕篇》說過：「三軍可奪帥也，匹夫不可奪志也。」表示一個人如果意志堅定，富貴不能淫、貧賤不能移、威武不能屈。所以在面對暴力威脅時，有人乖乖聽話，有人抵死不從；身體遭到殘酷折磨時，有人呻吟哀嚎，也有人咬緊牙根；在面對暴君處決時，有人恐懼，有人跪地求饒，有人仰天長嘯。這一切都是個人的選擇，表示即使人們在極端困境中，還是擁有某些選擇的自由；因此，在這個意義上，要成為什麼樣的人，完全由自己決定。

對一般人而言，伊比克蒂德斯的自我觀實在太極端了。日常生活中，我們很容易區分「我」和「我的」，譬如，「我的」車子被撞壞了，雖然我會心痛，並不是「我」受到傷害；但是我們比較難以

接受的是：伊比克蒂德斯主張我的身體受到傷害並不是「我」受傷害。雖然伊比克蒂德斯把身體也當成「外物」，所以「我的」身體並不是「我」；然而就是這樣的論點，使得這一派的學說很難成為主流，因為它和一般的直覺差距太大。

儘管伊比克蒂德斯的「自我觀」異於常人，但是這樣的觀點似乎最能解釋蘇格拉底在法庭上所說的：沒有人可以傷害他。法官可以判他死刑，但是完全無法決定蘇格拉底的意志，是蘇格拉底自己的意志決定不做錯事，而不是選擇逃亡。把自我完全可以控制的東西（我的意志、我的選擇）等同於「我」，只有在這個意義下，確實誰也傷不了蘇格拉底。

存在主義哲學家沙特 (Jean-Paul Sartre, 1905–1980) 有類似的說法，他說人注定是自由的。譬如：戰場上的前線指揮官下令軍隊衝鋒，膽怯後退的士兵將會被槍斃，這些士兵沒有選擇的自由了嗎？不是，他們還是自由的，因為他們可以選擇戰死沙場或被自家人槍斃。

這樣的觀點可以充分解釋：為何人的幸福可以免於運氣的支配。蘇格拉底遭到不正義的判決，這是惡運降臨，但是一般認為蘇格拉底的一生是幸福的，可見壞運氣也不能剝奪蘇格拉底的幸福。蘇格拉底坦然面對死刑，當他喝下毒酒時，他的心情是平靜的，因為這是他自己的選擇，以為用這種方式可以傷害他的人完全錯了，他在羞愧的逃亡和勇敢就死之間作了選擇，一個寧死不屈的人，死亡對他不是傷害。

所以採用形式化自我觀的人，幸福人生完全掌握在自己手中，對蘇格拉底而言，品德就是一生堅持做對的事、就是幸福。而做或

不做對的事，完全操之在我，所以幸福也操之在我。

五、自我疆界越大，幸福越容易受運氣的影響

　　如果「我」等於我的選擇能力、我的意志力，只要我在面臨各種情境時做出最佳選擇，就可以獲得屬於我的幸福；而所有我不能掌控、在我選擇力之外的東西，都不是「我」，因此這樣的「我」，使得幸福遠離運氣的影響。所以基於這樣的自我觀，一個人即使遭遇到壞運氣，也不會影響到他的幸福，幸福就是正確的選擇、品德的實踐。根據羅素的論證，蘇格拉底和斯多噶學派學者就是基於這樣的自我觀，所以主張品德是幸福的充分條件。

　　這樣的自我觀只把選擇能力或意志力當成「我」，是自我的疆界(boundaries of the self)之內惟一的東西，然而一般人不只認為我的身體是「我」的一部分，也會把各種其他東西：財富、家人、朋友、甚至工作，當成在自我疆界之內。儘管斯多噶學派的主張在當代很難產生共鳴，但是他們的倫理觀可以給我們很大的啟示：如果一個人的自我疆界越大，表示構成「我」或自我認同的東西越多，而這些東西都不是在自己的控制之內，導致的結果是：個人幸福越容易受到運氣的支配。因此，滿足我的幸福所需要的外在東西如果越多，運氣對我的幸福的影響就越大。因為外在於我的東西是我無法控制的東西，那些東西的得失，都會受到運氣的左右。

　　我們先說明自我疆界這個概念。自我疆界這個詞來自當代心理學家柯林‧帕克斯(Colin Murray Parkes)，他觀察人的依附關係(attachment)，所謂依附，就是自己投入很大情感和心力、好像和自己黏在一起的東西。工作狂的工作是他的依附；集郵的人郵票是他

的依附；愛車成痴的人車子是他的依附，所以一旦車子受損就如同自己受傷一樣。同樣的，事業、家人、朋友或所愛的人，都可能是一個人的依附；而所有的依附都是外在於我。帕克斯發現，當一個人失去一個親密依附時，常常經驗到像是失去自己的一部分，這種損失會迫使一個人重建一個新的自我，這是人類經驗一個非常顯著的特點。為什麼某人的外部損失會產生內在失去這樣的經驗？

帕克斯的答案是：那些人、活動或東西雖然是在自己的外面，但是它們已經變成個人生命和認同的一部分，當這些東西喪失時，失去它們的人必須辛苦的重新認識自己，因為現在的「我」是一個沒有那些依附的自我和生命，換句話說，他所失去的那些東西是在他的自我疆界內、定義「我是誰」的東西。

喪失某種依附的經驗不只清楚呈現出「自我」具有疆界，而且也可以用來解釋：什麼東西是重要的，這一切完全要看一個人把自我的疆界劃在哪裡。人的自我疆界應該劃在哪裡才是適當的呢？很明顯的是，並不是所有東西都在自我疆界之內，而且疆界在哪裡會因人而異：對有些人而言，居住在哪裡對他的心理認同很重要，但是對其他人則不是如此。我們一定遇過有些人在國外住一陣子，就會產生鄉愁，有些人不會；此外，我們自己的疆界在哪裡，似乎很大程度是在我們的掌控中。

當伊比克蒂德斯不斷主張人們所愛的人就像是易碎的茶壺時，他依賴的就是這樣的概念；他的論點並不是說我們應該愛一個人像愛一個茶壺一樣，而是我們要有這樣的心理準備，以致於當我們失去他們的時候，不會經驗到如失去自我一般，如果茶壺不在自我疆界內，所愛的人也應該被當成如此。所以顯然伊比克蒂德斯勸告世

人，千萬不要把自我的疆界擴大到包括子女、愛人，因為這樣的「我」會容易受到運氣的支配，當這些外在的親密依附失去時，就會嚴重傷害到自己。但是這樣的建議，大多數人可能不同意。

自我疆界應該劃在哪裡？當然，把某些東西放進自我領域顯然是可笑的，因為它們並不是那麼重要，譬如手機、電腦、汽車或家裡的盆栽，掉了手機會痛心到像是自己掉了一條腿一樣的人，顯然是不明智的；手機可能很重要，但絕對不應該把它和一條腿等量齊觀。所以把什麼樣的東西安置在自我疆界之內應該慎重，因為在自我疆界內的東西如果喪失，會威脅一個人的幸福，它會阻斷一個人的生活；這樣的損失常常是毀滅性的，這就是為什麼有些人在談戀愛之前活得好好的，失戀後卻意志消沉、魂不守舍，更嚴重的是自殘、自殺或者傷害對方，因為戀愛的對象已經成為自我的一部分。

當然，我們有理由要從毀滅性的失去中復原，而且也有理由比較不容易被毀滅，不想輕易被失去親密依附而摧毀的人，就是把越少的東西放進自我疆界之內。如果一個人和他人建立親密關係，一旦失去對方，情感上一定會受到很大的傷害，但是如果對方並不在他的自我疆界之內，這樣的失去比較容易重新站起來。然而這樣的自我觀雖然使我們比較容易從失去中復原，但是它必須付出代價：這樣的人不可能與他人建立起如膠似漆、水乳交融的親密關係，也就是說，他的自我與任何人的親密依附之間，保持著不會受傷的距離。

如果我們不能接受伊比克蒂德斯那樣的形式化自我觀，而是接受羅素所謂的具體化的自我觀 (embodied conception of the self)，就是把身體、親人、工作放到自我疆界之內，這樣的結果是：我們的幸

福人生容易受到運氣的打擊；因為與這些東西的關係成為自我幸福的一部分，由於不論身體、親人或工作，都不是完全掌控在自己手中，它們的得失會受到運氣的影響，一旦失去這些關係，就會失去幸福。這不是說幸福必然永遠毀於不好的運氣，有些人常常能重建自我、重新過新的生活，但是依附越深，重建之路就越漫長、辛苦。顯然自我疆界越大，幸福就越容易受運氣的影響，所以有智慧的人會盡量看輕身外之物，如此一來，幸福比較容易操之在己。

六、調整「自我」的疆界，減少運氣的衝擊

自我疆界越大，幸福越會受到運氣的影響，這是必然的；因為當一個人的幸福需要越多東西時，每一樣東西的得與失，都受運氣左右，他的幸福受到運氣影響的機率也增加。如果大部分人不接受斯多噶學派的自我觀，認為「我」不只是選擇力，還包括身體、家人、事業、朋友，那麼如果要減少運氣對幸福的衝擊，惟一的做法就是縮小自我疆界的範圍。什麼東西應該包括在自我疆界內才是適當的，使個人在幸福的追求上既可以擁有珍貴的依附關係，也可以具有較大的主導力？這是一個涉及人生智慧的問題。

回答這個問題之前，先把「自我疆界」這個概念作一個比較通俗的解釋。如果你掉了一隻手錶，心裡一定會不舒服，但是你會說「我的手錶掉了」，而不是「我掉了」，因為手錶是你所屬的東西，它並不是構成你的一部分；但是如果你掉的手錶不是普通的錶，而是把你扶養長大、你一生最敬愛的祖母留給你的，是你非常珍惜的東西，雖然它還沒有構成你之所以為你，可是掉了這樣的錶，你會感到椎心之痛，表示這隻錶已經相當接近你的自我認同的核心。

　　假設如果你失去一個至親，你感受到的不只是心痛，而是像失去你身上一部分一樣的刻骨銘心，這表示你失去的親人，是你自己的一部分，失去他，就像失去自己一樣，所以會失魂落魄、感覺自己不知道如何活下去。因此這位親人不只是「你的」親人，他已經進入你的自我疆界之內，成為你之所以為你、你的自我認同的一部分。

　　從這點就可以理解，每增加一樣東西放進你的自我疆界之內，就是增加你「失去」的機會，也就是增加運氣影響你幸福的機會。用一個最簡單的比喻，如果你身上帶越多東西去旅行，會掉東西的機會就提高；行囊越簡單，越不容易發生「東西掉了」這種狀況。東西會不會掉，並不是完全在你的控制之內，再小心的人也可能掉東西；但是少帶點東西，掉的機會就變少。

　　美國作家吳爾夫 (Tom Wolfe, 1930–2018) 在 1998 年出版的一本小說《完全的人》(*A Man in Full*)，這部小說的中心人物叫查理·克羅克 (Charlie Croker)，他是亞特蘭大一位年老的房地產開發商，他的帝國瀕臨破產邊緣，積欠了超過五億美元的債務。在他風光歲月時，他花錢建造一個巨大的辦公大樓，用自己的名字命名。現在錢已經快光了，他的債權人開始要拿走他的資產，最令他難過的是他們威脅要拿走他的鄉村農場，包括價值數百萬元的馬匹和私人飛機；但更重要的是，他們要帶走會讓他覺得自己是一個「真正的人」的東西，那就是這座農場，這座農場讓查理覺得自己是一個真正的人。

　　查理經常邀請可能的顧客到這個農場，他希望顧客能在農場的魔力下做成生意。這個農場可以狩獵，並且洋溢著戰前南方的男子

氣概氛圍，這個魔力令查理著迷、無法抗拒。就是在他的農場，他最能感到自己是一個完整的人，但是他正在失去當中。

　　一位年輕的律師來到農場告訴查理，他可以幫助他解決債務，但是為了交換這個慷慨的協助，查理必須代表律師的客戶做一個聲明，問題是查理發現律師的客戶是卑劣的，而且更糟的是，接受這個要求等於是背叛一位朋友，這位朋友的女兒被律師的那位客戶性侵。有一陣子查理想要逃避這個難題，但是最後這位律師和掮客逼迫他，如果他不做出聲明，他將會失去他擁有的，以及使他成為他是什麼樣人的所有東西。

　　伊比克蒂德斯曾經說過：「如果我把價值放在我的身體，我已經放棄自己而成為一名奴隸；如果我放在我可憐的財產，我也同樣是奴隸；因為我立刻顯示出我自己可以怎麼樣被傷害。」查理處境正是如此，他把農場等同於自己，當他處於失去財產時，他也受制於任何一個可以利用這點對付他的人，這也是為何掮客會來找他的原因。

　　查理一直認為，如果他沒有僕人、沒有私人飛機、沒有賽馬、沒有別墅和農場，就無法過活，不是因為他沒有這些他真的會死，而是沒有它們的生活不是「他」的生活；換句話說，他擔心的不是破產後就無法過活，而是破產將會摧毀他認為的自己。只要查理認為，保有財產和社會地位是幸福所必要的，可以控制這些的人，就可以控制查理、控制他的幸福。

　　查理以為在這種困境中別無選擇，只能接受掮客的要求，直到遇到一位伊比克蒂德斯的信徒，他告訴查理，伊比克蒂德斯表示，雖然人常被困住，但是沒有一個人會真的被困住，除非他是共犯。

那些給查理壓力的人可以困住他，唯一的理由是：查理放不開那些他們威脅要從他身上帶走的東西，而這份執著最終決定於查理。換句話說，只要查理不再執著於保住名位和財產，所有的威脅就煙消雲散。

查理最後就是這樣做，讓每一個人震驚的是，他把他的財產交出去給他的債權人，因此沒有人可以再操縱他，他選擇像一隻公牛一樣的強壯，而不是任何人的工具。

查理的故事告訴我們，能夠看輕財富、名位、榮耀的人，幸福比較能夠掌握在自己手中，因為這些東西的得與失，經常會受到運氣的左右。雖然伊比克蒂德斯告訴我們，為了把幸福完全掌握在自己手中，即使身體、親人、朋友等親密的依附，都不應該放進自我的疆界之內。但是這樣的觀點應該是一般人做不到、也不願意做的。對絕大多數人來說，沒有那些「甜蜜的負擔」，人生不可能是幸福的。因此比較合理的人生，應該包括某些重要的親密關係，即使這樣的「擁有」，就會冒著「失去」的危險，但是這是一般人樂於承受的。

然而伊比克蒂德斯的主張，並不是完全沒有智慧；至少我們可以從中得到的啟發是：人生的行囊能減輕、減少，就盡量減輕、減少，這樣會使一個人在人生的旅途中，負擔輕、也比較不容易失去；而且追求幸福的主動性也增加。

也許大多數人無法接受斯多噶學派的主張，但是它可以點醒人們：應該學習「減法哲學」，世俗所在乎的權力、名譽、財富、名車、豪宅、名牌服飾，能減就減，一個人的幸福如果越不需要這些東西，就越不會成為運氣的奴隸。換句話說，對於這些真正的身外

之物，所求越少，幸福越容易掌握在自己手中。如果用佛家的講法，我執越少，越自在，當然離幸福也就越近。

　　所以一個人如果不想做命運的奴隸、想當自己幸福的主人，不是把心思用在如何累積財富、權力、名位；而是學習處理身外之物的正確態度，累積生命智慧來面對複雜、不可逆料、變化多端的人事，這就是品德。

17 品德的力量

　　十九世紀英國的道德學家山謬・斯邁爾斯 (Samuel Smiles, 1812–1904) 在他的《品格的力量》一書中說：「一個偉大的思想家個人的思想會數百年扎根於人們的心靈，它會跨越時間的長河，影響相隔數千年人們的心靈，因此蘇格拉底、柏拉圖、塞內加、西塞羅，仍然在他們的墳墓中和我們對話。一個像蘇格拉底這樣的人，他的價值比無數個像南卡諾來納這樣的州還要大，如果這個州今天從世界中消失，它給世界帶來的影響，遠不如蘇格拉底給世界帶來的影響。」這段話的意思是強調，一個品格高尚者對人類的貢獻和影響，不只跨越時代，其力量比軍隊、土地還要大。

　　事實上斯邁爾斯認為，個人品格就像一種神奇的魔力，不必是世界知名的偉大思想家，即使是一位升斗小民，只要品格高潔，都能散發出光芒和熱力；也就是說，一個人即使是地位低微，只要擁有積極正面的人生態度，他的心靈就會因此而偉大，而偉大的心靈不只讓自己可以活得精彩，也會感染別人，讓虛弱、無助的人生出力量。

一、一片麵包的力量

　　當代倫理學者彼得・辛格 (Peter Singer) 在他的《生命如何作答》這本書中引述了一個故事。故事的內容是有關二次大戰期間，德國納粹對猶太人的迫害，故事的主角是一位義大利籍的化學家普里

莫·賴維 (Primo Levi)，他因為猶太裔的身分被送進奧斯維茲集中營。賴維在死裡逃生後，寫了一本傳記《假如這是一個人》(*If This Is A Man*)，1987 年出版，在傳記中賴維用生動的筆觸，記載了在集中營裡求生不得的勞役生活。

賴維說他自己能撐過這種折磨又看不到希望的日子，是因為他遇到一位救命恩人叫羅倫左，羅倫左是一位非猶太裔的義大利人，他為德國人工作，他的工作是執行一個如何運用囚犯勞力的計畫。賴維在他的傳記中是這樣回憶羅倫左的：

「在實質上，這是一件微不足道的小事：一個義大利的平民工人，一連六個月，每天送我一片麵包和他吃剩的配糧；他送我一件滿是補丁的背心；他用我的名義寄名信片，再把回信拿給我看。他從來沒有開口要求，也沒有接受過我的回報，因為他的單純和善良，從不覺得做好事該要求回報。……我相信我是因為有羅倫左這種人才能活到今天；並不是因為他的物質幫助，而是因為他的出現、他自然樸實的善良，不斷地提醒我，在我們的世界之外還有正義的世界存在，還有一些事和一些人，仍然純真、完整、不腐敗、不野蠻，不知仇恨和恐怖為何物；一個難以定義、隱含著善良的可能性之東西，但卻值得人為它而活。這些扉頁中的代稱都不是人，他們的人性在被他人攻擊或攻擊他人之後，不是被別人就是被自己埋葬了；包括邪惡、喪心病狂的黑衫軍、蓋世太保、秘密警察、戰犯，大大小小的知名人物和那些冷漠的勞役（戰俘）在內，都是納粹在人性荒原中創造出來的不同等級的瘋狂。但羅倫左是一個人，他的仁慈是純淨無染的，他自外於這個否定一切的世界。因為有羅倫左這樣的人存在，讓我記得自己還是一個人。」

　　羅倫左只是集中營裡的一名小小的工人，但是他的善良讓對人性幾近絕望的賴維看到一線曙光。一片麵包所激發出來的力量，勝過千軍萬馬。這個故事提醒我們兩件事：第一，勿以善小而不為。這是大家都熟悉的道理，但是卻不是很多人做到。有時候雖然是一件微不足道的助人行為，對被幫助者可能是及時雨，這個小小的幫助，可能改變了別人的一生。賴維求生的意志就是因為羅倫左的小小善行而變得堅強，也因為羅倫左單純、不求回報的付出，使賴維對人性重新看到希望，一片麵包可以激發出生命的活力，也就是說，由品格所能產生的力量，正如孟子在〈盡心篇〉所說的「沛然莫之能禦」。我常常提醒學生，如果他們修課的老師教學認真，他們只要說一聲「老師你好棒」或「謝謝老師」，這位老師就會更加賣力。每一個人都需要被鼓勵和讚美，對一個盡責的老師，只要一聲感謝或稱讚的話，對他就是無比的力量，這麼簡單、又不必付出任何代價的事，學生不應該吝於表達。

　　第二，一個人存在的價值和他的身分、地位、財富無關；斯邁爾斯在他的書中說：「天才總是受人崇拜，但品格更能贏得人們的尊重。」這和我區別「羨慕」和「尊敬」異曲同工，一個有錢、有權、有勢、社會地位高的人，或一個耀眼的明星、智商是天才型的人，他們的成就會令人羨慕，但是如果他們一切的成就只為了榮耀自己、讓自己顯得高人一等，並不會獲得人們的尊敬；可是一個處處為別人設想、努力想讓周遭的人或社會變得更好的平凡人，則會得到人們的尊敬。能夠得到別人尊敬的人，就是活出生命的價值，這和外在的成就無關，而和品德有關。因此，高尚的靈魂無關財富、學問、地位，平凡人也可能擁有，所以斯邁爾斯說：「在這個世界上，許多

人儘管一無所有，但是，他們品格的榮耀和加冕的國王相比，可以說毫不遜色。」

活得有價值就是對別人、對社會有用，成為有用的人不需要有錢、不需要有名或地位，只需要有心。誰沒有能力給別人一片麵包？一片麵包只要加上真純的愛心，就能產生神奇的力量。

二、快樂的捐血人

品德所產生的力量是雙向的，化學家賴維能夠在納粹集中營的折磨中存活下來，就是因為羅倫左每天給他一片麵包和吃剩的配糧，激發他求生的意志。所以品德行為的接收者，會因為別人的真心關懷而產生無比的精神力量。事實上品德的實踐者也會因為自己所從事的行為，而獲得更強的生命力和熱情，這種人通常都會積極、認真、充實、快樂的過日子。正如我們一再強調的，關心別人、做一些對別人有益的事，行為者會覺得自己活得有價值，這樣的生活方式和態度，才是走上通往幸福的路。

捐血就是一件非常普通、而且容易實現的助人行為，許多長期從事捐血的人樂此不疲。為什麼有人會樂於從事捐血這樣的行為呢？捐血似乎是一件單向而不是互惠互利的事，因為得到血液的人，通常不知道自己的血是來自何人身上，即使想要感謝也不知對象是誰；而且捐血人一生有可能不需要別人輸血給他們，可見捐血的目的並不是因為自己將來可以得到回報。為什麼還是有許多人樂於做出這種純粹的付出呢？答案就在於：捐血人所得到的回報，不是有形而是無形的，他們因為這樣做而感到快樂。

捐血不涉及重大的犧牲，任何一個健康的人，不論貧富、階級，

都可以在不冒任何風險下捐血，所以捐血是一件最簡單、隨時可做的一項助人行為。捐血沒有任何酬勞，但是不只平時有許多人在做這件事，而且有很多人定期從事捐血行為。有些人因為經歷過意外，必須大量輸血，撿回一條命後立志要捐血回饋；但是更多人是完全出於助人的心。

加拿大多倫多大學教授萊特曼 (Ernie Lightman)，在調查超過兩千名捐血者後發現，他們的第一次捐血是因為一些偶發因素，例如：媒體呼籲現在缺血情況非常嚴重，或者自己的朋友或同事也在捐血，或者捐血的地點就在附近；但是日積月累後，外在的動機越來越微不足道，而是對紅十字會的責任和支持，以及一股想要助人的欲望，成為他們去捐血的主要理由。萊特曼的結論是：「一件志願性的行為，經過不斷的重複之後，一種個人式的道德義務感便開始扮演更重要的角色。」

美國威斯康辛大學一位研究員，也針對捐血者的動機進行一項研究，最後發現，捐血者的捐血次數越多，越不可能理解為捐血者是為了別人的期望，比較可能的解釋是：為了對社群的道德義務和責任感。

2018 年 4 月 24 日的媒體報導，全臺灣捐血次數最多的陳志鍠先生，他一共捐血 1800 次；而王秋瓊女士則是蟬聯捐血最多次數的女性，王女士在 27 年來持續捐血 1480 單位，因為她的血液，至少有近 250 人獲救。如果不是純粹基於救人、助人的道德考量，很難有這樣的熱情，去支撐他們做這樣一件對自己似乎沒有什麼利益的事。

「捐血一袋，救人一命」雖然是一句鼓勵捐血的宣傳詞，但也是許多捐血人的心聲。一位女士撰文表示，她永遠忘不了第一次捐

血的初體驗，那時她正值青春洋溢的年紀，恰巧捐血車進入校園宣導正確的捐血觀念，並歡迎 18 歲的學生們挽袖捐血。她在一群志同道合的朋友吆喝下一起前往；她說她原先是抱持著嘗試新經驗的態度去捐血，但是她在捐血之後有了不同的想法：「一袋健康的熱血如果可以幫助另一個人生命的延續，何樂而不為呢！」她引用名人的話說：「助人不必有高深的學問或過人的本領，你只需要擁有一顆慈悲之心和一個充滿愛心的靈魂。」就因為這樣，她投入快樂捐血人的行列，因為這是最簡單的助人方式。她從學生時代到進入職場，每年都會固定捐幾次血，每次都和學生時代的初體驗一樣，感覺多麼的快樂美好。

我們常常聽到「施比受有福」，但是只有真正無所求、純粹為了幫助別人而付出的人，才能體驗這句話的深意。其實一個人如果每天所思所想都是自己的利益，這樣的生命不只狹隘，也不容易產生光輝；只有心裡總是想著如何讓別人快樂、幸福的人，才能活出生命的價值。

所以道德的力量是雙向的：幫助別人也是幫助自己；讓別人快樂，自己也可以得到心靈的愉悅，甚至發現生命的意義和價值。此外，由於付出所得到的快樂，會強化下一次的付出，這是一種善的循環，也是活化生命的泉源。因此快樂其實是一件很容易的事，「少想自己、多為別人」，用這種態度經營人生，就是快樂的製造機！

三、小人物的故事

如果品德是通往幸福最重要的鎖鑰，則平凡人也可以得到幸福，只要他們充滿善良的品質。平凡人的幸福故事俯拾即是。

　　菜販陳樹菊的故事應該最為家喻戶曉，2010 年《富比士》雜誌將陳樹菊女士選入亞洲慈善英雄人物榜；同年，美國《時代》雜誌在網站公布全球 100 個具有影響力的人物，陳樹菊在英雄類排名第八，尤其陳樹菊的故事更在臺灣媒體上發燒，使她一夕之間爆紅。

　　1951 年出生的陳樹菊女士是臺東市場的一名菜販，她只有小學畢業，20 年來捐出的善款超過 1000 萬新臺幣，《時代》雜誌認為陳樹菊令人讚嘆之處，不是因為她有非凡的成就，而是她簡單平凡的慷慨行為。對有錢人而言 1000 萬只是零頭，但是對一個只靠賣菜維生的小販，這個數字的價值無法估算，陳樹菊所展現的善良，遠遠超過有形的數字。

　　在《時代》雜誌上幫陳樹菊撰寫推薦文的是國際知名導演李安，李安在文章中推崇陳樹菊是一位收入微薄的菜販，卻捐錢給母校蓋圖書館，也捐錢給兒童基金會和孤兒院，李安在文章中強調，陳樹菊是「在平凡中顯現其不平凡」。

　　陳樹菊自己的生活接近刻苦，每天三餐只花新臺幣 100 元，卻把賺來的錢大部分都捐出去，雖然入選《時代》雜誌百大影響人物中，不乏全球知名人士，譬如：美國總統歐巴馬、蘋果電腦的創辦人賈伯斯；但是 2010 年 5 月 4 日晚間在美國紐約林肯中心的頒獎典禮中，陳樹菊卻是最受矚目的一位，因為「平凡中的偉大」才是最難能可貴！陳樹菊在接受媒體訪問時表示，錢是要給有需要的人，她這樣做很快樂。

　　2021 年 8 月 28 日，陳樹菊把她投保 20 年的儲蓄險保單，價值1500 萬元，捐給臺東縣政府作為「急難慰助基金」，同時紀念難產過世的母親。陳樹菊說：「這些錢其實都是臺東人跟我買菜的捐款，只

是我把錢存起來而已，現在拿出來用在臺東人身上，我一點都不心疼，畢竟人來到世上兩手空空，走了也是兩手空空，人在世錢夠用就好，我現在每個月 2、3 千元的國民年金，省一點生活一樣好過。」她還表示，有時候捐錢晚上睡覺都會笑。

「錢是生不帶來、死不帶去」，這個道理幾乎人人會說，但是有幾個人真的做到？陳樹菊只是一名菜販，既不富有也沒學問，但是如果和社會上許多豪門大戶、位高權重、學識淵博的人相較，她的生命智慧和存在價值，那些人應該是望塵莫及。

美國密西西比州的海地斯堡 (Hattiesburg) 地區，有一名剛退休的洗衣婦叫歐西歐拉‧麥卡堤 (Osceola McCarty, 1908–1999)，1975 年在她 67 歲時一夕成名，因為南密西西比大學有人透露她的秘密：這位老婦人將自己的終生積蓄約 15 萬美元，捐給這所大學當獎學金，獎助對象是經濟上值得援助的學生，這件事情使她成為這所大學最出名的贊助者。15 萬美元是她靠洗燙衣服一輩子，由一分一毫累積而成的，以她低所得的工作來說，這筆捐獻是一個驚人的數目。

麥卡堤在小學六年級時，為了照顧親人而輟學，從此就沒有再回到學校。後來她從事洗衣工作，這項工作直到 1994 年罹患風濕才被迫退休。麥卡堤的母親從小教她節儉，她自己從來沒有買汽車，到哪裡都是走路；需要買東西時，她推著推車到一英里外的雜貨店去採購；她從來不買任何認為浪費或昂貴的東西，自己只擁有一部黑白電視機。她的生活簡樸可見一斑。

1998 年，麥卡堤女士獲得南密西西比大學的榮譽博士學位，由於她的無私精神，當時的美國總統柯林頓也頒給她總統的公民獎章。

麥卡堤的作為鼓舞許多人也去從事慷慨的行為，但是也有人感

到困惑，質疑她為何不把錢花在自己身上，但是她的回答卻是出奇的簡單「我是花在我自己的身上」一般人心中的「我」，就是自己，但是麥卡堤心中的「我」包括所有獲得她幫忙的人，這是一種「大我」的精神，所以她的偉大並不在於她捐款的數量，而是在她心中，那些經濟困難無力就學的人，也是「我」，她把自己的「我」擴大到所有她可以幫忙、協助的人，所以她的偉大是心靈偉大。

　　一名小學都沒有畢業的洗衣婦，把「我」擴大；而許多有錢、有權、有勢的人的「我」，就只有自己，所以是小看了「我」。有智慧的人，把自己在世界上的分量加重；而缺乏智慧的人，即使擁有再多的財富、再高的社會地位，也是把自己做小了。一念之間，決定了人的格局和尊卑。

　　斯邁爾斯在他的《品格的力量》一書中說：「在很大程度上，人生是我們自己寫出來的。……我們每個人的人生，在很大程度上是我們自己心態的反映。」是的，小看自己的人即使擁有再多外在條件，也無法增加自己存在的價值和意義。俗話說：「態度決定高度」，所以品德決定了一個人心靈的高度，這樣一個職業卑微、收入微薄的洗衣婦，如果拿來和我們的投資大亨波斯基比較，波斯基身價數億美元、卻為了得到更多錢而違法炒作股票、最後罰款坐牢，麥卡堤的人格顯得更為高貴。麥卡堤和陳樹菊一樣，身分卑微、靈魂高貴。

　　在《生命如何作答》書中，辛格寫道，他從澳洲保育基金會的通訊中讀到一則故事。通訊裡有一篇由基金會募款人寫的文章，描述這位募款人去拜訪一位定期捐款者（每次至少 1 千美元），當他按照地址找到這位捐款人住家時，還以為自己弄錯了，因為出現在他

眼前的是一間極為純樸的郊外公寓。但是他並沒有找錯，捐款人是州政府公共工程部的一名員工,他固定把半數的薪水捐給環保組織,這位曾經擔任過環保工作的捐款人說 , 提供財務支持那些參與環保運動的人,帶給他深度的滿足感。所以辛格的結論是：道德行為往往以更平凡的方式,出現在我們的日常生活裡;不論我們是否擁有共同的目標,倫理的承諾都會帶來向上提升的功能。

沒有人天生注定在品德上會佔有優勢,因為如前面所說的,品德的養成和財富、智商、職業、或身分地位無關,任何一個平凡人只要把自己的善心範圍擴大,關心別人就像關心自己一樣,就是一個不平凡的心靈。事實上在這個世界上,到處充滿平凡人展現不平凡道德行為的故事,這些故事不只激勵人心,也會引導出一股向上的力量。每一個人都應該好好想想,如果一名菜販、一名洗衣婦、一位低階的公務員,都可以展現出平凡的偉大,為什麼我不能？

四、紐約的有錢人為什麼需要看心理醫生？

我們前面的結論是：關懷別人不只能給別人帶來希望,自己的人生也過得積極、有意義。相反的,如果一個人富有,卻找不到生活的目標、感覺不到生命的意義,再多的財富也不會讓他過得快樂。

辛格在他的書中提到,1973 年他在紐約大學擔任哲學系客座教授時,注意到一件事,他發現許多美國住在郊區 (美國大城市中的高所得者大部分住在郊區)、受高等教育的專業人士,覺得自己的生活沒有成就感,開始求助於心理治療。許多人每天都去看心理醫生,除非醫生休假,否則他們寧可放棄度假,也不願意中斷。事實上心理分析治療的花費並不便宜,辛格描述,他許多領高薪的同事,每

年把四分之一的年薪都送給他們的心理醫生。照他的研判，這些人的心理困擾和那些沒有做心理治療的人，並沒有什麼不同；他問這些朋友，為什麼要這樣做，他們的回答是：「因為內心感到壓抑，或者有些沒有化解的心理張力，或者感到人生沒有什麼意義。」

辛格表示，他真想把他們抱起來搖醒他們，這些人個個才智兼備，有錢，住在全世界最繁華熱鬧的城市，《紐約時報》每天把發生在真實世界的資訊提供給他們，他們很清楚知道，開發中國家有些家庭三餐不繼，孩子營養不足；如果這些生活富裕又有能力的紐約客，離開心理分析師的躺椅，不要老想著自己的問題，看一看孟加拉、衣索匹亞，以實際行動解決那些不幸者所面對的真正問題，他們或許會忘記自己的問題。

辛格認為，這些有錢的同事根本就沒有必要看心理醫生，因為他們並不是真正有問題，他們唯一的問題是只想自己、而不去關心別人，在世界上各個角落、甚至紐約貧民窟的那些孤苦無依、三餐不繼、營養不良的人，他們的生活才是真正的問題，如果這些有錢人花點心思去解決窮人的溫飽問題，他們所有的失落或無意義感，就會一掃而空。當世界上還有許多人連生存都有困難時，這些高所得者的苦惱是標準的「無病呻吟」，但是不可否認的是，他們的苦惱也是真實的，只是他們解決苦惱的方法是錯誤的。事實上他們只要忘了自己的問題，設法解決窮者、弱者的問題，自己的問題就會同時煙消雲散。

許多有錢的家庭婦女也出現同樣的苦惱。1950 年代，美國一位雜誌撰稿人貝蒂‧佛里丹 (Betty Friedan)，她訪談過許多在生活上已經實現了「美國夢」的婦女，這些婦女的特色是年輕、健康、住在

郊區的別墅、先生有一份高收入的工作、子女都已經上學、家務事由許多省時省事的家電用品代勞，她們過的生活是一般人美好生活的典範；對那些住在陰暗狹小的巷弄裡、收入微薄、擔心生病看不起醫生的人而言，這些婦女絕對是他們羨慕的對象。但是在訪談中佛里丹卻發現了她們共同的問題，她們找不到一個適當的名詞來形容這個問題，佛里丹也不知道如何描述，所以姑且稱之為「沒有名字的問題」。訪談之後佛里丹寫了一本書，書名叫做《女性的神秘》，就以這個問題為核心。

這些有錢、物質生活舒適、悠閒、不需要做什麼事的婦女，到底有什麼樣的苦惱呢？佛里丹在她的書中描述一位 23 歲的年輕媽媽，她是這樣形容這個找不出名字的問題，她說：「我自己為什麼這麼不滿足？我有健康又優秀的子女、漂亮的房子、足夠的金錢，從小開始，好像總會有某個人或某個事在照顧著我的生活一樣：我的父母、或者大學、或者戀愛、或者撫養子女、或者搬新家。然後，有一天早上醒過來，我突然看不到任何值得期望的事了。」

這些有錢的家庭主婦，活在一個相對孤立的環境，一應俱全的家電用品，讓她們在一、兩個小時之內把一整天的家務做完；她們只要花一個小時就可以在超市裡把全家一星期的食物採購齊全；剩下的唯一工作就是養兒育女，一旦孩子上學以後，她們只能靠看電視來填補時間，除此之外，就再也沒有任何目標了。她們的苦惱就在這裡：有錢、有閒，但是不知道如何使用她們剩餘、沒事可做的時間。無聊不只會令人發慌，而且每一分鐘都很難熬，這應該是這些婦女的共同心境。無聊，其實是一種更嚴重的病。換句話說，這些婦女的問題在於：生命沒有值得追求的目標，找不到生活的意義

和價值。

　　當代許多年輕人努力工作，心裡想的就是：有車、有房、有伴，好像只要能達成這些目標，人生就幸福美滿了。但是我們前面舉的例子，證明了這樣的想法太過天真，要過一個精彩、幸福的人生，比我們想像的還要複雜。物質的滿足所產生的成就感很難持久，那些家庭婦女以為自己嫁給一個高所得者，就是人生圓夢，但實際生活的結果卻產生莫名的不滿。

　　從以上的討論，更進一步證明品德和幸福的密切關係。品德要求我們不只關心自己，而且要關心他人。當一個人把自己的關懷面擴大到自己以外時，他會發現社會或世界上有太多人需要幫忙，而且自己多少可以幫一點忙；所以盡力讓更多人活得更好，這是一件永遠都做不完的事，「無聊」會離你而去；而且這樣做，不只可以忘了自己不真實的苦惱，也可以找到人生存在的價值。

五、幸福的祕訣

　　倫理學理論有一個名詞稱為「享樂主義的矛盾」(the paradox of hedonism)，這個概念主要的精神是：如果一個人做任何事情的時候，一心一意想的都是追求快樂，這樣反而得不到快樂；忘了快樂，才能得到快樂。幸福的祕訣也是同樣的邏輯：一個想要得到幸福的人，不能一心一意追求幸福，而是從事關懷他人的行為，才能使自己的生命有意義，幸福就在這種不只為自己而且同時在乎別人利益的生活中，悄悄實現。品德要求我們做任何事情都必須考慮別人，而一個人在愛別人、關心別人時，幸福就在其中矣！

　　對於「人應該如何過活」這個問題的探討，是人類一個古老而

且普遍的渴望，在思考這個問題時，往往可以發現生命意義和道德之間的關係，辛格在他的書中提到吉迦美修史詩，這是所有存世的文獻中最古老的之一，裡面記載西元前第三世紀，蘇美文化（就是今天的伊拉克南方）烏魯克國王的事蹟。

史詩一開始，描述國王吉迦美修是一個荒淫無道的暴君，他欺凌弱小，奸淫未出嫁的處女，但是他開始擔心自己的死亡；由於他打敗所有的敵人，所以他也決定打敗死亡，於是他長途跋涉，尋找答案。有一天他進入一家小酒館休息，酒館裡的女侍告訴他接受人是會死的這件事，所以應該盡情狂歡，只要肚子吃得飽飽的、讓每一天都充滿快樂、整天跳舞、遊樂、讓你的妻子在你的懷中感到高興，這就是人類的命運。但是吉迦美修拒絕這種享樂主義式的建議，而且繼續他的探索之旅；最後回到烏魯克，卻仍然沒有長生不死的解方。

最後吉迦美修改變以往的作風，獻身於為他的人民謀福利的事，他建立烏魯克的城牆以保護人民的安全、重新整修廟宇，而且使他的王國更富庶繁榮及安和，最後他變成一個偉大的國王。

吉迦美修直到體悟到長生不死是做不到的，而自己是一國之君，為人民創造一個比較好的生活是他可以做得到的，他的生活才變得充實、有價值。這個故事所傳達出來的訊息是：盡可能實現我們的道德責任，就可以找到最令人滿意的生活。所以幸福不難，只要充分利用手邊已經擁有的資源，關心別人、照顧別人，生命就會發光發熱。

吉迦美修是兩千多年前的人，那時候的科學知識還是相當有限，現代人應該不會有人想要長生不死，最多只會追求延年益壽。可是

這個故事顯露出來的是一般人很容易犯的一些錯誤：好高騖遠、貪得無厭。想要長生不死就是好高騖遠，是一個完全不切實際的目標，所以是幻想而不是理想。貪得無厭更是很普遍的人性，許多人已經擁有很多東西了，還想要更多，社會上常聽到的一句俗語「吃碗內看碗外」，明明碗裡已經有東西可以吃了，還想要得到碗外的東西，俗話說「知足常樂」，不知足的人很難得到快樂。

　　不知足的人永遠想要得到更多，欲望越多，越不容易滿足，心情當然不容易快樂。有些人一輩子努力工作、拚命賺錢，卻不知道停下腳步、給自己一個享受辛勤成果的休閒時間，等到老了、病了，再多的金錢也沒有機會享用。從許多名人傳記中我們知道，很多活得快樂的人都是樂觀、豁達、蔑視權貴、淡泊名利，他們善於享受真正的生活，因為他們善於發掘蘊藏在生活中無窮的樂趣。一位醫生對他的病人說「最好的藥物是愉快的心情」，的確，一種美好的心情勝過十帖良藥。但是我們如何保持愉快的心情呢？我們可以從《品格的力量》這本書中找到一點線索。

　　斯邁爾斯在他的書中記載一個叫做傑瑞米‧泰勒 (Jeremy Taylor) 的人所遭遇到的惡運，對平常人來說，泰勒先生似乎喪失了一切：房屋遭人侵佔，家人被趕出家門，流離失所，莊園被沒收了，但是他卻這樣寫：「我落到財產徵收員的手中，他們毫不客氣地剝奪我所有的財產。現在只剩下什麼呢？讓我仔細搜尋一下。他們留給我可愛的太陽和月亮，我溫良賢淑的妻子仍在我的身邊，我還有許多給我排憂解難的患難朋友，除了這些東西之外，我還有愉快的心、歡樂的笑臉，他們無法剝奪我對上天的敬仰，無法剝奪我對美好天堂的嚮往，以及我對他們的罪惡之舉的仁慈寬厚；我照常吃飯、喝

酒、睡覺和消化，我照常讀書和思考。」斯邁爾斯對泰勒在面對災
難打擊時的表現，做了這樣的評論：「他在這種常人難以擺脫的痛苦
和怨恨中仍然自得其樂，是因為他敢於藐視困難，視災禍為尋常的
荊棘，坐在這些小小的荊棘之上亦不足為憂。……我們究竟是經常
看到生活中的光明或黑暗的一面，很大程度決定我們對生活的態
度。」

　　當然，像泰勒這樣的遭遇並不是經常發生，但是一個人即使沒
有大災難，也一定會有一些小痛苦，因為沒有人可以一生順遂，所
以保持愉快心情的方式決定在一個人的生活態度。如果一個人經常
看到自己的不幸，怨天尤人，他不可能快樂；如果他能轉念一想，
想想他還擁有的，像泰勒先生，他的心情就會開朗了起來。這個道
理也適用於一般生活，在沒有遭遇任何災難或痛苦的平常日子裡，
我們如果通常想到的是我們已經擁有的，而不去關注在我們所缺少
的東西，心情也比較容易愉快。所以說：感恩是幸福的祕訣。

18 結語：有心就有力

　　人的一生不可能一帆風順，一場天災或一個人禍都可能打擊一個原本充滿希望、前程似錦的人生。但是不論外在加諸於人身上的惡果是多大，只要人的腦袋依然清醒、意志力還可以發揮作用，再大的打擊也不可能把人完全打垮；事實上只有人才能打敗自己。

一、生命鬥士

　　先說年輕一輩應該都知道的一個真實故事。知名的女子演唱團體 S.H.E.，其中一位成員 Selina，2010 年 10 月 22 日在上海拍攝湖南衛視的電視劇，發生爆破的意外事件，這場意外造成 Selina 嚴重灼傷，除了吸入性嗆傷之外，她的背部和四肢的灼傷面積達 54%，因為穿絲襪被嚴重燒傷的雙腿，必須剃光頭髮靠頭皮的皮膚來移植。

　　住院兩個多月後，Selina 面對媒體時表示，她很感謝大家對她的關心，也因為自己的身分特殊，讓她能在第一時間受到最佳的醫療照顧，因為這一點她感到是不幸中的大幸。她也在個人的網路空間提到這件事，她說：「踏出醫院門口的那一刻起，我就知道，為了我努力長新皮的雙腿，我將要努力走更多的路！也許我的步伐顯得拙劣，也許我的面罩令人驚訝，但如果你看到面罩下我的雙眼，那是雙炯炯有神，正昂首闊步準備迎接前面道路的雙眼！」某種程度靠外表吃飯的藝人，遭受嚴重燒傷以及長夜漫漫的復健之路，Selina 能夠以這樣的態度面對困境，令人讚佩。

　　另一個生命鬥士的故事更是不可思議。1966 年出生臺灣雲林的蕭建華，從小在孤兒院長大，就讀小學五年級時被人領養，這時候的他才知道世上有種人叫爸爸、媽媽，有個地方叫做「家」。但是不幸的是，養父在他國中二年級時病逝，養父死後他被迫中斷學業，撐起家計，賺錢養家，28 歲他重返校園，並在臺南成功大學中文系夜間部畢業。「禍不單行」這四個字用在蕭建華身上，一點也不誇張，37 歲的他罹患類似漸凍人的「慢性多發性脫髓鞘神經病變」，蕭建華說：「醫生告訴我，這種病沒藥醫，只剩 3 到 5 年性命，身體會慢慢萎縮，最後呼吸衰竭死亡。」隨著身體一天比一天不聽使喚，家裡又發生了大火，一夕之間，他畢生的努力付之一炬，照顧他的學妹也因來不及逃出而葬身火場。面對他悲苦的經歷，他選擇分享與鼓勵，巡迴各地演講的他告訴大家：「再苦，都要笑給愛你的人看！老天爺給了我悲傷的旋律，我卻為它譜上快樂的音符。」

　　其實在得知自己的病情時，蕭建華的第一個念頭是打算燒炭自殺，但是當他從電視畫面中看到更多苦難新聞時，他決定用自己的經驗鼓勵別人，演講 100 場，為自己交出一張「滿分成績單」。2016 年，50 歲的蕭建華坐在輪椅上，雙手已經變形，無力拿起麥克風，在演講臺上還是充滿活力的說：「只要我還有一口氣，就會繼續講下去，到生命結束那天。」2019 年，這位不向命運低頭，與死神搏鬥將近 16 年的蕭建華，他的公益演講場次接近 2000 場。

　　1997 年的同一個禮拜，當全世界許多地方在哀悼英國戴安娜王妃，以及印度諾貝爾和平獎得主德蕾莎修女的死亡時，有一位較不知名的人物也在睡夢中過世，他叫維克特・法蘭克 (Viktor Frankl, 1905–1997)，法蘭克是《人對意義的追尋》(*Man's Search for*

Meaning) 及其他 31 本書的作者，這本書被譯成 26 種語言、銷售數量超過 200 萬本，這是有關作者在二次世界大戰期間，被關在納粹集中營的私人記錄。

在納粹得到權力時，法蘭克是奧地利年輕的學者。當戰爭爆發時，由於他是猶太人，非常擔心納粹佔領奧地利，所以他申請美國護照準備把太太帶走，但是由於顧慮父母的安全而遲疑太久，未能離開，最後在德軍控制奧地利時全家被送到集中營。他和父母及妻子被分開監禁，後來知道他們全部遇害。

他在書中描述人對待人的非人性行為，也記載人在精神上的尊嚴和忍耐的能力，雖然他在集中營裡遭到非人性的羞辱，但納粹卻無法奪去他的品格。他在書中描述自己如何求生，首先是身體上的，然後則是精神上的。早先他發現納粹可以任意傷害他的身體，但是卻無法控制他的心靈，即使在極端痛苦中，他的心靈仍然可以離開集中營。法蘭克說他在最黑暗時刻，以想念親愛太太的方式對抗絕望。最後他回到文明生活，而且以他經驗中得到的力量用到對病人的諮商，告訴他們如何透過愛別人、工作、痛苦和服務中，找到生命的意義。他說：我們絕對不能忘記，即使當生命面對絕望的情境，仍然可以找到意義，人的最佳潛能可以將悲劇轉化成勝利，將困境變成一種人的成就。其實法蘭克的一生見證了思想的力量，不論人所遭遇的處境多麼不堪，總可以從適當的思想中找到解藥，所以活著就有希望。

二、愛的力量

上面三個故事，說明人的心志力量有多大。有些人很容易被挫

折擊垮，即使是小小的失敗也無法承受，但也有些人遭遇到非人的折磨，生存意志仍然無比的堅定。Selina 難能可貴的是，長期在鎂光燈、掌聲中生活的人，一下子彷彿從天堂跌下地獄，卻能坦然面對。蕭建華必須天天和死神拔河，而法蘭克則長期處於生不如死的生活處境，但是他們的「心」有多大，「力」就有多強。

對生命困境輕易投降的人，往往以為是「自己」孤單地對抗惡運，他們的人生注定要繳白卷；而心力強大的人則是透過聯結他人，一起反抗命運。事實上是愛的力量，將蕭建華和法蘭克與他人聯結；蕭建華想要用自己的經驗鼓勵更多無助的人，支撐法蘭克的力量則是想念親愛的太太。

雖然倫理學者比較少用「愛」來談論品德，但是事實上幾乎大部分的品德都涉及「愛」，如果品德涉及關心別人，對別人真誠的關心就是愛。英國作家、哲學家愛瑞詩‧莫達克 (Iris Murdoch, 1919–1999) 指出，哲學家忘了兩個事實：(1)沒有經過反思的生活可能是有品德的；(2)愛是道德的核心概念。第一個事實說明「品德」不是知識分子的專利，缺乏對品德進行哲學思考的人，也可以是品德高尚的人，菜販陳樹菊、洗衣婦麥卡堤、以及社會上許多默默無名的志工證明這一點；第二個事實強調哲學家忽略了愛和品德關係密切。莫達克強調，愛一個人就是把自己的視覺焦點集中在被愛者身上，這種對他人的強烈關懷就是品德的重要成分。

當代社會心理學家佛洛姆在他的《愛的藝術》(The Art of Loving) 一書中，對愛有更深入的闡釋。他指出，大部分人錯誤的把愛的問題當成主要是被愛 (being loved)，事實上愛人 (loving) 才是關鍵，也就是說，愛人的能力才是愛的核心。什麼是愛？根據佛洛姆

的說法，愛是一種主動性的活動 (activity)，而不是被動的情感，愛的主動性格可以被描述為「給」(giving) 而不是「得」(receiving)；如果用通俗的說法，愛的主要意義是付出，而不是佔有。

　　為什麼愛人比被愛重要？如果幸福是穩定的，則幸福的追求主要是靠自己而不是依賴別人，等待被愛是消極的，而且操之於人，因此不可能是穩定的；此外，如果人的特點是理性，蘊涵人所追求的目的是自己選擇、自己決定，而不是由別人安排，換句話說，人的幸福涉及自我實現。

　　根據佛洛姆的觀點，有能力進入愛的關係的人，必須有幾項特質：⑴成熟的人格，也就是瞭解自己、有獨立思考能力、具有自主性的獨立個體，這樣的人進入愛的親密關係中，仍然是保有「自己」。所以佛洛姆強調：「成熟的愛是在保存自己的完整性、保存自己的個體性的條件下的結合……愛使他克服孤立和隔離感，然而愛允許他還是自己，維持他的完整性；在愛之中，弔詭的事情發生了：兩個存在者變成一個，但還是維持兩個。」換句話說，一個人雖然透過愛與他人合為一體，但兩個人各自還是獨立的個體。

　　⑵一定程度的品德。佛洛姆指出，愛包含關懷、責任和尊重，這些都是品德，具有這些品德的人，當然不只呈現在對所愛的人身上；如果一個人只關懷自己的愛人，而對他人的苦難視若無睹，他並不具有「關懷」的品德，所以佛洛姆說：「愛主要的不是對某一個特定個人的關係，它是一種態度，一種品格的定向，這決定了一個人和世界整體的關聯性……如果一個人只愛另一個人，卻對其他同胞漠不關心，則他的愛不是愛，而是一種共生結合的依戀，或一個擴大的自我……如果我真的愛一個人，我愛所有人，我愛世界，我

愛生命。」

「愛」把自己和他人進行緊密的結合，所以愛一個人，不只關懷對方、增加被愛者的力量，事實上付出愛的人也因為這樣的聯結而讓自己的力量壯大。所以心中有愛的人，心志的力量會強化；所愛的對象越廣，心力就越強。因此處於同樣困境之中的人，越有愛心就越有可能挺住，甚至可以熬到柳暗花明。

從另一個角度來看，有時候即使遭遇挫折或苦難，經由千辛萬苦終於克服困難，最後所得到的喜悅，反而更加甘美，「不經一番寒徹骨，怎得梅花撲鼻香」就是這個道理。事實上只有快樂而沒有痛苦的生活，並不會給人帶來一種「很棒」的感覺，因為長期處在這種生活中的人，往往麻痺了，只有更大的激情或快感，才能讓他們產生知覺。反而從逆境和困苦中奮鬥不懈、力爭上游的精神，才會讓人感覺生命力的堅韌和可貴，而那種苦盡甘來的滋味，絕對比平空得來或別人恩賜的喜悅，更令人感動。

如果吃苦是人生必然會嚐到的經驗，如果想要擁有一個精彩的人生，那個「精彩」處絕對是走過辛苦以後的收成。如果能把人生的苦當成轉換甘甜的必要條件，苦就不是苦了，而是磨練生命、增長智慧、等待喜悅的前奏曲，因此真正懂得「吃苦當成吃補」的人，才是真正體會生命的奧妙！同樣的道理，如果你能掌握「樂在苦中求」的道理，當別人在失望中感到絕望，而你則會在失望中看到希望。這不是逃避，而是一念之「轉」。

由此可以證明，遇事的態度而不是外在的情境，決定一個人的人生是精彩還是暗淡；所以輕易把一個人打敗的，不是外在情境，而是他自己。一般人在生活中所遭遇到的困境，極少像蕭建華那樣

的悲慘，但是蕭建華卻活得比大多數人積極、陽光、活力十足。所謂「天下無難事，只怕有心人」，或者說：有愛就會有心，有愛就不會只想到自己的難處，反而是忘了自己的傷害、關注別人的苦痛；別人和自己成為一體，這個「自我」因此而變得更大、更強。

三、自私削弱愛的能力，品德中充滿愛

除非一個人可以偽裝的天衣無縫，否則從長期的角度來看，自私的人很難結交到知心好友，所以幾乎只能靠一己之力對抗充滿敵意的人世，形單影隻、勢單力薄似乎是必然的結果；然而一個人的力量有多大？人生雖然只有短短數十載，但是孤獨過一生、獨力應付各種無法避免的人生困局，這其實是一件相當沉重的負擔。事實上每一個人都具有「愛」的潛能，但是自私的人就像是毒品成癮、理智喪失般，愛的能力也大大的削減；自私和愛正好是兩股背道而馳的動力，人越自私，愛的力量越脆弱。

相對的，品德的核心是關懷他人，而關懷也是愛的重要成分。為什麼「施比受有福」？佛洛姆指出，有能力愛人的人，「給」正是這種能力的最高表達；而一個人在付出的行為當中，體驗到自己的力量、富有和能量，而感受到此一高度的活力和能力，會令人心中充滿喜悅。所以「給」比「得」更令人愉悅，因為前者表達了一個人的活力。因此，「給」意味著富有，並不是那些擁有很多財富的人就是富有的，而是能給出很多的人才是富有。我常說：「有錢不用等於沒錢」，當然重要的不是金錢多寡，而是如何用錢，而以適當的方法處置金錢就是一種品德，慷慨、仁慈、感恩、正義等品德，都可能涉及金錢的適當使用。

　　如果每一個人都有愛人的潛能，如果愛和品德可以產生正向的力量，可以創造一個有溫度的社會，也可以使自己充滿活力、熱情洋溢地邁向幸福人生的路，為什麼世界還有那麼多人短視近利、執迷不悟，拚命衝向與幸福人生相反的道路？只能說這就是人性，自有人類以來，大多數人用低階本性（動物性）主宰生活，良心、理性遭到棄用，知淺卻無力深思，所以利欲薰心，再精彩的智慧也無法入心。

　　經由哲學的洗禮，我長期把哲人的思想拿來和自己的實際生活印證，獲益良多。寫這本書的用意是將心比心，希望哲學家的智慧對更多人可以產生醍醐灌頂的效果，這些用生命和睿智洗練而成的教訓，不是用來寫作文，而是拿來過活。自古以來，不少哲學家將其思索生命的結果，苦口婆心地勸告世人，但是人心在世俗中陷溺太深，知音太少。所以我所做的，也只是盡心而已。我一向抱持的原則是：就像買彩券（實際生活中我從來不買彩券，這裡只是一個比喻）一樣，不買永遠不可能中獎，但是每次都買總是有點希望。憑著那一點希望，我就希望無窮；這也是我常說的：「有心就有力！」

奇異博士與哲學：另一本禁忌之書

馬克・懷特　　主編

威廉・歐文　叢書主編

葉文欽　　　　譯

漫威的著名人物——奇異博士，躍上了世界的大螢幕，開始揮舞著靈環，劃出絢麗的魔法陣，抵禦狂徒的攻擊、傳送你我到世界各地。不管是超級尖端的神經醫學，或是神祕至極的祕術魔法，居然都與哲學脫不了關係！？

做哲學：哲學不是沒有用，而是你會不會用

古秀鈴　等著

為了引入更深刻的議題思辨，鼓勵將思考轉化為獨立且成熟的公民行動，本書的八位哲學教師將從第一線的教學經驗開始，於日常生活經驗著手，帶領讀者思考其中的哲學問題，展開激烈燒腦的思考過程。現在，請戴好你的安全帽，因為我們將要進入哲學工地開始做哲學！

硬美學——從柏拉圖到古德曼的七種不流行讀法

劉亞蘭　著

我們的身邊充斥著各式各樣的設計作品，從公共空間的裝置藝術，到藝術館內靜靜陳列的藝術品，因而欣賞藝術成為了像呼吸一樣自然的事情。然而我們或多或少都曾經為了美與藝術背後的哲學問題感到困惑：怎樣才算美？藝術到底是什麼？而觀眾、藝術家與作品之間的三角關係又是什麼？

希臘哲學史

李震　著

了解哲學即是更了解生命，古希臘哲人們的學說是如何影響教育、政治、文學各個領域的發展呢？本書循序漸進的介紹、剖析古希臘哲學各家各派，並旁徵博引各古書斷簡，將形上學的超越精神，簡明清晰的呈現在讀者眼前。本書在作者輕鬆愉快的文筆下，深入淺出的道出古希臘哲學之精華，適合所有類型的讀者。

哲學很有事：二十世紀

Cibala　著

最愛說故事的 Cibala 老師，這次要帶領大家，認識百花齊放的二十世紀，在這個一開始由「分析」與「解放」互相對立，到最後互相傾聽、理解的時代，會有哪些有趣的哲學故事呢？人類只不過就是一臺會思考的機器嗎？一家人之間長得像不像竟然也可以有哲學問題？絕對服從上級的命令，永遠是對的嗎？但如果上級命令我們為非作歹，可以不服從嗎？快跟著 Cibala 老師一起探索，找出意想不到的大小事吧！

國家圖書館出版品預行編目資料

幸福向誰招手／林火旺著.——初版一刷.——臺北市：
三民，2023
面；　公分.——（哲學輕鬆讀）

ISBN 978-957-14-7610-0　（平裝）
1. 人生哲學 2. 通俗作品

191.9　　　　　　　　　　　112000204

哲學輕鬆讀

幸福向誰招手

作　　者	林火旺
責任編輯	朱仕倫
美術編輯	黃孟婷

發 行 人	劉振強
出 版 者	三民書局股份有限公司
地　　址	臺北市復興北路 386 號 (復北門市)
	臺北市重慶南路一段 61 號 (重南門市)
電　　話	(02)25006600
網　　址	三民網路書店 https://www.sanmin.com.tw

出版日期	初版一刷 2023 年 5 月
書籍編號	S100450
I S B N	978-957-14-7610-0

三民書局